EF 金融探索者
Explorer of Finance

浙江理工大学全球共享经济研究院资助

共享经济

理论与实践

浙江理工大学全球共享经济研究院／著

经济管理出版社
ECONOMY & MANAGEMENT PUBLISHING HOUSE

图书在版编目（CIP）数据

共享经济：理论与实践／浙江理工大学全球共享经济研究院著．—北京：经济管理出版社，2019．5

ISBN 978-7-5096-6575-6

Ⅰ．①共…　Ⅱ．①浙…　Ⅲ．①商业模式—研究　Ⅳ．①F71

中国版本图书馆 CIP 数据核字（2019）第 081445 号

组稿编辑：宋　娜

责任编辑：张　昕　张馨予　张玉珠

责任印制：黄章平

责任校对：张晓燕

出版发行：经济管理出版社

　　　　　（北京市海淀区北蜂窝 8 号中雅大厦 A 座 11 层　100038）

网　　　址：www. E-mp. com. cn

电　　　话：(010) 51915602

印　　　刷：三河市延风印装有限公司

经　　　销：新华书店

开　　　本：720mm×1000mm /16

印　　　张：22

字　　　数：382 千字

版　　　次：2020 年 6 月第 1 版　　2020 年 6 月第 1 次印刷

书　　　号：ISBN 978-7-5096-6575-6

定　　　价：98. 00 元

全球中小企业联盟（GASME）

全球中小企业联盟于 2009 年经美国政府批准设立，以"打造全球领先的中小企业国际合作平台，构建全球中小企业命运共同体"为使命。在美国新泽西（总部）、中国上海、德国汉堡、尼日利亚阿布贾、阿根廷布宜诺斯艾利斯设立了五大洲际办公室。联盟全球主席为德国前总统武尔夫，总顾问为法国前总理拉法兰。2012 年 11 月，取得联合国工业发展咨商地位。拥有一个由 50 余位 G20 国家前总统、前总理、前首相和 500 强企业领导人组成的世界领袖演讲团，以及世界制造业大会、全球中小企业峰会、中国中小企业全球发展论坛等高端国际会议品牌。先后实施了《中美千家中小企业合作伙伴计划》《中欧千家中小企业合作伙伴计划》和《中非千家中小企业合作伙伴计划》，并发布了《全球中小企业发展白皮书》和《"一带一路"商业机会与投资风险白皮书》等一批公共服务产品。

全球共享经济研究院（IGSER）

2017 年，浙江理工大学与全球中小企业联盟、格斯美控股有限公司合作建立全球共享经济研究院。该研究院是具有全球视野的新型高端智库。研究院建设以"集聚优势资源、服务地方企业、提升创新能力、推动共享发展、构建低碳社会"为指导思想，以共享经济研究为核心，以产学研用相结合的创新体系为主线，以提升企业创新发展能力和浙江理工大学科研能力与人才培育水平为总体目标。研究院的建设是全球中小企业联盟推动中小企业发展的一项重要内容。

前　言

　　党和国家高度重视共享经济的发展。2015 年共享经济被写入"十三五"发展规划，随后连续三年被写进"两会"政府工作报告。党的十九大报告明确提出要在共享经济等领域培育新的经济增长点。目前，共享经济的商业模式已渗入从消费到生产的多个行业。根据国家信息中心统计数据，2017 年中国共享经济市场交易额 49205 亿元，占当年 GDP 的 5.95%。国内外学术界针对共享经济的研究还落后于实践。本书不仅探讨了共享经济的边际成本、商业模式、声誉反馈等理论问题，也对共享农业、共享住宿、共享物流和风险管理等实践问题进行了研究。全书共分八章，各章主要内容如下：

　　第一章　共享经济中的边际成本问题研究。本章围绕共享经济产品的边际成本问题建立全新的理论分析框架，深入探析共享经济的边际成本大小，在零边际成本下共享经济产品供需匹配的定价机制，零边际成本的触发机理，零边际成本对企业经营和经济社会产生的影响，基于利益相关者理论提出促进共享经济行业规范发展的措施和建议。本章研究发现，广义的共享经济的边际成本较高，狭义的共享经济的边际成本较低但并不等于零。共享经济应回归狭义层面的共享经济即利用闲置资源的本源。本章不仅为规范共享经济的发展提供理论依据，也为缓解新常态下财富分配不均和去产能提供新思路和抓手。

　　第二章　共享经济背景下商业模式创新的驱动要素与效能机制研究。本章通过引入企业行为理论、展望理论和管理认知理论，构建整体理论框架来解释商业模式创新的驱动要素与作用机制，丰富了商业模式创新的作用机制，极大地拓展了商业模式创新的研究范围，并增加了商业模式创新对现实世界的解释。本章通过 122 家企业样本问卷调查分析后发现，社会比较绩效、组织冗余能显著促进企业的商业模式创新，TMT 注意力的促进聚焦在组织冗余对商业模式创新中起到正向调节作用，商业模式创新在过往绩效、组织冗余与创业绩效之间起到显著的中介作用。

　　第三章　信息不对称下声誉反馈对共享经济交易效率影响机制与优化政策：以滴滴顺风车为例。本章以滴滴顺风车为例，在提炼中国共享经济发展典型特征的基础上，基于多维实证进行实证检验，以深入刻画声誉反馈对共享经济交易效率的影响机制及其时间、空间和性别等异质性。本章阐述了声誉反馈对共享经济交易效率提升有着重要的影响，提出了共享经济交易效率实现内生提升的政策建议，对如何构建合理的声誉反馈制度具有重要意义。

第四章　共享经济理念下农业生产性服务业发展研究：小农的视角。本章尝试在共享经济逻辑的基本框架内，审视现代农业生产性服务业的基本特征。研究表明，农民对农业机械和农业技术的强烈需求，是以农机和农技共享平台为标志的农业共享经济发展的前提条件。同时，政策的引导加速促进了互联网农机和农技平台的发展，良好的农业信息化基础，为推进农业共享经济提供了技术应用与服务支撑，而社交网络及信用评价机制使共享经济发展具有了信任基础。对农业发展中实践共享经济理念的具体经验的研究表明，生产性服务业发展"最初靠政府、最终靠市场"，综合性农业服务平台的属性正在得到强化，但在农业共享经济的发展中乡村组织的合作必不可少。

第五章　中国住宿共享市场发展情况调查研究：基于平台、房东与用户的全域视角。为全面研究共享住宿行业发展情况，本章采取二手资料调查、问卷调查法和文本分析法等调查方法，从平台、房东和用户三个角度进行深入分析。其中，二手资料调查主要收集头部企业商业模式、主要平台的运营数据等资料；问卷调查主要针对房东进行，主要分析房东对住宿共享的意愿、态度、决策考虑的因素等；文本调查主要研究用户在途家、Airbnb、小猪短租三个平台的入住体验。本章首先比较了途家、Airbnb、小猪短租三大平台（独角兽）的商业模式，并采取三四矩阵模型对共享住宿行业主要短租平台进行分类，对各类平台竞争态势做了详细分析。其次，从供给端研究了房东对住宿共享的态度，房东担心的安全问题、房东选择平台和客户考虑的因素、房东希望建立的客户信用评价手段、房东希望平台改善的主要工作等问题。最后，从需求端研究了用户体验满意度及其不满意因素，并就用户不满意因素在不同平台、不同城市、不同维度之间的差异进行了具体分析。

第六章　基于区块链的共享物流信息平台研究。本章是在共享经济理论支撑下，通过对共享物流的研究，借助信息技术实现共享物流信息平台的搭建，在底层利用区块链技术实现平台去中心化的点对点支付。本章将以共享物流为理论研究基础，利用互联网、区块链技术构建共享物流信息平台。通过该平台的支撑，重点实现物流运作过程中仓储和运输资源的共享以及交易支付过程的去中心化等。对利用共享模式的研究对开创智慧物流时代、降低社会物流成本、营造出良性竞争的循环共享物流环境等具有重要的研究意义。

第七章　共享经济背景下金融风险的识别和缓释研究。本章基于共享经济的特征，按照共享经济的链接对象差异，分成 C2C 模式、B2C 模式以及连接两者的 C2B2C 模式，分别研究这三种模式下金融风险的识别问题，探究信用风险、操作风险、流动性风险等在三种模式中的存在性；并进一步提出了三种模式下金融风险的缓释途径，为促进共享经济的健康发展、维护金融安全提供一定的借鉴意义。从实践角度而言，积极开展对共享经济背景下的金融风险研究，识别各种共享经济模式下的金融风险类别、提出一定的金融缓释对策，有助于监管部门对共享进行有效的风险监管，对于共享经济更快更好地发展、供给侧经济结构的改革具有重要的现实意义。

第八章　共享经济背景下互联网金融风险防范研究。本章围绕"共享经济背景下互联网金融防范"这一核心，以共享经济为大背景，以构建多元化监管为目标来展开研究。首先，分析共享经济及互联网金融发展的历程和现状，并研判共享经济背景下互联网金融发展的趋势。在此基础上，本章从"资本流动"的视角剖析互联网金融风险产生的本源，探讨互联网金融风险来源及其背后的逻辑。其次，本章对标比较国内典型城市发展互联网金融的具体举措，借鉴其先进经验。最后，本章选取阿里巴巴的成功实践和 P2P 的失败案例来研究互联网金融的风险来源及其监管的必然性。本章提出共享经济背景下互联网金融监管的政策建议，并构建适应现代金融市场发展的互联网金融监管框架，为互联网金融监管体系提供了重要的指导意义。

目 录

第一章

共享经济中的边际成本问题研究

第一节 引 言

本节首先阐述研究共享经济中的边际成本问题的重要性，引出本章研究的理论意义和现实意义。其次，对共享经济的概念进行界定，为后续研究奠定基础。最后，提出本章的三个可能创新之处。

一、问题提出

目前共享经济发展引起我国政府的高度重视。2015 年共享经济被写入"十三五"发展规划，随后连续三年被写进"两会"政府工作报告。2016 年政府工作报告强调，支持分享经济发展，提高资源利用效率，让更多人参与进来、富裕起来；2017 年政府工作报告指出，支持和引导分享经济发展，提高社会资源利用效率，便利人民群众生活；2018 年政府工作报告则指出我国共享经济等引领世界潮流，肯定了我国共享经济的发展。党的十九大报告明确提出要在共享经济创新引领、绿色低碳等领域培育新增长点。我国共享经济保持高速增长。根据国家信息中心《中国共享经济发展年度报告（2018）》统计数据，2017 年我国共享经济市场交易额约为 49205 亿元，占当年 GDP 的比重达 5.95%。

共享经济的本质是以更低的成本优化配置闲置资源，核心问题是基于边际成本的产品定价问题。同样是平台经济，淘宝等通过平台出售产品，共享经济通过平台租赁产品。该行业一个显著特征是高固定成本、低边际成本。Airbnb 的公寓价格要比酒店价格平均低 21%；2020 年物联网所节约的成本将达到 14.4 万亿美元（卢现祥，2016）。ofo 公司因不重视边际成本问题，面临破产风险。其零部件容易损坏，车锁设计存在问题，经常发生不锁车和车辆丢失现象。维修和重新投放车辆会大幅度提高运营成本。2017 年 10 月至 2018 年 6 月，耗尽上一轮融资的 7 亿美元，再次向浙江天猫技术有限公司抵押单车借款 17.7 亿元，显示 ofo 的商业模式存在严重问题。

不同商业模式的共享经济企业有不同的边际成本。本章根据商业模式的不同将共享经济分为狭义和广义两种，分别探究各自的边际成本问题。狭义的共享经济为 P2P（Peer to Peer）模式，只提供平台，轻资产运作，边际成本低。[①] 广义的共享经济在狭义基础上，还包括 B2C（Business to Consumer）模式和 NFP（Not-For-Profit）。B2C 类共享经济企业提供平台和租赁服务，重资产运作。除了平台运营成本外，还包括资产提供和维护成本，边际成本高。NFP 的运营方式与 B2C 差别不大，但其主要由政府机构和非营利组织主导，本质上不以盈利为目的，旨在环保。两个层面的共享经济的共同点即以信息与技术革命而形成的数字化平台为基础。本章围绕共享经济产品的边际成本问题建立一个全新的理论分析框架，对比分析生活服务、生产制造和金融三大领域的共享经济的边际成本问题，并结合现场访谈和调研提出对策建议。本章研究不仅为规范共享经济的发展提供理论依据，也为缓解新常态下财富分配不均和去产能提供了新思路和抓手。

二、研究思路

首先，研究共享经济中的边际成本问题的意义、思路和方法，并对国内外文献进行述评。其次，本章围绕共享经济产品的边际成本问题建立全新的理论分析框架，深入探析共享经济的边际成本，零边际成本下共享经济产品供需匹配的定价机制，零边际成本的触发机理，零边际成本对企业经营和经济社会产生的影响，并为后续研究提供理论基础。再次，分析和借鉴国外共享经济的发展经验，并对国内代表性共享经济企业进行现场访谈和调研，具体分析生活服务、金融、生产制造三大领域的共享经济产品边际成本问题，验证前一节的理论分析结论。最后，结合理论分析和现场访谈，提出促进共享经济行业规范发展的措施和建议。本章研究思路和技术路线如图 1-1 所示。

三、研究方法

1. 归纳与演绎

首先阐述共享经济产品边际成本的一般原理，并将其应用到三大领域和十大

---

① 优客工场创始人毛大庆认为，真正的共享应是存量共享，对闲置资源进行利用。共享单车是典型的增量共享，创造新的产品并进行流动，这样的共享实际上是对商品所有权的共享，虽然创造了社会价值，但是对现有社会问题的解决程度较低。

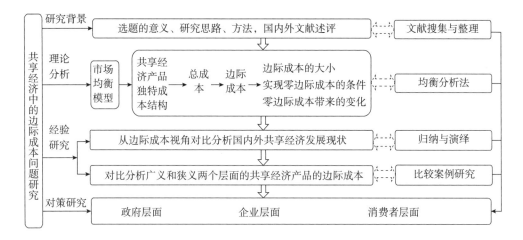

图1-1　本章研究思路及技术路线

行业的共享经济产品边际成本问题研究中，从一般和个别两个层面建立一套完整的边际成本分析理论体系。

2. 比较案例研究法

围绕边际成本问题搜集整理国内外代表性共享经济企业及其产品的案例并展开分析。

四、研究意义

1. 理论价值

将共享经济产品与传统经济产品严格区别开来，详细阐述共享经济产品的四大特征及其内在联系；深入探析共享经济的边际成本、零边际成本的触发机理、零边际成本引致的变化，清晰界定共享经济投资中政府和市场的边界，丰富共享经济理论研究的内容。

2. 应用价值

本章关于共享经济企业产品边际成本的定价理论可为企业运行提供指导，促进共享经济企业的健康发展。便利居民生活，又充分利用社会闲置资源来提高百姓收入，建立共同富裕机制，缓解人民日益增长的美好生活需要和不平衡发展之间的矛盾。推动出租车、医疗、教育等行业的改革，激发市场创新活力，促进现

代服务业等新兴产业集群发展，培育经济发展新动能，深化供给侧结构改革。本章提出的预防乱停乱放的对策建议可供共享单车企业参考，有利于其可持续发展。

五、特色和创新

1. 界定共享经济产品和传统工业产品的区别和联系

清晰界定共享经济的定义，阐明共享经济产品和传统工业产品的区别和联系。共享经济产品和传统工业产品的最主要区别在于成本结构的不同。共享经济产品的可变成本低而不变成本高，从而其平均成本主要受不变成本影响，边际成本低。而一般的工业产品的平均成本既受不变成本影响也受可变成本影响，边际成本较高。

2. 探讨共享经济产品的边际成本大小的变化规律、触发零边际成本的条件

结合共享经济的定义，分别阐述广义和狭义共享经济的边际成本问题。基于微观经济学垄断市场企业短期均衡理论模型，建立狭义共享经济产品边际成本定价模型，探讨共享经济产品的边际成本大小的变化规律、触发零边际成本的条件，深化了零边际成本的研究。核心观点是狭义层面共享经济的边际成本是零，或可以通过技术进步等降到接近于零。

3. 阐释零边际成本的实现条件和对企业、社会产生的影响

从企业层面来看，零边际成本将对企业的产品定价、市场竞争等产生重要影响。从宏观层面来看，基于零边际成本的互联网企业将影响经济、社会和政治生活，改变资源的配置方式，有利于节约型社会、和谐社会的建立。

第二节　相关研究综述

本节系统回顾并评价国内外相关研究成果，为后续研究打下坚实基础。共享经济边际成本问题的相关理论演化脉络如图1-2所示。

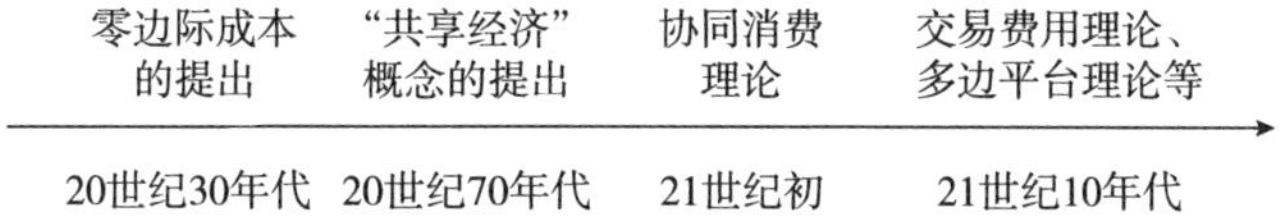

零边际成本　　"共享经济"　　协同消费　　交易费用理论、
的提出　　　概念的提出　　理论　　　多边平台理论等

20世纪30年代　20世纪70年代　21世纪初　　21世纪10年代

图 1-2　理论演化脉络

一、共享经济产品边际成本问题的理论研究

零边际成本概念的提出最早不是在共享经济研究中，而是在基础设施领域。早在 20 世纪 30 年代，围绕如何投资基础设施问题就有争论，被称为"边际成本论战"。基础设施的定价思路有两个：产品定价等于边际成本，同时政府进行补贴；产品定价高于边际成本。1937 年 12 月，已退休的美国计量经济学会主席哈罗德·霍特林在学会年会上宣读了论文《与税收、铁路运价和最大利用率相关的社会效益》，开篇提出"获得最佳社会效益的条件是所有产品以边际成本销售"。然而公共商品领域的商品需要大量的资金投入，边际成本较低，有些行业趋近于零。由于不存在竞争，这些公共产品更适合自然垄断模式。关于公用事业、通信和输油管道等自然垄断产品的投资和管理，霍特林强烈主张由政府利用包括所得税、遗产税、土地增值税在内的政府收入进行投资并管理，产品以边际成本定价。自由企业的倡导者认为自然垄断产品的平均成本随着需求时间的延长而下降；应该以高于边际成本的平均成本来定价，可确保企业收回投资的同时避免政府干涉经济运转。1946 年，经济学家罗纳德·科斯主张基础设施产品由市场来管理，价格应该涵盖整个成本。科斯提出基础设施的使用者支付价格是边际成本加上运输费用等，这样此基础设施的纳税人就不用为此买单（里夫金，2017）。科斯的观点也得到另一位诺贝尔经济学奖得主埃莉诺·奥斯特罗姆的认可，他认为在有些情况下社群对资源的使用和管理的交易成本比市场和国家下的交易成本还要低（奥斯特罗姆，2015）。

共享经济存在和发展的核心理论是协同消费理论、交易成本理论和多边平台理论（刘奕和夏杰长，2016）。协同消费理论的核心观点是将物品分配给很多人使用，或者从他人手里获取物品为我所用（Belk，2007，2013；Schor & Fitzmaurice，2015；Hamari et al.，2016）。共享经济（Sharing Economy，又称分享经济）

一词最早出现在 Felson 和 Spaeth（1978）发表在《美国行为科学家》杂志上的论文中，其提出一种经济模式：由商业机构、组织或者政府作为第三方创建市场平台，个体可以借助平台交换闲置物品，分享知识、经验，甚至筹集资金。2010年，雷切尔·布茨曼在其专著《我的就是你的：协同消费的崛起》中提出消费者需要的是产品的使用价值，而非产品本身。人们在一定范围内从占有型消费转向准用型消费。罗宾·蔡斯（2015）把共享经济定义为三个要素，即产能过剩+共享平台+人人参与。国家信息中心分享经济研究中心的定义为：共享经济是利用互联网等现代信息技术整合、共享海量的分散化闲置资源，满足多样化需求的经济活动。向国成等（2017）、仲崇高和张勇（2017）、Schaefers（2017）等都对共享经济的概念进行了界定。戴克清、陈万明和李小涛（2017）运用 Citespace 软件对 253 篇英文文献进行了可视化分析，概括了共享经济研究的四大热点问题和三大主流趋势。关于共享经济涉及的领域，布茨曼（2010）将共享经济分为三大类：信息平台、二手交易市场和共享技能。我国国家信息中心和中国电子商务研究中心发布的研究报告也都对此进行了分类。由于广义上的共享经济包含众多的运营模式，目前对其进行完整定义仍较为困难，上述数个表述具有共同的内核，从而构成了广义共享经济的特点（Botsman，2016）。

共享经济通过平台来匹配供求双方并产生规模经济和范围经济，降低交易成本；共享经济的实质是交易成本最小化（Dervojeda et al.，2013；Roger & Vasconcelos，2014；Henten & Windekilde，2016；卢现祥，2016；杨德才、刘怡雯，2018）。多边平台被描述成在不同消费群体间进行直接交易的平台；随着第三方支付机构、广告商的加入，逐渐形成多边市场平台，并讨论了平台两边长短期的成本和收益（Golovin，2014；Li et al.，2015；Querbes，2017；Yusaf & Tracogna，2018）。未来每个人都将变成产消者，可以直接在物联网上生产并相互分享能源和实物，零边际成本的能源基础设施和零边际成本的社会基础设施带来零边际成本的社会（里夫金，2017）。一些学者研究了影响共享经济产品定价的因素（Wang & Nicolau，2017）。国内学者向国成、钟世虎和谌亭颖等（2017）认为由杨小凯、黄有光等创立的新兴古典框架是以分工为核心范畴，以分工演化为主线，以报酬递增、网络生产力和超边际分析为主要特征，在专业化经济与交易费用等一系列两难冲突的折中中形成的经济学理论体系，是共享经济研究值得借鉴的理论工具。王龙君（2018）提出需理性思考零边际成本的适应范围及可能带来的现实问题。

二、零边际成本共享经济的功效分析

共享经济发展能缓解产能过剩和需求结构升级矛盾、释放增长潜能、改变需求结构、降低均衡利率（Schor，2014，2015；蔡斯，2015；薛澜、洪志生、周源，2016；刘奕、夏杰长，2016）。共享经济是重大的社会变革，发展共享经济的关键是制度供给（卢现祥，2016）。一些学者借助计量经济学研究共享经济发展对租房行业的影响（Mao et al.，2018），对降低醉驾引发的交通事故的影响（Uder，2014；Greenwood & Wattal，2015），拉低出租车行业牌照价格的影响（Golovin，2014；OECD，2015），以及对不同收入阶层产生的福利效应（Fraiberger & Sundararajan，2015）。中国应加快推进"零边际成本社会"，并且要在建设物联网或能源互联网方面发挥领袖作用，使中国一直到2050年保持繁荣（里夫金，2015）。通过协同共享以接近免费的方式分享绿色能源和一系列基本商品和服务，这是最具生态效应的发展模式，也是最佳的经济可持续发展模式。里夫金还系统地做出了关于未来世界的三大预测：协同共享经济将颠覆许多世界大公司的运行模式；现有的能源体系和结构将被能源互联网所替代；机器革命来临，我们现在的很多工作将消失（里夫金，2017）。

三、对已有研究的评价

（1）没有界定共享经济产品和传统工业产品之间的区别和联系。已有文献侧重共享经济的运行、功能等问题的探讨，没有清晰界定共享经济产品与传统工业产品的区别，而该方面的研究是分析共享经济产品边际成本问题的起点，还需要深化。

（2）缺少研究共享经济产品边际成本的理论框架。对于共享经济这一新经济模式，经济理论界从交易成本、信息对称性、产权、知识经济等视角展开了研究。关于共享经济的零边际成本的实现条件、零边际成本对企业和社会的影响还没有形成具有良好包容性、逻辑统一的理论分析框架。

（3）共享经济的含义及涵盖领域没有定论。共享经济中不同行业的边际成本不同，共享经济概念的确定是成本问题研究的基础。从目前共享经济的定义来看，不再只是利用闲置资源，通过互联网技术平台形成活跃双边市场的都属于共享经济范畴。然而，共享单车、共享雨伞等对共享经济概念的扩大是否恰当，值得商榷，虽然都披上了"共享"的外衣，但仍然是传统的重资产行业。如果说闲置资源不仅是消费者的闲置资源，而是整个社会层面的过剩资源，则这种共享经济概念的扩大具有一定的合理性。本章结合商业模式差异，将共享经济的定义界定为广义和狭义两种，分别对应高边际成本和低边际成本，并结合企业实践进行研究。

第三节　共享经济产品的边际成本：理论研究

本节围绕共享经济产品的边际成本问题建立全新的理论分析框架，深入探析共享经济的边际成本大小，零边际成本下共享经济产品供需匹配的定价机制，零边际成本的触发机理，零边际成本对企业经营和经济社会产生的影响，为后续研究提供理论基础。

一、共享经济产品的边际成本

1. 共享经济产品区别于传统工业产品的四大特征

夏皮罗和范里安（2017）指出，在网络经济时代，尽管技术会变，但是原有的经济规律还适用。共享经济时代的信息规则只是高固定成本、低边际成本行业规则的扩展，并更加凸显这个规则。

共享经济产品属于网络经济产品。网络经济产品与传统工业产品的区别表现为网络经济产品具有四大特征，即不同的成本结构和定价法则、正反馈与网络外部性、转移成本与锁定、沉没成本与生产的显著规模经济性。[①] 其中，网络外部性是指一个消费者消费一单位某产品的效用随着消费该产品的消费者的数量增加而增加。如未实现互联互通时代，对使用移动手机网络的用户而言，用移动网络的亲戚朋友越多，其通话成本越低。转移成本是指用户因主观原因（如手机号码和多个银行卡及APP绑定）或者企业的技术条件等客观原因造成的转移到其他竞争产品上的成本。转移成本高，客户将被锁定在初始消费的产品上。沉没成本是机会成本为零的成

---

① 李克强总理表示，共享经济不仅是在做加法，更是在做乘法。

本。此外，共享经济产品具有非排他性，某个消费者的使用基本不影响其他人使用。

共享经济产品的四个特征相互联系，关系密切。网络经济产品独特的成本结构决定了网络产品的定价不遵守传统工业产品的边际成本定价法则，应采用价格歧视、捆绑、两部收费等原则；网络经济产品不同的产品定价策略诱发强者越强、弱者越弱的正反馈效应；在市场竞争下，沉没成本凸显，使网络经济产品的生产具有显著的规模经济性；在正反馈的作用下导致赢家通吃，产生市场中只有少数几家厂商生产的市场结构，使消费者转移成本过高从而被锁定在赢家身上，所以产生了锁定和产品垄断现象。

2. 共享经济产品独特的成本结构

在上述共享经济产品的四个特征中，不同的成本结构是核心特征，其他几个特征建立在此基础之上。共享经济产品独特的成本结构是指其产品生产的高固定成本，低边际成本。传统工业产品的不变成本和可变成本先下降后上升。共享经济产品的成本结构如图 1-3 所示。

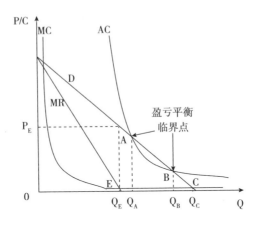

图 1-3 共享经济产品的成本结构

3. 共享经济产品的边际成本

共享经济通过分享而非占有产品或者服务主体所有权来降低消费的成本，且具有规模经济性。随着共享经济产品产量的提高，其平均成本快速下降，边际成本也快速下降并趋近于零。共享经济生产第一件产品的成本很高，而生产第二件、第三件产品的边际成本几乎为零。真正的共享经济产品是零边际成本的。例如慕课、滴滴打车等，增加一位观众或者用户而增加的总成本即边际成本几乎为零。随着共享经济产品产量的扩大，边际成本（MC）曲线会快速下降，并趋近于某一固定值。共享经济产品的平均成本（AC）曲线和边际成本曲线一样，向右下方倾斜。由于共享经济产品的可变成本低，可变成本除以产量的值则很低，所以其平均可变成本的数值很小，平均成本主要受平均不变成本影响。随着产量扩大，平均不变成本逐渐变小，平均成本的值也越来越小。从图1-3上看，AC成本曲线只会下降，不会上升。而且AC曲线始终在MC曲线上面，而传统工业产品的MC曲线和AC曲线呈"U"型——先下降后上升。共享经济的核心即将闲置的重置成本高昂的私人物品转换为价格低廉的公共物品。私人物品具有排他性，购置成本高昂。而共享经济产品的使用权可以分割，不具有排他性，这时共享经济产品的边际成本是最低的。

不同商业模式的共享经济企业边际成本差异。狭义的共享经济因只提供平台，平均成本快速下降。广义的共享经济除了提供平台外，还要提供分时租赁的固定资产，而这些固定资产需要维修费用，其边际成本比狭义的共享经济产品要高。从数值上看，广义共享经济的均衡产量高于狭义共享经济的均衡产量。为实现盈利，广义共享经济企业需要拥有更大的规模。比如Airbnb连接了拥有社会闲置房源所有权的用户和有住宿需求的用户，区别于酒店的B2C自营出租模式；滴滴、Uber司机在空余时间接送乘客，区别于出租车公司的重资产模式。

4. 共享经济产品的定价法则

共享经济产品独特的成本结构决定了其定价不遵守传统工业产品的定价法则。不能按照MC＝MR或MC＝P＝D的定价法则给共享经济产品定价。如图1-3所示，如果按照MC＝P＝D的定价法则，均衡点在点C，均衡产量水平在Q_C。此时，产量水平较高。但由于AC曲线在需求曲线上方，厂商是亏损的。如果按照MC＝MR法则，均衡点在点E，均衡产量水平在Q_E，厂商同样是亏损的，无法收回投资。因此，共享经济产品要按照其对消费者的价值定价，即实行三级价格歧视、捆绑、两部收费等。

二、触发零边际成本的机理和条件

1. 触发零边际成本的机理

零边际成本适用于可以同时多次消费，而不会影响他人消费并且没有损耗的产品。低边际成本需要以规模生产为前提。只有同质产品生产量足够大，才可以使平均成本下降。生产制造、能源、运输、信息领域中的科技发展为共享经济零边际成本的实现提供了条件。在移动互联网、能源互联网和交通互联网三网真正实现合一，并且太阳能、风能等可再生能源广泛且低成本使用后，机器人和3D打印为代表的新工业技术的应用，再加上产品及服务协调共享，未来整个社会的边际成本可能趋于零（杰里米·里夫金，2017）。

2. 实现零边际成本的条件

（1）技术条件。共享经济通过平台出租闲置资源。共享经济产品所有权和使用权的分离为共享经济提供了基础条件。平台是共享经济的核心资源，也是主要的成本投入。除了软件开发和维护的费用外，还包括租赁或者购买服务器的投入。在共享经济平台建立起来后，其产品的边际成本极低。比如顺风车平台增加一个拼车的乘客给平台和司机增加的成本（即边际成本）很低。杰里米·里夫金（2017）指出，3D打印技术的飞速发展为未来生产制造去中心化和低成本提供了技术支撑，从而大幅降低生产制造的边际成本；以智能手机为代表的物联网正在快速发展，万物联网为交通运输大幅度降低边际成本提供支撑；能源互联网体系提供了能源协同共享去中心化的方案，为能源大幅度降低边际成本提供了条件；互联网使信息传输的边际成本大幅降低。以此为基础将形成生产、服务等成本随之大幅下降的边际成本。

（2）资金条件。新兴共享经济企业存在巨大的融资需求，但企业固定资产少，传统的金融体系如银行、证券市场已不能有效发挥作用，共享经济企业的融资需求主要由风险投资机构来满足。风险投资机构可以通过多种机制解决共享经济企业信息不对称问题：风险投资公司利用自身经验对共享经济企业进行全面分析、合理定价，认真挑选创业企业；向被投资企业投入管理和服务；采用阶段投资和联合投资；采用可转换优先股等工具防范投资风险；创业企业面对单一的创业投资公司，愿意提供信息而不担心商业秘密被泄露。

（3）社会条件。共享经济能否充分发挥优势、持续健康发展，在很大程度上取决于社会公共道德水平。有效监管和进行信用惩戒可减少私藏共享单车、恶意破坏单车硬件的行为。共享单车公司可以通过定位寻找单车，继而向公安机关报案，之后再经过检察机关起诉、法院审判。摩拜公司对于加装私锁的，信用分会直接扣到0，而违停一次扣20分。当信用分低于80分时，骑车价格会变成惩罚性的半小时100元。2016年11月21日，北京市昌平区南邵镇某村的一间平房内，摩拜公司和民警在某户居民房内搜出一辆摩拜单车和4辆ofo共享单车。2016年12月，上海市闵行区人民法院对一起共享单车失窃案作出一审判决。被告人韩某因将共享单车搬回家，构成盗窃罪，被法院判处拘役三个月，缓刑三个月，并处罚人民币 1000元。如果社会公共道德水平不够高，不仅共享经济的优势难以体现，还可能提高社会管理监督成本和共享经济企业的运营成本，产生额外的资源浪费及社会损失。

三、零边际成本引发的企业及社会变革

1. 零边际成本对企业的影响

从企业层面来看，零边际成本将对企业的产品定价、市场竞争等产生重要影响。共享经济很重要的一点就是规模经济性。如果共享经济企业的产量达不到规模经济水平，平均成本较高，企业将处于亏损状态。如图 1-3 所示，按照 MC = MR 法则，在点 E 处实现市场均衡，此时均衡产量水平为 Q_E。在该产量水平上，平均成本大于市场售价 P_E，厂商是亏损的。图 1-3 中 AC 曲线与 D 曲线相交于 A、B 两点。在点 A 左边或点 B 右边的区域，相应产量水平对应的平均成本都大于企业产品售价，企业处于亏损状态。只有在点 A 右边和点 B 左边，平均成本数值才小于企业产品售价，企业处于盈利状态。所以点 A 和点 B 被称为盈亏平衡临界点。在现实生活中，许多不幸的企业都没能存活足够长的时间，没能将产量扩大到 Q_A 就破产倒闭。企业家为了防止投资变成沉没成本，一直在不停融资并"烧钱买吆喝"，做更多的广告吸引更多消费者的注意，以此来获得更大的市场份额，从而尽早越过盈亏平衡临界点 A 以实现盈利。边际成本最低的企业最终在市场竞争中胜出，成为独角兽企业，平均成本较高的企业终将被市场淘汰。

零边际成本下共享经济的边界问题。成本和资金问题是决定共享经济企业生死的两个最主要问题。在市场竞争中，低边际成本、低平均成本的共享经济企业将胜出，在规模经济效应下强者越强，并形成市场垄断。产出小、平均成本较高的共享经济企业将退出市场。此时，拥有市场势力的共享经济企业将占据大部分市场份额，优化企业运行的商业模式并实现盈利。纵向来看，共享经济的边界是动态变化的。符合共享经济标准模型的企业也会发生变化。2017 年 6 月，全球领先的共享出行公司 Uber 公司创始人和首席技术总监等先后离职，转型成为"无人驾驶"公司。那些没有市场需求的共享雨伞和共享篮球、被政府严格监管的共享睡眠舱等共享经济企业，产出小、成本高，又缺少资金支持，将退出市场。伴随实践发展，共享经济的边界问题将越来越明晰。

2. 零边际成本引发的社会变革

共享经济的本质是以低成本方式优化配置闲置资源。共享经济在未来的发展将出现最大的住宿提供商不自建一家酒店，最大的交通提供商竟然没有一辆汽车。这不仅便利了老百姓的生活，更充分利用了社会资源。从宏观层面来看，基于零边际成本的共享经济企业有利于节约型社会、和谐社会的建立。

共享经济发展有助于建设节约型社会。可持续发展交通中心（Transportation Sustainability Research Center）针对北美洲的调查显示，共享汽车服务平台的注册用户中1/4的人出售自己的汽车，还有约1/4的人推迟了购车计划。一辆共享汽车可以替代9辆至13辆私家车，空出9个停车位。私家车车主在使用共享汽车之后，会更青睐公共交通；但原本无车一族在使用共享汽车之后，乘坐公共交通工具的频率却在逐渐下滑。综合来看，共享汽车可以缓解交通拥堵、减少二氧化碳排放。

共享经济发展可以缩小城乡差距、区域差距以及社会阶层差距。根据国家信息中心的统计数据，2017年我国共享经济平台企业员工数约716万人，比上一年增加131万人，占当年城镇新增就业人数的9.7%，意味着城镇每100个新增就业人员中，就有约10人是共享经济企业新雇用员工。共享经济可盘活闲置的房屋、私家车，降低就业和提供商品服务的门槛，拉动农村地区经济，增加居民收入，对去产能和脱贫攻坚起到积极的推动作用。

同时，零边际成本下的共享经济企业形成市场垄断，也可能运用其市场势力产生负外部性。如滴滴出行涨价、货拉拉平台侵犯司机利益引起司机罢工等，对政府监管提出新的挑战。

第四节　中国共享经济产品边际成本的行业差异：经验研究

本节对我国共享经济发展的历程和现状进行分析，为进一步研究提供现实基础。对比分析广义和狭义两个层面共享经济产品的边际成本问题，并借鉴国内外共享经济的发展经验验证上一节的理论分析。发展共享经济对于中国而言具有特殊的意义，是信息技术革命带来的千载难逢的历史机遇。共享经济对引领创新创业、促进经济增长、培育发展新动能、推动供给侧结构性改革、建立现代经济体

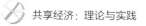

系等方面的作用日益突出。

一、中国共享经济发展的现状

1. 中国共享经济发展的现状

根据中国国家信息中心《中国共享经济发展年度报告（2018）》统计数据，2017 年我国共享经济市场交易额约为 49205 亿元，比上年增长 47.2%。未来几年，我国共享经济仍将保持年均 40% 左右的高速增长。到 2020 年，共享经济规模会占到 GDP 的 10%，2025 年预计达到 20%。

从市场结构看，2017 年我国非金融共享领域市场交易额占总规模的比重从 2016 年的 37.6% 上升到 42.6%，提高了 5 个百分点；金融共享领域市场交易额占总规模的比重从上年的 62.4% 下降到 57.4%，下降了 5 个百分点。

该报告充分肯定了共享经济的就业贡献。2017 年我国提供共享经济服务的服务者人数约为 7000 万人，比 2016 年增加 1000 万人；共享经济平台企业员工数约为 716 万人，比 2016 年增加 131 万人，占当年城镇新增就业人数的 9.7%，意味着城镇每 100 个新增就业人员中，就有约 10 人是共享经济企业新雇用员工。

2. 国内外共享经济发展对比研究

（1）国内共享经济与国外的差距缩小且有些行业领先于国外。由于中国人口多，消费市场巨大，政府措施得力，国内共享经济与国外的差距缩小且有些行业领先于国外。以房屋短租为例，爱彼迎（Airbnb）于 2008 年 8 月在美国成立，2011 年 12 月国内的途家网上线，2012 年 8 月小猪短租上线，前后的时间差只有 3~4 年。在网约车领域，2010 年 10 月美国的优步平台面世，国内的滴滴平台 2012 年 9 月就在北京上线，前后的时间差只有两年。滴滴在 2015 年完成的订单数就超出优步过去六年的全球订单总和。中国在共享单车、网络直播、产能共享等领域领先于国外，共享经济市场规模也高于国外。

（2）国内外共享经济发展重点不同。国外共享经济所涉及的行业主要是共享汽车（服务方式可以分为三类：P2P、B2C 和 Not-For-Profit）、共享住宿、共享办公等。国内共享经济的发展与国外存在较多的差异性，国内共享经济的发端主要是基于第三方支付以及互联网金融，其业务模式与应用场景具有内在的特殊性，比如第三方支付体系的重要性。使用移动支付的消费者达到 86%。

（3）国内外共享经济企业商业模式不同。以共享单车为例，国外共享单车企业多是插卡缴费、有桩单车，而我国的单车则利用移动支付、GPS 定位、APP 扫码功能。

国内某些城市大规模投放单车，消费者随意停放，被政府收缴，需要重新投放车辆，提高了共享单车企业的运营成本。截至 2017 年 6 月，深圳城管在主城区范围内暂扣的违规共享单车数量已超过 2 万辆，大部分被弃之荒野。

二、不同共享经济行业的产品边际成本及其影响

本部分以第三节的理论分析为基础，实证研究零边际成本的实现条件、零边际成本对企业和社会产生的影响。本部分将共享经济涉及的领域分为三大领域，即共享生活服务（吃穿住行等）、共享制造和共享金融，共分为 12 个行业。如果共享的物品用于消费，则归类为共享生活服务；如果共享的物品用于生产，则归类为共享制造；如果共享的物品不是实物，是金融资产，则归类为共享金融。具体行业分类及国内外代表性企业如表 1-1 所示：

表 1-1 不同领域共享经济产品及代表性企业

领域	行业	商业模式	代表性企业
共享生活服务	餐饮	私厨+配送、家厨+堂食、美食菜谱类社区	觅食（回家吃饭、丫味厨房、妈妈味道）、我有饭（隐食家）、下厨房（味库）
	穿	旧衣共享、回收	ThredUP、善淘网、旧衣服回收网
	住宿	C2C 开放平台、B2C 开放平台、产权共享+换住共享	Airbnb 公司、小猪短租、途家网
	交通	共享租车、共享出行、共享单车、共享汽车	Zipcar（Lyft、宝驾租车）、Uber（滴滴打车）、摩拜（ofo）、滴滴共享汽车
	知识技能	慕课、共享音频、直播网	IMOOC（中国大学 MOOC、Sharism）、喜马拉雅 FM、熊猫 TV（斗鱼、虎牙）
	医疗服务	线下医院联合体、线上和线下结合	杭州市 Medical Mall、广州大医汇等
	其他	共享充电宝、雨伞、图书、玩具等	街电（来电科技）、共享 e 伞（魔力伞、OTO、E 伞、JJ 伞、春笋雨伞）

续表

领域	行业	商业模式	代表性企业
共享制造	生产	共享厂房、共享实验设备	深圳众创空间（Mould Lao 众创空间）
	储存	共享办公室、共享库房等	WeWork、Store-friendly（MakeSpace）
	物流	货运 O2O、众包物流	京东众包（人人快递、蜂鸟、美团众包）、云鸟配送（货车帮、运满满、货拉拉）
共享金融	众筹	股权众筹、债权众筹、实物奖励众筹、公益众筹	淘宝众筹、京东众筹、苏宁众筹、追梦筹
	P2P	纯线上、债券转让、担保/抵押、混合模式	拍拍贷、陆金所、微贷网

注：本表由作者搜集整理，括号内企业和括号前企业属于同一类商业模式。

本章将共享经济分为广义和狭义两个层次。表 1-1 中共享服饰、共享出行、P2P 等属于狭义的共享经济，私厨+配送、共享单车、共享充电宝等属于广义的共享经济。下面以共享单车和共享出行为例，分别探究两个层面共享经济企业边际成本问题。

1. 共享单车的边际成本研究

（1）共享单车的发展历程。1965 年，荷兰阿姆斯特丹一个无政府主义组织将一些涂成白色、没有上锁的自行车放在公共区域，供人们长期免费使用，称为"白色自行车计划"。1995 年，第二代公共自行车系统又出现了，即固定存取地点，投币开锁，但管理难度较大。1997 年，法国巴黎推出世界上首个公共自行车租赁系统 Velib。20 世纪 90 年代末出现的第三代公共自行车系统基于信息技术与会员制管理，这一模式成为公共自行车的主流模式。2010 年，美国 Social Bicycles 创意性地提出了借助手机 APP 和 GPS 定位，快速租用归还的无桩模式运营，是共享单车的雏形。

2007 年，智能化运营管理的、真正具备一定实用价值的公共自行车系统开始进入中国，先后在北京、杭州、武汉等大城市开展试点，逐步向其他省会城市拓展，部分中小城市进行尝试。杭州是最早开展公共自行车试点的省会城市之一。2008 年 3 月，杭州市提出向法国巴黎学习，采取政府引导、企业运作的模式，在国内率先构建公共自行车交通（免费单车）系统，并将其纳入城市公共交通体系之中，以解决公交出行"最后一公里"问题，缓解城市突出的交通

"两难"矛盾。2014 年起，国内出现无桩的共享单车。2014 年 8 月，ofo 骑游公司成立。2015 年 1 月，摩拜单车成立。2016 年共享单车真正迎来高速发展期。[①] 小蓝、小鸣、骑呗、一岁单车、Hellobike、永安行、智享单车、优拜等公司进入共享单车领域。2017 年下半年，小蓝单车倒闭后被滴滴收购，酷骑单车、悟空单车、町町单车、1 号单车、小鸣单车等倒闭。随后，Hellobike 卖身于承包市政单车租赁业务的永安行，摩拜单车卖身美团。目前市场中 Hellobike、ofo、摩拜单车三家公司呈三足鼎立之势。ofo 单车处境最困难。2018 年 11 月底，ofo 单车传出欠款、海外业务停滞、裁员、押金难退、搬离总部等负面新闻。2018 年，上海、广州、西安、长沙等城市共享单车数量明显减少，市民出行遭遇"找车难"。一方面增量为零，很多城市出台"禁投令"，暂停在市区范围内新增投放共享单车；另一方面存量不断减少，共享单车运营企业疏于管理，许多故障车未能及时维修恢复使用，导致共享单车数量逐渐减少。还有一些运营企业由于经营不善、竞争不力、业务调整原因，最终选择退出共享单车市场。

如何规范管理共享单车企业，一些地方已经探索出一些有益的经验。如北京等地在试用"电子围栏"以期解决共享单车乱停乱放问题。昆明在出台《昆明市共享单车运营服务管理实施细则（试行）》和《昆明市共享单车运营服务管理考核办法（试行）》的基础上，引进第三方机构开展共享单车运营管理考评，从车辆性能（包括智能锁状况等）、运维调度配备、停放是否规范、车辆是否张贴广告等多方面，每月对市场上运营企业进行两次综合评价。奖优罚劣加上动态管理，最终结果将影响企业的共享单车投放数量。杭州、南京等城市利用"定点饱和度监测仪"，可以准确测算各平台企业投放单车的总量、僵尸车数量、各停放点饱和度状况，为政府部门和企业决策提供了重要依据。根据《杭州市互联网自行车发展研究报告》，32 万~46 万辆才是合理区间。依据《杭州市互联网租赁自行车服务质量考核办法》，从企业基础数据、企业运营秩序、社会满意度等方面开展考核工作，并根据考核排名情况和递减 10% 的机制，确定各平台企业的减量标准。还可根据市场反应、市民需求和企业运维情况等，适时调整投放数量。

---

① 亚洲是共享单车的重要市场。除中国外，以新加坡市场表现最为活跃。新加坡本土共享单车品牌就有三家，分别为 OBike、SG Bike 和 Gbikes。

（2）共享单车的边际成本分析。共享单车企业需要采购单车，重资产运营。如果商业模式设计不合理，将提高共享单车的运营成本，产生共享不经济。综合来看，影响共享单车边际成本的因素主要包括：

1）共享单车的零部件维护和新车投放。有些品牌的单车为提高市场占有率，低成本制造自行车。这样做在短期内确实增加市场份额，但如果无法将用户的流量转化为收益，长期内将增加单车的维修成本，加重企业的财务负担，影响企业的可持续发展。与摩拜相比，ofo 单车的硬件条件差，零部件容易损坏，需要一定的人工维修成本。[①] 开始时大量使用机械锁而不是电子锁，后期的电子锁技术也不成熟，经常出现不锁车现象。未锁的共享单车会被丢弃在江河、沟渠，无法产生收益，还需要重新投放车辆。有些共享单车被丢弃在死胡同、草丛和地下车库等，降低了单车使用频次。如果没有志愿者则很难获取用户破坏单车的证据。ofo 单车也不是执法主体，无法对破坏共享单车的个人进行惩罚。使用者看到其他人（一般都是团伙行为）有破坏单车的行为，因担心指责对方会受到人身伤害而退却。所以需要政府出台相关条例保护共享单车等准公共产品。共享单车用户信用评价体系的缺失直接导致用户道德水平下降，破坏单车的现象经常发生。如果对损坏共享单车的用户没有惩罚，将改变用户的预期，认为破坏共享单车的行为对自身没有影响并再次损坏车辆，也会引起其他人效仿。

2）共享单车企业人力成本提高。以 ofo 单车为例，最初戴威等几个创始人进行的是个体户性质的创业，使用单车的基本都是在校生，几乎是公益状态，成本极低，而真正进入公司化运作后是要承担社会责任的，成本是极高的。而且，即使在 ofo 运行的最好时期，企业也是巨额亏损的。就算是"改嫁"后的摩拜，至今也没有找到良好的盈利模式。

（3）当共享单车进入垄断阶段，可以借鉴共享电瓶车的固定点停放，[②] 或者建造车桩/电子围栏。尽管建造车桩会增加成本，并可能减少共享单车的使用频次，但建成后可有效减少车辆被丢弃在草丛、河道、死胡同、地下停车场等偏僻角落的现象，避免重新投放车辆，增加已有车辆的使用效率。

---

① 王钦和杨张博（2018）利用其 IPC 分类信息，通过社会网络分析方法，发现 ofo 的专利组合聚焦于共享单车的锁具与控制系统，而摩拜则涵盖了从车身和轮毂设计、传动、制动、发电、智能锁、软件系统等完整技术领域。摩拜凭借专利组合优势领先形成共享单车主导设计，并进一步影响行业技术标准确立。

② 哈啰共享电动单车要求用户必须在指定地点停车，否则将一直处于借出状态。

2. 共享出行的边际成本研究

2018年，美团、高德、嘀嗒出行先后进入网约车领域。但滴滴出行仍是网约车市场的主角。滴滴合并 Uber 中国后，已覆盖全国 400 多座城市的出行需求，其市场占有率保持在 90% 以上。本部分内容以滴滴出行为例阐述共享经济的轻资产运作模式——共享出行的边际成本问题。

（1）滴滴打车的发展历程。2012年10月28日，滴滴打车上线。2012年底北京的大雪天气导致居民很难打到车，滴滴打车使用率提高，单日订单量首次突破1000单。2014年8月19日，滴滴专车在北京公测，主要面向中高端商务约租车群体。2015年2月14日，滴滴打车与快的打车（成立于2012年8月）合并。2015年5月7日，滴滴快车在杭州上线，是一种优惠出行服务。2015年6月1日，滴滴顺风车上线，定位于共享出行服务，定价比滴滴快车低。2015年7月28日，滴滴代驾上线，采用"起步价+公里数"的计费方式，同时为司机提供"结伴返程"功能。2015年9月9日，滴滴打车更名为滴滴出行。2016年6月1日，滴滴巴士战略升级，正式启用全新品牌"滴滴公交"，提供实时公交、包车、班车服务。2016年8月，滴滴租车业务在上海测试运营，采取全程线上服务及免费上门送取车模式。2016年12月15日，滴滴小巴正式上线，该产品主要解决城市主干道之外的最后三公里出行需求，实现用户与公交站点及地铁站点的行程接驳，产品首期已在北京、成都部分区域开通。2017年2月28日，滴滴出行发布了滴滴优享，并率先在南京试运营。滴滴优享介于快车、专车服务之间，为乘客提供舒适度与经济化相平衡的标准化出行方案。2018年1月9日，滴滴宣布正式与小蓝单车达成单车业务托管合作。2018年5月16日，滴滴公布顺风车阶段整改措施。顺风车用户标签和车主评价功能全部下线，车主每次接单前需进行人脸识别。

（2）滴滴打车的边际成本分析。滴滴打车系轻资产运作，具有和重资产不一样的成本结构。关键在于不需要提供出租的物品，不需要承担其维护费用。但补贴等因素导致其产品边际成本下降的速度变慢。这些因素主要包括：

①滴滴打车对乘客的补贴。滴滴打车运营初期，要想改变用户原来地铁公交出租车的出行习惯，需要奖励措施。历史上滴滴打车对乘客和司机的补贴主要有：2014年1月10日，滴滴打车乘客车费立减10元、司机立奖10元。2014年2月17日，滴滴打车乘客返现10~15元，新司机首单立奖50元。2014年2月18日，滴滴打车乘客返现12~20元。2014年3月7日，滴滴打车乘客每单减免随

机"6~15 元"。2014 年 3 月 23 日，滴滴打车乘客返现 3~5 元。2014 年 5 月 17 日，打车软件乘客补贴"归零"。2014 年 7 月 9 日，滴滴打车软件再出新规，全面取消司机端现金补贴。2014 年 8 月 12 日，滴滴打车取消对司机接单的常规补贴。2018 年上半年，包括司机高峰期补贴、接单和服务奖励、乘客优惠等在内的总补贴返还金额超过 117 亿元人民币。

②滴滴出行业务的扩张。与 Uber 卖掉线下车队业务不同，滴滴反而增加了重资产的比重，在印度、非洲等市场投资车队。2017 年滴滴进入汽车资产管理、汽车金融服务、维保服务、充电网络建设、加油业务。未来配合整个汽车开放平台，扶持 1000 多家汽车运营商。

③滴滴出行法律官司的增加。滴滴出行先后发生多起法律案件。2018 年 4 月 29 日凌晨，疯蜜创始人张桓表示在打车途中遭遇司机打人事件，导致眼部软组织挫伤；张桓质疑滴滴平台对司机管控力度不够。2015 年 5 月 5 日晚，在广东肇庆端州区文明北路附近，由于滴滴司机未按约定时间到达接驾地点，乘客抱怨称要给司机差评，双方因此发生争执。滴滴司机要求乘客删除差评，但遭到拒绝。随后，司机从车上拿出刀，威胁乘客删除差评。2018 年 5 月 6 日，一位滴滴乘客在郑州航空港区搭乘一辆滴滴顺风车赶往市内时遇害。2018 年 8 月 24 日，温州乐清发生滴滴顺风车司机强奸杀人案件。这些案件诉讼将增大滴滴公司的法律费用和公关费用，并面临政府的行政处罚。政府要求滴滴公司进行整改。除了线上安全，例如在 APP 端进行"一键报警"，或者"分享行程"等外，滴滴公司被要求进行线下安全建设。包括在滴滴覆盖的所有区域增加安全小组，并对所有司机进行安全培训，需要大量的资源投入。这些都将提高滴滴出行产品的边际成本。

3. 小结

滴滴公司属于狭义层面的共享经济企业。理论上狭义的共享经济边际成本很低，但滴滴公司的案例似乎并不完全支持这个观点。滴滴公司连年亏损，六年中至少完成 9 轮融资。连年亏损说明其总成本高。从企业层面看，如果政府监管不到位、企业只注重短期利益，将产生一系列问题。滴滴公司不仅是平台规则的制定者，也是平台规则的管理者，滴滴独自在建立平台准入机制、评价机制、惩罚机制。滴滴顺风车替代了出租车公司，却没有出租车公司对出租车司机严格的审核和管理体系，也没有对女性乘客进行风险提示，提醒异性社交平台有风险。要走出当前困境，滴滴公司就必须回到共享经济的本质上去，不仅要追求商业利润，也要遵循社会规则。必须要以开源、透明和社群三者为支撑。对滴滴司机的评价应该是透明化机制。乘客可以查看其他乘客对司机的投诉和点评，决定是否使用该司机的出行服务。也要引入滴滴公司的竞争者，鼓励美团、嘀嗒、高德等竞争对手进入，促进该行业规范有序发展。

第五节　结论及对策研究

本节概括本章研究结论，基于利益相关者理论提出促进共享经济行业规范发展的措施和建议。近期共享经济领域出现的一些安全事件引发了很多讨论、争议甚至质疑。国内外学界针对共享经济的研究还落后于实践。共享经济中出现的问题需要在发展中解决，既要靠新技术和商业模式的改进，也要靠法治和道德。特别是政府管理层面"看得见的手"是"共享经济"健康发展的保证，要引导"看得见的手"只做好事，不做坏事。

一、结论

1. 实践中共享经济产品的边际成本并不等于零

理论上共享经济产品的边际成本会快速下降并接近于零。但实践中由于达不到规定产量就无法实现规模经济，共享经济产品的边际成本并不等于零。而且边际成本和企业商业模式密切相关。特别是共享单车等广义层面的 B2C 类的共享经济重资产运营，需要高的固定资产投入和随后的维护费用，这些共享经济企业的边际成本不仅不会快速下降，还将维持较高的水平。高成本影响广义层面的共享经济企业的可持续发展。在激烈的市场竞争条件下，为了生存，共享经济企业必须改进商业模式以降低成本。

2. 只有协调好共享经济参与主体的利益才能实现多方共赢，降低企业的边际成本

在个别共享经济产品使用者道德水平低、社会信用体系不健全的背景下，有些共享经济产品如共享单车的使用者为图方便随意停车，导致共享单车被政府予以没收，用户无车可用。即经济学中个体的理性行为导致集体的非理性。根据利

益相关者理论，只有协调好共享经济参与主体的利益才能实现多方共赢。①

3. 应回归狭义层面的共享经济即利用闲置资源的本源

目前市场上大部分的共享经济并不是真正意义上的共享经济，仍然是传统的重资产行业。这些广义层面的共享经济并不改变其租赁服务的实质，不具有一般互联网公司"轻资产"、重运营的特点。更合理的共享应是盘活存量资源，对闲置资源的改造利用。

二、对策研究

利益相关者理论认为，与组织有密切关系的群体或个人均被视为组织的构成要素，组织的生存和繁荣离不开利益相关者的支持，不同利益相关者对组织管理活动的影响程度不一样，并随着时间和空间的不同而变化。为此，应采取措施实现共享经济参与者的激励相容，促进企业边际成本的下降和可持续发展。

1. 政府层面

目前，"鼓励创新、包容审慎"成为共享经济发展主基调，"放宽准入、底线思维"成为监管新要求，"多方参与、协同治理"成为监管大方向。针对共享经济企业既是运动员又是裁判员的现状，政府监管需要在及时和适度原则中寻求平衡。政府在监管过程中要以法律法规为底线，为新的商业模式提供制度保障，促进创新型经济模式的健康发展，同时在公共利益受到威胁时，政府要"管得住"，及时采取措施，避免创新形式下的企业或个人危害公众利益。比如，对滴滴公司等强制要求增加探头，对共享住宿等强化身份信息的核对，等等。在新的经济模式下，政府需要结合新的产业模式，创新管理方式，转变思路，为共享经济的发展提供制度保障。此外，政府可以与企业合作，完善涵盖多方面的信用信息体系，利用互联网技术和大数据、云计算等现代技术，整合信用平台的数据，

---

① 利益相关者（Stakeholder）概念源于20世纪60年代的现代企业管理理论，是指与组织发展有密切关系的利益群体或个人。不同利益相关者的利益诉求与偏好，以及在实现诉求时的权力大小是不一样的。以城市共享单车为例，城市政府职能部门的利益诉求是提升城市公共交通服务质量、降低城市公共交通服务成本。共享单车运营企业的利益诉求是提高城市共享单车的盈利能力、减少城市共享单车的维护成本。用户群体的利益诉求是提升城市共享单车的用户体验、保障城市共享单车的出行安全。相关社会组织的利益诉求是完善城市共享单车的站点分布、维护城市共享单车的使用秩序。通过对共享单车运营过程中的利益相关者及其利益诉求分析，对城市共享单车的利益相关者角色进行再定位，优化城市共享单车协同治理的路径。

建立一个企业与政府共享的、全国统一的信用信息平台。同时，不断推进第三方信用评分体系建设。

另外，需要完善相关法律条文，明确多主体协调下风险责任的界定和合理分担，切实保护投资者、消费者和供给方的利益。比如共享住宿与传统旅馆业存在明显不同，现行旅游法、物权法中的规定也需要调整。

2. 企业层面

共享经济的一个核心问题是解决信息不对称问题，平台的服务方和需求方之间存在逆向选择和道德风险问题，包括相对人之间的违法违约、第三人侵权、政策风险和不可抗力等。所以，信任机制的建设和完善是共享经济可持续发展的核心基础设施，关乎共享经济参与者的责任分担和权力保护问题。

用户评价机制、信用信息征集、平台征信功能和外部征信导入等成为共享平台健全信任机制的基本配置。[①] 信用体系建设不仅是政府部门的责任，也是企业的责任。共享经济企业需要收集共享平台的信息，建立共享经济产品的使用者的评价体系和有效的失信遴选及惩罚机制。加强建立信用体系建设，一方面可以有效解决用户押金问题，规范企业行为，另一方面也有利于提高相关共享经济从业者的准入门槛，减少安全事故的发生。对于一些恶意破坏和盗窃共享产品等行为，大数据也为迅速甄别和破案提供了方便。更为重要的是，信用体系的建立可以实现用户自我监督、自我管理。此外，共享经济企业要注重长远利益和自身信用维护，合法经营，保护消费者，维护公平竞争秩序，遵守社会规范。

3. 用户层面

共享经济产品是准公共产品，消费者本身也是共享经济利益方，却也面临个人道德问题。为提升消费者的共享消费素养，消除共享消费中的不文明现象，促进共享经济和谐、快速发展，需在各个阶段加强全民契约精神培育，强化公共道德精神宣传和教育，引导公共文明消费意识形成和实践推广。同时，应强化消费者权益保护的教育，让消费者更安全地使用共享经济产品。

---

① 为了解决信任机制问题，一些美国共享经济平台设置了四个重要的信任功能模块：第一个基础层，主要是用户姓名及地址的认证；第二个账户资料，主要基于开放式问题的调查机制；第三个拓展层，主要鼓励用户完善自身信息；第四个担保，主要是引入担保人机制，让第三人为用户提供担保，这是最高等级的信任机制（郑联盛，2017）。

第二章

共享经济背景下商业模式创新的
驱动要素与效能机制研究

第一节 引 言

近年来，共享经济蓬勃发展，涌现出一大批利用商业模式创新获得成功的代表性企业，令实业界开始意识到商业模式创新的重要性。共享经济企业依托互联网的轻资产运营特性，对大量资源创造性地重新配置，使它们较传统制造业更容易实现商业模式创新，同时也更加依赖于商业模式的创新。正如阿里巴巴、腾讯、百度和小米等企业现象所揭示的，共享经济企业的商业模式创新不仅催生了大量跨界竞争的出现，而且重新定义了企业间的竞争规则，使企业间的竞争从个体竞争，逐渐向整个交易网络的竞争演变。由此，在共享经济背景下，商业模式创新不仅是新创企业应该关注的重点，也是在位企业能否建立持久竞争优势的重要工具。可以说，商业模式创新已经成为共享经济时代下企业建立竞争优势的核心手段之一，因而关于共享经济背景下的商业模式创新背后的内在逻辑研究有着极为重要的现实意义。

共享经济背景下的商业模式创新如此重要，那么，企业在什么样的情况和条件下会推进商业模式创新？企业商业模式创新中有哪些关键要素？要解决这一系列的问题，亟须建立一套对共享经济商业模式创新进行有效解释的理论框架。

近年来，在学术研究领域，商业模式创新既是战略管理领域和创新创业领域的一个重要主题，又是有着许多难题尚未解决的新兴研究领域。以往关于商业模式创新的研究主题主要集中于商业模式创新的界定以及其所包含的要素。经过多年的探讨与争论后，学界对商业模式与商业模式创新的概念基本达成一致（Zott et al.，2011）。然而，现有研究并没有系统揭示商业模式创新的形成机制，以及鲜有研究能够给出商业模式创新同企业绩效间的内在逻辑（Zott & Amit，2007，2008），导致商业模式创新理论的薄弱（Arend，2013）。另外，商业模式创新研究仍然未能纳入新时代新经济的趋势与特点，例如，专题研究共享经济背景下的商业模式创新机制的课题在国内外仍属少见，对共享型商业模式创新等特定形态的商业模式创新也仅见少量的案例研究。

基于此，本章拟采用管理认知理论视角，通过引入 TMT 注意力配置、组织冗余、绩效反馈等战略管理领域的重要构念，构建商业模式创新的 CPE-I-P 理论模型，以解释商业模式创新的关键驱动要素和商业模式创新的效能机制，这将对商业模式创新理论的构建与完善具有促进意义。

第二节　文献回顾与假设提出

一、共享经济背景下的商业模式创新

自 Timmers（1998）给出了商业模式的第一个正式定义以来，关于商业模式的学术研究每年都在倍速增加（Zott et al.，2011），商业模式创新成为了重要话题。战略和创新领域的一些重要杂志均出版了商业模式（创新）研究特辑，例如长期规划（Long Range Planning，2011）、国际产品开发杂志（International Journal of Product Development，2013）、研发管理（R&D Management，2014）、战略创业杂志（Strategic Entrepreneurship Journal，2015）等，大大推进了商业模式的研究，对商业模式创新的定义进行了更加准确和多角度的界定，更多商业模式创新案例同样加深了人们对于商业模式作用的认识。

商业模式创新不同于产品创新或市场创新。产品创新是对市场供给侧的内容创新，相对应地，市场创新则是市场需求侧的内容创新，而商业模式则更加注重市场供给侧与市场需求侧供求双方所形成的供求链接网络和链接方式的创新。特别是互联网技术和共享经济的发展，使人与人、物与物、人与物之间的传统屏障被打破，这极大地改变了生产链和消费链构成交易网络的链接属性，使商业模式创新在共享经济背景下，表现出更具网络交易结构创新的特点。例如出现了大量形式各样的平台型商业模式（Platform-Based Business Model，PBM）、O2O 商业模式、双边商业模式、SOLOMO 商业模式、P2P 商业模式。这些交易网络结构的创新，往往又促进了产品/服务创新、市场创新，从而使共享经济背景下的商业模式创新呈现出全方位创新的景象，比如国内出现了致力于服装个性化规模定制的红领、提供全屋家居定制的尚品宅配等典型案例，都给参与交易的交易主体带来了价值创新。

同产品/服务创新、技术创新、市场创新等其他创新一样，商业模式创新同样能够为企业带来创新租，获得超过其他企业的竞争优势（Zott & Amit，2007）。在理论界对商业模式创新的定义逐渐趋于一致后，关于商业模式创新的影响因素和作用机制将成为商业模式创新研究领域的焦点。

以往研究表明：①互联网等技术是推动商业模式创新的主要动力（Amit & Zott，2001），随着互联网的普及，大量 B2B、B2C、C2C、C2M2C、O2O、P2P 等模式出现，这些商业模式创新都受到互联网信息技术的驱动影响，而良好的技术沟通与交流也能推动企业进行商业模式创新，Kuusisto 和 Meyer（2003）的研究也证明了信息技术是商业模式创新的关键驱动力。②经济发展带来的收入提高和物质充裕，进一步带动了物质和服务需求的多样化、个性化，形成了商业模式创新的巨大市场需求动力，例如德勤咨询公司在 2002 年的调查就发现，促使商业模式创新的主要推动力就是企业为了满足客户需求而采取的手段，例如西南航空为客户提供廉价的短途航空服务，星巴克为消费者提供承受范围内的小奢侈和让客户放松、交谈的聚会场地。③市场竞争也推动着企业探寻商业模式创新，IBM（2006）调查了全球 765 个 CEO 或高管，发现他们中大约有 40% 会担心竞争对手的商业模式创新可能会颠覆行业发展前景，从而影响自身企业的效益。因此，这部分 CEO 或高管们希望自己所在的公司积极参与到商业模式的创新中。④企业内部驱动力也是商业模式创新的重要力量，德鲁克明确地把企业家精神作为商业模式创新的核心要素，丁浩等（2013）研究发现企业家的创新与冒险精神对商业模式的认知能力有着显著的影响，尊重与合作精神对商业模式也有着积极的影响。此外，Venkatraman 和 Henderson（2008）研究发现企业面临技术和经营方式的改革压力，当该压力达到一定程度时，企业便开始进行商业模式创新。

尽管以往关于商业模式创新的研究取得了一定进步，初步厘清了一些驱动企业商业模式创新的要素，但也明显存在一些不足：①商业模式创新的研究仍然处于其发展的早期阶段（江积海，2015），由于目前商业模式创新的定量测度方法较为简单，基于大样本的定量实证研究较少，研究的理论内涵也受到局限；②现有研究揭示的商业模式创新驱动因素较为零碎，并没有在一个系统理论框架内，有效地揭示商业模式创新的形成机制，导致商业模式创新理论的薄弱（Arend，2013）；③尽管德鲁克很早就洞见了企业战略决策者在商业模式创新中的关键地位，但鲜有研究进一步深入揭示其关键机制，并不能很好地回答企业战略决策者如何结合组织内外部环境信息和资源进行商业模式创新，要回答这些问题，就不能不引入组织认知理论，探讨企业决策者在商业模式创新中所起的重要作用。

本节在 Zott 和 Amit（2001）给出商业模式概念的基础上，将商业模式创新界定为企业为了实现价值的创造和价值的获取，焦点企业与包括客户在内的利益相关者之间形成的交易网络内的交易内容、交易结构和交易机制所发生的改变。以此定义为基础，开展研究探讨共享经济背景下企业商业模式创新的驱动要素和效能机制。

二、企业过往绩效与商业模式创新

从战略风险决策的角度看，商业模式创新通常意味着对企业价值主张、交易结构、成本结构和盈利模式的更改，其表现包括组织间关系改变和环境塑造等，可能促使组织与外部实体之间建立新型协作关系，这种协作关系更难以实施（Chattopadhyay et al.，2001；Luo，2007），也可能表现为对市场和产品的变革和创新，也可能需要采取诸如改变组织结构、成立新部门等变革措施，通常需要组织持续投入没有回报保证的资源（Boyne et al.，2009），因而伴随着更高水平的风险（Gupta，Smith & Shalley，2006）。

企业过往绩效是企业进行战略决策的重要参考线索，企业高管对企业历史绩效等进行回顾分析，结合其他内外部环境信息，对企业商业模式创新进行抉择。赋义（Sense-Making）理论认为，企业高管对企业历史绩效存在"机会"和"威胁"两种赋义框架，而不同的赋义框架对企业的战略风险决策具有不同的影响效果。而在中国文化背景下，整体思维、辩证思维和矛盾思维特征影响了人们，使其并非视"机会"和"威胁"为割裂的对立概念，而是视其为对立却统一的矛盾整体，并且特别注重威胁和机会之间的矛盾对立统一关系（梅胜军，2010）。如"危机"一词本身就包含"危险"和"机会"两部分，还有"祸兮福所倚，福兮祸所伏""塞翁失马，焉知非福""隐患险于明火，预防胜于救灾""居安思危""化险为夷""山重水复疑无路，柳暗花明又一村""星星之火，可以燎原"等用语都说明威胁与机会之间的关系在中国人的赋义框架中有重要地位，Mei 和 Wang（2009）、梅胜军（2010）对中国企业高管的一系列问卷调查分析结果也提供了这方面的实证证据。

企业过往绩效又可从纵向和横向比较的维度，区分为历史比较绩效和社会比较绩效，前者是与企业自身历史绩效的差距，后者是与同行业类似企业的绩效差距。研究发现，尽管社会比较绩效落差与历史比较落差引起企业战略决策者的

"威胁"赋义，但对两者的赋义还是有程度差异，即社会比较绩效落差将使企业高管具有更强的威胁识别水平和更低的机会识别水平；而历史比较绩效落差相较于社会比较绩效落差而言，则将使企业高管具有更强的机会识别水平和更低的威胁识别水平（梅胜军，2014）。

威胁识别是企业高管关于运营环境变化对组织意味着获益还是损失及其程度的管理性评估（Staw，Sandelands & Dutton，1981）。威胁识别对商业模式创新有何影响呢？根据展望理论，面对潜在损失的威胁情境时，组织倾向采取冒险行为（Kahneman & Tversky，1979）。威胁可能侵蚀组织的战略地位，企业高管需要增加创新能力方面的投入，以应对威胁情境下不可预测的后果。与机会框架相比，威胁框架下的企业高管更加强调战略行为的收益性，更倾向采取冒险行为。而在机会框架下，企业高管更加强调战略行为的损益性，因此倾向风险规避，降低组织在风险性创业活动方面的投入。在机会框架下，若没有强烈的驱动动机，组织不太可能冒险打破既有惯例而偏离现有的胜任领域。Gilbert（2005）通过对传统报纸媒体组织的研究也发现，在缺乏威胁知觉的情况下，组织不太可能采纳有可能威胁到现有客户对象的创新策略，取而代之的是聚焦于现有产品、技术和客户的渐进效率型创新。而当面临威胁时，组织更愿意投入商业模式创新活动，将商业模式创新作为一种保护性姿态。因此，本章假设：

假设1a：高社会比较绩效落差促使组织采纳更高水平的商业模式创新；

假设1b：高历史比较绩效落差促使企业采纳更高水平的商业模式创新；

假设1c：社会比较绩效落差比历史比较绩效落差更能促进企业商业模式创新。

三、组织冗余与商业模式创新

组织冗余可使组织的注意力从防止陷入困境（救火）转移到扩张性战略和具有风险性、创新性、高回报的创业活动上（Nohria & Gulati，1996）。实证研究发现，组织冗余能促进组织对突破性产品创新的投入，并帮助组织避免创新失败和损失，保护组织资源（O'Brien，2003）。组织冗余能促进一系列创业型活动，如创新（Nohria & Gulati，1996）、风险承担（Singh，1986）和适应（Kraatz & Zajac，2001）。因此，高组织冗余水平促使组织采纳更活跃的商业模式创新。

以往研究认为威胁识别与组织行为之间的关系可能受到其他变量的调节。组织资源（组织冗余）被认为是最为关键的调节变量（Voss et al.，2008）。企业高管可将组织冗余用于企业危机时期的稳定和适应工具（Cyert & March，1992），作为"软垫"（Cushion）任意配置应对威胁（Bourgeios，1981）。在面对威胁时，拥有充分组织冗余的企业在进行战略决策时可考虑通过将组织冗余投入到核心业务中，促进或避免主要战略调整（Thompson，1967）。相反地，缺乏组织冗余的企业拥有的决策选项较少（Chattopadhyay et al.，2001）。

在企业绩效衰减情境下，威胁情境促使管理者考虑以"探矿"（Prospecting）模式运用组织冗余以发展出新的战略选项（Cyert & March，1963；Singh，1986）。持有组织冗余的组织感知到的扩张价值要远高于保存组织冗余的价值，当面对威胁时，选择商业模式创新的动机更强。Audia 和 Greve（2006）提供了这方面的实证支持，他们通过对威胁情境下组织战略投入决策的研究发现，与组织冗余高度相关的组织规模，调节了组织响应威胁所采取的风险承担行为，规模较大的企业更多采取冒险策略来应对绩效下降的威胁。而在缺乏资源的情况下，威胁知觉增强了企业高管对未来生存的担忧，倾向降低潜在不确定性，降低风险性创业型活动，聚焦于已知的、更加可预测的效率型活动，将加大在效率型活动方面的投入，以此作为对威胁的响应（Chattopadhyay et al.，2001）。即使企业高管主观上认为商业模式创新是最优战略，但战略所需资源的匮乏在一定程度上限制了组织的创新活动。因此，本节提出并检验如下理论假设：

假设2：组织冗余水平对企业商业模式创新有显著影响。

四、TMT 注意力配置与商业模式创新

组织可视为"高层管理者"的映像（Hambrick & Mason，1984）。因此，组织转变策略选择与高层管理团队的认知紧密关联。行为决策理论认为，人们依据自我规则系统进行选择判断，自我规则系统是一种参照价值体系，起到激发人们追求理想或非理想目标状态的功能，促使"当前的现实自我"与"理想的目标状态"离得更近，缩小两者差距。Higgins（1987）提出了两类注意力规则系统，即促进聚焦（Promotion Focus）和预防聚焦（Prevention Focus）。以往研究发现，这两种不同的高管团队规则聚焦与战略决策有紧密关联（Crowe & Higgins，1997；Friedman & Forster，2001）。本章将规则聚焦作为高管团队注意力配置因素，考察其在企业商业模式创新中的功能，提出并检验以下理论假设：

假设 3：高管团队规则聚焦对企业商业模式创新有重要影响，会分别对绩效落差与企业商业模式创新、组织冗余与企业商业模式创新之间的关系起到调节作用。

第三节　样本与数据收集

一、样本描述

本节以中小型企业为研究对象，主要对浙江省内企业进行了抽样调查。总共发放了 200 份成套问卷，剔除未收回、问卷填写不全以及大面积答项相同（如大面积问项填写同一个选项）的问卷，总共收回有效问卷 122 份，有效问卷回收率为 61%。具体样本情况如表 2-1 所示。

表 2-1　企业样本情况统计分析

分类	子类	数量（家）	百分比（%）
企业历史	①5 年以下	36	29.5
	②5~10 年	47	38.5
	③10~15 年	39	32.0
员工规模	①50~100 人	37	30.3
	②101~500 人	85	69.7
资产规模	①100 万~1000 万元	14	11.5
	②1001 万~1 亿元	61	50.0
	③1 亿~10 亿元	47	38.5
企业性质	①民营	77	63.1
	②国有	16	13.1
	③合资	29	23.8

二、测量工具

过往绩效量表采用自编量表，总共包含 8 个测量项目，借鉴 Chandler 和 Hanks（1994）的思路，均采用主观量表测量，分别分布在两个因素，使用李克特六点量表进行测量。

商业模式创新是基于郭海和沈睿（2014）的问卷改编而来。该问卷借鉴了 Zott 和 Amit 所设计的新颖型商业模式量表和参考了 Shafer 等对该量表的二次开发，通过语汇调整设计出商业模式创新量表。该量表主要由 9 个测量项目构成，例如，"不断在商业模式中引入新的运作流程、惯例和规范"，"用新颖的方式将各种合作者紧密联系在一起"，"总体来说，我们的商业模式是新颖的"，"采用了创新的交易方式"，"为客户提供价值不断提高的产品或服务"。

组织冗余采用主观评价方法测量，量表采用 Chattopadhyay 等（2001）编制的单维组织冗余测量工具，包含 3 个测量项目，使用李克特六点量表进行测量。

TMT 高管团队注意力（规则聚焦）量表选取自 Higgins（1987）的研究，包含两个维度，每个维度包含 3 个测量项目，使用李克特六点量表进行测量。

创业绩效采用主观量表测量，包含成长绩效、财务绩效两个维度。财务绩效测量项目来源于 Ciavarella 等（2004）和赵晓东（2006）编制的量表；成长绩效测量项目来源于 Haber 和 Reichel（2005）。每个维度包含 3 个测量项目，使用李克特六点量表进行测量。

此外，将经营历史、员工规模、资产规模作为控制变量。

三、测量模型分析

1. 数据聚合的可行性检验

在进行数据分析之前需要检验数据加总的可行性。通过算术平均值的方法将一组个体数据聚合为组织水平的评判指标和评判标准，主要有组内相关系数（Intra-class Correlation Coefficient，ICC）和组内评分者一致性（Within-group Inter-rater Reliability，R_{wg}）。

本节采用 Bliese 和 Chan 等（2007）提出的方法，通过计算 ICC（1）和 ICC

（2）两个系数检验数据聚合的适度性。ICC 检验各项目和各群体总体的一致性，ICC（1）评价分组效应可以解释的总变异的程度，表明分组是否有效，一般小于 0.30 可以接受；ICC（2）表示各组内均数变化的一致性程度，一般大于 0.60 可以接受。

从检验结果（见表 2-2）中可以看出各变量问卷测量的 ICC（1）都在 0.25 左右，且方差检验达到了显著水平，ICC（2）都在 0.70 左右，组间变异较小，分组效应显著，集合水平的变量适于进行加总计算。

表 2-2　数据聚合适度性检验结果

变量	ICC（1）	ICC（2）
过往绩效	0.25 **	0.76
商业模式创新	0.24 **	0.75
组织冗余	0.22 **	0.78
TMT 注意力（规则聚焦）	0.27 **	0.70
创业绩效	0.28 **	0.71

注：＊表示在 0.05 水平上显著，＊＊表示在 0.01 水平上显著。

2. 共同方法偏差检验

尽管在测量中问卷各部分尽量由不同人员填写，以最大程度避免数据的同源偏差，但由于相关变量都采用主观量表策略，可能仍然难以将共同方法偏差控制在可接受的范围之内。由于共同方法偏差对变量关系产生重要影响，会降低假设检验的可信度，为此，在进行变量关系分析之前，本节采用 Harman 单因素检验方法对测量数据进行了共同方法检验。

采用的是主成分分析法，运用陡阶抽取因素，使用 Varimax 方法对因素参照轴进行旋转，在对包含 29 个测量项目、122 个样本的探索性因子分析后发现，KMO = 0.87，Bartllett 球形度检验 sig = 0.00，总共析出了 10 个因子，总共解释了 76.57% 的总方差。其中，解释变异最高的因子仅仅解释了 7.17% 的总体变异，解释变异最低的因子解释了 3.49% 的总体变异，说明共同方法偏差并不显著。

第四节　分析结果

一、相关分析

为了揭示各变量之间的内在关系，对过往绩效、组织冗余、商业模式创新和规则聚焦等变量进行了相关分析。本节将以下变量纳入相关分析：①公司历史；②员工规模；③资产规模；④过往绩效的两个维度（社会比较绩效和历史比较绩效）；⑤组织冗余；⑥商业模式创新；⑦规则聚焦两个因素——促进聚焦和预防聚焦。相关分析结果参见表2-3。

表2-3　各变量描述统计分析和相关分析结果

变量	均值	标准差	1	2	3	4	5	6	7	8	9
1. 公司历史	2.02	0.79	1								
2. 员工规模	2.70	0.46	0.23*	1							
3. 资产规模	3.27	0.66	0.10	0.08	1						
4. 社会比较绩效	3.61	0.94	−0.09	−0.02	−0.04	1					
5. 历史比较绩效	3.88	0.83	0.15	0.10	0.01	−0.52**	1				
6. 组织冗余	3.05	0.66	0.05	0.12	0.31**	−0.05	0.01	1			
7. 商业模式创新	3.29	0.87	0.06	0.05	0.05	0.32**	−0.11	0.28**	1		
8. 促进聚焦	3.80	0.67	−0.04	0.19*	−0.02	−0.08	0.24**	0.18	0.29**	1	
9. 预防聚焦	4.16	0.82	0.04	0.11	0.06	−0.10	0.29**	0.32**	0.42**	0.40**	1
10. 创业绩效	4.12	0.73	0.21*	0.17	0.19*	0.23**	0.27**	0.19*	0.47**	0.37**	0.23*

注：* 表示在0.05水平上显著，** 表示在0.01水平上显著，双尾检验。

二、回归分析

分别对商业模式创新、创业绩效进行了回归分析。采用 SPSS 中的多元逐步回归分析进行。在对商业模式创新的回归分析中，第一步将控制变量即公司历史、员工规模和资产规模纳入回归分析，第二步将社会比较绩效、历史比较绩效和组织冗余纳入回归分析，第三步将交互项纳入回归分析。

从对商业模式创新的回归分析结果（见表 2-4）看，在第一步回归分析中，控制变量回归系数都不显著，说明公司历史、员工规模、资产规模对商业模式创新没有显著影响；在第二步回归分析中，社会比较绩效（$\beta = 0.39$，$p < 0.001$）、组织冗余（$\beta = 0.34$，$p < 0.01$）回归系数显著，说明两者对商业模式创新有显著正影响，引起 R^2 变化 17%；在第三步回归分析中，促进聚焦和组织冗余的交互项（$\beta = 0.33$，$p < 0.01$）的回归系数显著，说明交互效应显著。从分析中发现，社会比较绩效、组织冗余和促进聚焦与社会比较绩效的交互项显著促进了商业模式创新。

在对创业绩效的回归分析中（见表 2-4），第一步将控制变量即公司历史、员工规模和资产规模纳入回归分析，第二步将社会比较绩效、历史比较绩效和组织冗余以及交互项纳入回归分析，第三步将商业模式创新纳入回归分析。分析结果显示，在第一步回归分析中，公司历史（$\beta = 0.21$，$p < 0.05$）回归系数显著，说明公司历史对创业绩效有显著影响，其他控制变量回归系数都不显著，说明员工规模、资产规模对创业绩效没有显著影响；在第二步回归分析中，社会比较绩效（$\beta = 0.27$，$p < 0.01$）、历史比较绩效（$\beta = 0.25$，$p < 0.01$）、组织冗余（$\beta = 0.19$，$p < 0.05$）、促进聚焦×组织冗余交互项（$\beta = 0.24$，$p < 0.01$）回归系数显著，说明社会比较绩效、历史比较绩效、组织冗余以及促进聚焦和组织冗余的交互对创业绩效有显著正影响，引起 R^2 变化 23%，研究假设 1a、1c，假设 2，假设 3 得到验证；在第三步回归分析中，商业模式创新（$\beta = 0.39$，$p < 0.001$）的回归系数显著，引起 R^2 显著变化 11%，说明商业模式创新对创业绩效的影响显著。在商业模式创新进入回归方程后，社会比较绩效（$\beta = 0.21$，$p < 0.01$）、历史比较绩效（$\beta = 0.19$，$p < 0.05$）的回归系数仍然显著，说明商业模式创新在社会比较绩效、历史比较绩效与创业绩效之间仅存在部分中介效应，而组织冗余（$\beta = 0.17$，$p < 0.1$）、促进聚焦×组织冗余交互项（$\beta = 0.16$，$p < 0.1$）则仅在 0.1 的置

信区间上显著，因而商业模式创新在组织冗余、促进聚焦和组织冗余交互项对创业绩效的影响中起到完全中介的作用。

表 2-4　商业模式创新、创业绩效的回归分析结果

变量	商业模式创新			创业绩效		
	第一步	第二步	第三步	第一步	第二步	第三步
控制变量						
公司历史	0.07	0.09	0.05	0.21**	0.17†	0.16†
员工规模	0.04	0.01	−0.01	0.09	0.11	0.07
资产规模	0.05	−0.05	−0.28**	0.12	0.13	0.11
影响变量						
社会比较绩效	—	0.39***	0.38**	—	0.27**	0.21**
历史比较绩效		0.09	0.15		0.25**	0.19*
组织冗余	—	0.34**	0.32**		0.19*	0.17†
交互效应						
促进聚焦×组织冗余	—	—	0.33**	—	0.24**	0.16†
预防聚焦×组织冗余	—	—	0.11	—	0.15	0.11
促进聚焦×社会比较绩效	—	—	0.14		0.05	0.03
预防聚焦×社会比较绩效			−0.03		0.06	0.04
中介变量						
商业模式创新	—	—	—	—	—	0.39***
F	0.28	4.75***	4.32***	1.12	7.39***	9.28***
R^2	0.01	0.21	0.24	0.02	0.29	0.41
调整后 R^2	0	0.18	0.21	0.02	0.25	0.36
ΔR^2	—	0.17***	0.03†	—	0.23***	0.11***
Durbin-Watson		2.16			1.92	

注：* 表示在 0.05 水平上显著，** 表示在 0.01 水平上显著，*** 表示在 0.001 水平上显著，† 表示在 0.10 水平上显著。

第五节　讨论与结论

一、社会比较绩效能促进企业的商业模式创新

近年来，互联网技术迅猛发展，"互联网+"和共享经济发展不断深入，工业 4.0 革命如火如荼，传统中小企业商业模式面临更新升级的重大挑战和机遇。与此同时，受全球经济危机、出口市场萎缩、产业分工调整、要素价格上涨和环保压力上升等多层次因素的综合影响，近年我国中小企业特别是制造业企业效益整体下滑。这两种背景对企业的战略选择有何影响？鲜有研究将两者联系起来，把绩效衰减作为关键动因正式纳入企业商业模式创新的理论解释框架内。绩效衰退作为企业商业模式创新的关键决策线索，纳入理论解释框架之内，无疑会增强商业模式创新理论的解释效力。

展望理论认为威胁情境下组织倾向采取冒险的行为策略，威胁—僵化观点认为威胁情境下组织倾向采取保守的行为策略。本章则揭示出，当企业与同行相比业绩面临衰减时，企业高管更倾向采取商业模式创新策略来回应，这与企业行动理论所揭示出的绩效正向反馈效应一致。过往绩效的反馈作用体现在企业一系列的变革与创新之中，商业模式创新即是其表现之一。

二、组织冗余促进了企业商业模式创新的选择

以往研究认为组织冗余能帮助组织避免创新失败和损失（O'Brien，2003）、促进一系列创业型活动，如创新（Nohria & Gulati，1996）、风险承担（Singh，1986）和适应（Kraatz & Zajac，2001）。本节的结论与此一致，即组织冗余显著促进了企业商业模式创新。组织冗余的作用对商业模式创新尤为关键，在企业绩效衰减情况下，企业所拥有的资源越多，其行动的自由度越大，企业高管越倾向采用商业模式创新的行为策略来应对衰减。这与以往部分研究观点基本一致，如 Cyert 和 March（1992）认为，企业高管可将组织冗余用于企业危机时期的稳定和

适应，作为"软垫"（Cushion）任意配置应对威胁，促使管理者考虑以创业型模式运用组织冗余发展出新的战略选项。

三、促进聚焦在组织冗余对商业模式创新中起到正向调节作用

基于资源基础观的理论研究认为，组织的认知也是一种重要的资源，特别是在变革动荡和混沌的环境下，TMT 注意力配置是企业动态适应能力的关键因素。而战略决策理论也认为，TMT 作为企业的大脑和中枢系统，左右着企业的战略决策方向和实施，TMT 的注意力配置对企业战略有着至关重要的影响。然而，由于TMT 认知的高度复杂性，尽管理论界承认 TMT 注意力的重要性和关键作用，但关于 TMT 注意力的影响研究却十分匮乏。一个重要原因是对注意力的维度区分和测量仍然处在初级阶段。本章基于认知心理学研究，引入 Higgins（1987）提出的两类规则系统来刻画 TMT 注意力配置，通过引入促进聚焦和预防聚焦，能丰富注意力刻画的角度。以往研究也发现，预防聚焦和规则聚焦与战略决策有紧密关联（Crowe & Higgins，1997；Liberman et al.，1999；Friedman & Forster，2001），在此基础上，本章进一步发现了促进聚焦和组织冗余交互促进了企业商业模式创新，部分揭示出作为企业资源配置的决策者，高管团队的注意力配置（规则聚焦）会对组织冗余的配置方向产生极其重要的影响。即使是在面临绩效衰减的情景下，促进聚焦仍促使企业将资源更多地投入到更具风险性的创新活动中，可使组织的注意力从防止陷入困境（救火）转移到扩张性战略和具有风险性、创新性、高回报的创业活动上（Nohria & Gulati，1996），显著促进了企业商业模式创新。

四、商业模式创新在过往绩效、组织冗余与创业绩效之间起到显著中介作用

商业模式创新既是战略管理领域和创新创业领域的一个重要主题，又是有着许多难题尚未解决的新兴研究领域。经过多年的探讨与争论后，学界对商业模式与商业模式创新的概念基本达成一致（Zott et al.，2011）。然而，现有研究并没有系统揭示商业模式创新的形成机制，以及鲜有研究能够给出商业模式创新同企业绩效间的内在逻辑（Zott et al.，2007，2008），导致商业模式创新理论的薄弱

（Arend，2013）。基于此，本章采用企业行为理论、展望理论和管理认知理论视角，通过引入 TMT 注意力配置、组织冗余、绩效反馈等战略管理领域的重要构念，构建商业模式创新的 CPE-I-P 理论模型，以解释商业模式创新的关键驱动要素和商业模式创新的效能机制，这将对商业模式创新理论的构建与完善具有促进意义。

第六节　创新、研究局限与未来展望

本章通过引入企业行为理论、展望理论和管理认知理论，构建整体理论框架来解释商业模式创新的驱动要素与作用机制，构建并检验了 CPE-I-P 理论模型：将任务环境（情境因素）、高管团队认知（触发因素）和组织资源（使能因素）等关键因素纳入，构建整体分析框架，来解释商业模式创新的机制。CPE-I-P 理论模型从管理决策视角对商业模式创新的前因进行剖析，突出了决策团队特征对商业模式创新的影响，探求高管团队注意力、组织冗余在商业模式创新对企业绩效的作用中扮演的重要角色，丰富了商业模式创新的作用机制。通过在商业模式创新研究中引入管理认知理论，能够极大地拓展商业模式创新的研究范围，进而增加商业模式创新对现实世界的解释。

然而，限于商业模式创新测量工具和研究样本，尽管本章取得了一定的理论进展，主要结论也有一定的实践价值，但是仍然存在诸多不足。首先，限于商业模式创新工具，未能将共享经济模式下的商业模式创新特征刻画出来，相关研究尚不深入。其次，本章样本主要集中于中小企业，但也因此使研究的结论可能存在特异性，相关结论难以轻易地推论至大型企业。再次，进行问卷调查时也存在一定的局限，一方面部分样本采用了方便采样的方法，降低了样本的随机性；另一方面，由于取样的难度以及对研究成本等的考虑，选取的样本分布在几个特定地域中。未来研究应着重突破商业模式创新的测度，特别是对共享经济背景下商业模式创新的特点进行测量研究。在此基础上，未来可继续纳入更多的研究变量，如环境动态性、TMT 团队的构成特点、战略决策逻辑、企业社会网络等因素来分析商业模式创新的其他关键前因，还可以细化组织资源分类，研究不同类型

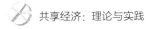
的组织资源对商业模式创新的影响。最后，未来可扩展研究样本，例如在特定行业内检验相关理论模型，或者扩大研究样本至不同地域和不同规模的企业，以修正本章研究结论。

第三章

信息不对称下声誉反馈对共享经济交易效率影响机制与优化政策：以滴滴顺风车为例

第一节　引　言

一、问题提出

互联网的发展，特别是移动互联网用户规模的快速扩张，使共享经济在全球范围内得以迅速崛起。相比传统经济的交易方式，共享经济可以减少信息收集和传播成本，服务提供者与需求者的匹配也更为容易，从而显著降低了交易成本并扩大了交易范围。但由于共享经济的交易双方存在着空间分割，使预先体验服务质量与特征难以实现，且交易双方的信息不对称，导致交易发生前，双方无法了解对方交易历史，交易发生后，卖方担心货款无法收取，而买方则担心货物与描述不符等问题，进而产生"逆向选择"与"囚徒困境"，严重制约了交易效率提升以及共享经济的持续健康发展。因此，如何解决交易过程中信息不对称对交易效率的制约已成为共享经济持续发展的关键所在。

然而，在共享经济内容不断丰富与实践不断深入的同时，由于法律法规等政策制定的滞后性以及法律裁决共享经济问题的成本高昂性，共享经济多依靠非正式的治理机制，尤其是通过声誉反馈来克服信息不对称约束，进而保障交易的顺利进行。但是，由于共享经济交易者众多，双方多次交易的概率较低，因此传统的双边重复博弈中的惩罚机制在共享经济交易中是无效的。那么声誉反馈是如何发挥其作用以提高交易效率的呢？现有的理论研究远远落后于共享经济实际发展的需要，分析上述问题的理论框架尚未建立，也无法明晰信息不对称约束下声誉反馈对交易效率的影响机制，进而造成共享经济无法形成完善的声誉反馈机制，交易效率低下问题也迟迟得不到解决。

二、文献综述

现阶段，关于声誉反馈对共享经济交易效率影响的文献仍相对较少，与本章较为相关的研究主要有以下几种：

1. 共享经济交易效率及其提升策略的研究

以共享经济为主题的文献在进入 21 世纪之后开始逐渐出现，随后在学术界展开了主要围绕共享经济的内涵、特征与类型、共享经济模式下参与者行为、共享经济的影响效应等方面的系列研究。在起初阶段，国内外学者运用逻辑演绎和理论解析的方法研究共享经济与经济增长、政策监管等领域的内在联系。由于闲置资源的货币化是经济增长尤其是共享经济模式的核心要素之一，因此学者们认为供给方通过出售闲置资源的短暂使用权获取收益，需求方以低于市场的价格享用使用权，这种经济上的利益共享机制是促进共享经济发展的重要因素（Felson & Spaeth，1978；Albinsson & Perera，2012）。共享经济模式可分为再分配模式、互助化模式、协作消费模式三种，各种模式的共享经济对经济增长、环境经济效益和经济主体行为均产生了积极的推动作用（尚勇敏，2018）。实际上，强化使用权，模糊所有权在降低交易成本的同时，还有助于发挥共享经济的平台效应，促使需求方消费者、服务提供方及平台运营商能够满足各自需要的动机维度（贺明华等，2018）。

共享经济进入研究者视野以来，借助信息技术进步，依托"互联网+"视域下新的经济业态，跨学科的趋势日益明显，使规范性的量化研究开始涌现。基于168 位 CC（"协作消费"）网站注册用户调查数据的研究发现，参与 CC 的动机受到可持续性、活动的享受以及经济收益等许多因素的影响，有趣的细节是，可持续性与参与并不直接相关，在 CC 中可能存在态度—行为差距（Hamari et al.，2016）。Georgiadis 等（2017）考虑了共享经济网络，并且应用抽象协作消费系统，从节点寻求在团队内形成共享联盟、试图最大化其团队的利益以及节点与邻居进行交易的市场、试图改善自己的利益这三个不同角度研究了共享经济网络中节点联盟对共享资源均衡分配的影响，认为动态共享策略可以实现静态问题均衡分配范围内的长期共享比率。均衡分配具有有趣的属性，突出了每个节点的共享比率与拓扑图结构的相关性，并且节点上的节点隔离的效果可以从其邻居中提取。Zhu（2018）提出了一种基于用户个人社交网络（PSN）的 P2P 服务共享（TMPSS）经济的可信赖群组信任度量，认为 TMPSS 优于现有的代表性方法，因为它可以找到更可靠的节点，能更有效地抵御恶意节点的攻击，适用于移动交易环境。Farhan 和 Chen（2018）运用一个独立的基于代理的仿真模型来评估共享自动电动汽车（SAEV）的车辆共用，以得克萨斯州奥斯汀的人口密度模式为基础开展了研究，揭示了车辆和充电基础设施类型对车辆服务指标和运营成本的影响。上述文献大多关注共享经济对宏观经济发展、社会、传统行业、环境、可持续性和参与者个体的影响，由于经济增长的终极目标是通过建立"供给侧"和"需求侧"的"良好"关系，共同创造价值，从而创造经济收益，因此共享经济交易高效率推动经济高质量增长也是一个重要的研究课题。

当前关于如何提高交易效率的研究较少，提高交易效率的策略也各不相同。部分学者认为加强共享经济监管有利于提高交易效率。其中具有代表性的是奥利·洛贝尔等（2018），他们研究了诸如 Uber 和 Airbnb 等平台根据科斯定理在交易前、交易中和交易后三个阶段中均有潜力降低包括调研成本、交涉和决策成本、监控和执行成本等在内的交易成本，认为共享经济监管对数字共享网络空间的平台经济交易效率发挥了十分关键的作用，其中共享经济监管促进平台经济交易的多元化发展，并且是推动经济高质量增长的重要渠道。共享经济平台高交易效率对经济增长的促进作用不仅通过经济增长模式使自身的创新这一渠道得以实现，而且还可以借助于科技的进步、文化的交流和制度的改良，尤其是共享平台的较低交易成本等多种福利效益得以实现（项薛钦，2017）。还有部分学者认为从交易平台的管理入手可以提高共享经济的交易效率。借助于企业微观数据的研究还发现，交易平台能够提供充分的供求信息和有效的评价机制，缓解信息不对称问题，减少交易不确定性，降低由机会主义引起的管理型交易费用和市场型交易费用（杨德才等，2018）。宋傅天等（2018）围绕共享经济的界定与测度，明晰从"共享"到"共享经济"的概念演变，系统整理了国内外共享经济的测度体系，分析了传统统计测度理论难以适用于共享经济的原因，并且指出了在共享经济背景下，传统经济统计的四类统计困境，即共享经济参与者身份相对模糊；共享经济统计的行业分类困难；传统经济统计方法失准；传统经济数据采集方式低效。由此有针对性地提出了改革传统统计调查和经济核算制度等应对措施，构建反映共享经济发展和变化的统计指标体系。这些研究很好地以共享经济监管为切入点来考察了共享经济交易高效率的新动力，突破了研究经济增长的传统视角，并聚焦于共享经济监管对共享经济交易高效率的多元影响。

2. 共享经济中信息不对称问题的研究

共享经济使社会经济参与者通过服务交换和共享制度共同创造价值（Lusch & Vargo，2014；Tiwana，2015），因此获得了快速发展，但同时也面临着诸多问题，其中一个较为重要的便是信息不对称导致交易效率低下问题。在经济领域中，发生信息不对称的情况是普遍存在的。信息不对称的分布往往呈现出不均匀、不对称状。一方面，在交易过程中交易双方都不能获得全面的信息；另一方面，交易双方中掌握信息比较充分的一方往往处于有利的地位，而信息匮乏的一方往往处于不利地位。信息不对称产生的原因有主观因素和客观因素：主观上是因为不同的经济个体所具备的能力以及获取信息所耗费的时间、精力不同而导致掌握的信息存在差异；客观上是因为每个人所从事的职业和社会分工不同导致信息分布也不均衡（胡灿，2015）。共享经济中的许多交易都存在囚徒困境，卖家可能通过提供低质量的产品来欺骗买家，买家也有可能在卖家交付产品后拒绝支付货款（吴德胜，2007）。依赖法律的正式契约可以打破囚徒困境的低效率均衡，但契约可能是不完备的，法庭可能无法验证私人签订的法律条款。因此另一个解决办法便是关系型契约或非正式契约（Baker et al.，2002），也有的文献称其为社区规范（Aoki，2001）。

共享经济是互联网下的一种新型经济和新型商业模式，它是以资源闲置过剩和经济进入新常态为基础，以互联网、大数据、第三方支付和云计算为平台产生和发展的（郑志来，2016）。共享经济打破了传统的经济发展模式，能够在短时间内迅速地发展壮大并不断渗透至人们的衣食住行、娱乐、金融、生态、农业等多个领域。在供给侧改革的背景下，共享经济主要体现出以下几个特征：第一，和传统经济模式有所不同的是，共享经济的所有权和使用权是相分离的；第二，共享经济具有低成本和高收入的特征，使闲置资源得到高效合理的配置；第三，共享经济打破了单一的消费需求，很大程度上满足了不同消费者的多种需求以及同一消费者个性化和多样化需求（白海鹰，2018）。但共享经济由于以第三方支付为平台，使供需双方在信息的获得和使用中存在较大的差异，对现有制度的适宜性提出了挑战。

共享经济中的信息不对称问题主要反映在以下几个方面：一是供求双方所掌握的信息往往是不对称的，供给方掌握的信息要比需求方多，当出现问题时，消费者的利益会受到损害。在互联网基金中，由于存在着信息不透明、虚假账号、委托代理等安全漏洞，会产生非法集资、高利贷等甚至泄露个人重要隐私问题，侵害客户隐私和征信权益（郑联盛，2017）。在滴滴出行中，由于司机的个人信息审核机制不完善，司机信息存在着虚假成分，使用户的消费权益和人身安全得不到保障。由于共享经济平台没有对用户实施有效的约束惩罚机制，往往会引起道德风险问题（陈尹之，2017）。共享经济在诸多领域都还处在探索阶段和成长时期，商品和所提供的服务在安全性、标准性、质量保障体系、用户数据保护等方面仍存在着不足和隐患。消费者对企业的有关信息了解得不全面，所以在交易过程中所面临的信用风险也大大增加。虽然一些共享经济平台建立了用户对商品服务提供方的评价机制，但也不能缓解和消除所有问题（李源，2017）。二是信息不对称会造成一些虚假信息的传播。共享经济得以生存发展的前提就是信息对称，如果市场缺乏信用机制的约束，就会造成市场失灵，扰乱共享经济的秩序，制约共享经济的规范化发展，从而无法实现帕累托改进（邵路瑶，2018）。共享信息系统本身并不能保证信息供求必然是真实的，不存在相互隐瞒和欺骗。例如由于互联网上自媒体的传播者与他人分享见解和所见所闻时，往往带有鲜明的个人色彩，这就使信息在传播过程中出现不对称的情况，导致信息与事实不符，甚至会引起欺诈犯罪的行为（吴金蓉，2017）。三是信息不对称造成大数据壁垒从而形成行业垄断。共享经济在运营的过程中通过云计算和大数据等技术来不断地调整产品价格且能快速对用户进行匹配，这可以为用户提供高质量的消费体验并且降低了运营交易成本，使用户量和交易次数不断增加，同时，这也会使企业不断地完善副产品的大数据系统。这种新的商业模式导致了企业的竞争力较高，所掌握的消费者信息要多于新进入者，逐渐形成垄断地位，甚至是恶意操纵市场，形成行业壁垒（秦海涛，2016）。四是共享经济的发展容易和传统经济发生冲突。在大数据的背景下，信息的不对称会造成许多企业通过互联网所掌握的信息要多于传统行业。并且由于近几年共享经济发展迅猛，各地地方政府对其监管和程序合法化运营政策还处于空白期，政府监督管理和企业之间的信息不对称会造成部分不法分子做出违法违规的行为，与传统经济从业者形成利益的冲突并且引起一系列社会问题（秦海涛，2016）。

信息不对称会造成社会资源的浪费，导致市场配置效率的降低。在普通经济下，信息不对称所带来的问题主要体现在以下几个方面：一是信息不对称会阻碍循环经济的发展。循环企业与公众、主管部门、产生废弃物的单位和科研所之间所掌握的信息是不同的，这可能使发展循环经济失去社会基础，对循环经济技术的开发创新造成负面影响，企业的收益也会随之减少，打击了企业发展循环经济的积极性（刘远彬，2004）。二是信息不对称会对企业在并购环节产生不利的影响。并购方和目标方的规模、行业关联程度、区域距离等信息不对称因素会对企业的管理效率、规模经济、财政效应产生影响（刘牧苑，2016）。三是随着市场经济的发展，商业银行竞争日益激烈，借款者与贷款者之间由于存在着信息不对称问题，会引起利率风险、契约风险、贷款抵押风险和信贷配给风险（何振盟，

2016）。四是在房地产市场中，开发商和购买方在房屋的建设、合同订立和房屋质量方面所掌握的信息是不对称的，导致消费者的利益受损，同时阻碍了市场经济扩大内需的发展（任峻、谢松，2015）。五是经济的飞速发展会使宏观经济的不确定性加大，企业要在市场上发展就要通过借款融资来提高市场竞争力，这就要求对企业的融资约束力度加大。但这会加大代理成本和约束成本，信息不对称的出现降低了企业现金的持有度（邓曦东、陈俊飞，2015）。

3. 信息不对称下声誉反馈作用的研究

在传统经济中，只要社区规模不是很大，欺骗者能够准确地被识别并且社区中所有交易者都可以以较低的成本了解这一信息，那么依靠众口相传这种信息传递方式就可以保证声誉机制能够发挥作用（Okuno-Fujiwara et al.，1995）。如果社区规模比较大，没有地缘或血缘等社会关系的支持，信息收集和传递的成本是非常高的，这时就必须依赖第三方中介，如商会、行业协会来发挥作用，保证交易的顺利进行（Bernstein & Lisa，2001）。网上交易平台便是一个常见的第三方中介，其信用评价系统使信息传递以较低的成本进行，声誉机制因此可以发挥作用，克服网上交易中的囚徒困境问题（吴德胜，2007）。企业愿意提供较高的服务质量，一个原因便是在未来可以实现较高的销售价格和利润，即存在一个"声誉溢价"（Klein & Leffler，2015）。因此，声誉对企业的约束效力较强，可以作为制度的补充机制，不仅规制卖家行为，还有助于维护良好的交易秩序（汪旭晖、张其林，2017）。

目前，由于共享经济发展时间还不长，关于共享经济模型下声誉的研究较少，声誉实证研究的文献也较少。虽然有学者对共享经济声誉和信任对消费者决策的影响进行了实证研究，然而，对于企业和服务提供商的声誉是通过何种机制，又如何影响消费者的信任和参与意愿，目前还没有明确的理论研究，也没有一个业界共识的结论。可以看出，共享经济模型下声誉影响机制的理论和实证研究都有待进一步探索。

国外研究方面，Akerlof（1970）认为商家与消费者之间的"不对称信息"可能会使市场失灵，表现为在市场上交易时经常存在买方无法了解卖方所拥有的私人信息，而买方将依据对这种商品质量价格的期望来决定自己的报价，不幸的是，这种策略选择最终会让商品质量最低的商品销量大增，整个商品市场将会变得无效。Klein（2002）的研究结果表明，在消费者重复购买时，信誉会引导他们的信用行为，信誉是电子商务行为中的必要因素。Kay-Yut Chen 和 Tad Hogg

（2004）通过大量数据得出结论，即如果网上的一些交易行为不讲信誉将会使整个市场的效率低下，从而影响到产品的价格。Ko Fuj imura（2004）认为现有的信誉评价还很难总结出相对准确的结论，而应该采用一些其他的指标来实现信誉评价。Kay-Yut Chen（2004）等提出了信誉评估系统，即根据过去的交易历史通过数字签名可以预测风险和匿名的网上欺诈行为。张巍等（2006）构建了基于多因素的网上拍卖信任模型，该模型在恶意评价方面有一定作用。朱艳春等（2007）提出了一个拍卖信任模型，这个模型基于评分用户的信誉度。他们认为信誉评分在一定程度上可以激励用户保持持续的信任，但该模型大多是基于理论上的，很多假设使它很难应用于实际生活中。在声誉系统所在的在线环境中，用户通过取消和重新注册来更改自己的身份，从而使从过去的记录中删除自己身份的成本变得较低。Friedman 和 Resnick（2001）将这种网络声誉机制遭到破坏从而变得无效的现象称为"廉价的匿名"。他们认为，这种现象可以通过设置注册门槛来预防。如果廉价的假名比设置注册成本对系统造成的损害更大，那么设置注册成本是必要的。Dellarocas（2005）证实了上述设置在纯粹道德风险条件下的可行性，只需要向新进入该系统的人收取一笔钱，并需要披露每个交易员最近的简单声誉记录即可。

国内对网络信誉反馈的研究起步较晚，相关文献更少。周黎安、张维迎（2006）利用网上的拍卖交易数据，研究了卖家声誉对市场交易的影响。他们认为，卖家的声誉对商品交易价格（特别是交易率）有积极的影响。李维安、吴德胜和徐皓（2007）对淘宝数据的定量回归表明，卖方声誉对他们所销售的产品的销售数量的正向影响是非线性的。在临界点以上，商品的数量不会随着声誉的不断积累而增加。他们还认为网上交易市场仍然存在巨大的搜索成本，削弱了声誉机制的作用。张仙锋（2008）通过调查得到的有效样本，发现卖家可以利用给自己的商店增加声誉评分、扩大销售规模来获得消费者的额外信任，并以此完成交易。其中，最为重要的是网站设计的质量，声誉的影响也不小。周耿、王全胜（2010）调查了淘宝上2875家店铺一款手机销售的数据，证明了声誉评分和保障标志对销售的影响。结果不仅证实了这两种效应的意义，而且也表明了它们之间的相互作用。周耿（2011）采用分位数回归的方法，对网上不同畅销产品的价格、声誉、保证标志以及口碑需求的弹性进行了分析。研究的结果表明，随着产品知名度的提高，口碑需求的弹性不断增强，即通过提高口碑，可以加速热销产品的集中销售，使热销产品更加火爆。

4. 声誉反馈对共享经济交易效率的影响研究

现阶段，关于声誉反馈是如何影响共享经济交易效率的文献较为缺乏，已有文献多分析网上交易的交易方声誉对交易价格的影响机制，如 Kalyanam 和 McIntyre（2001）的研究发现卖家的声誉对最后的成交价有正的影响，差评的影响要大于好评的影响；周黎安等（2006）利用易趣公司提供的大样本数据对易趣上卖家声誉机制的作用进行了验证，信用度高的卖家，商品的成交价格也较高；李维安等（2007）则基于淘宝网数据，分析了声誉对交易价格的影响。但总的来看，现有文献对声誉反馈是如何影响共享经济交易效率的研究仍较为鲜见，因此该领域不仅有着较大的理论研究空间，也有着重要的现实意义。

共享经济是一种在线交易经济，与传统经济主要是发生在一个较小的熟人社区的线下交易活动不同，在线交易活动充分利用了网络的开放性和广泛性，使交易活动不受时空和地域限制，可以发生在全球性的市场中，因此不确定性因素比较多，又因为线上交易没有实现实名制，所以市场监管者难以控制。在这种情况下，传统的"诚信经营"理念受到了冲击，即使存在一定的道德约束，但对交易双方诺言的兑现也是非常滞后的（Luhmann，1989）。我国《中华人民共和国电子商务法》虽然已经颁布实施，但与之配套的法律体系还不够健全，司法部门介入的线上交易活动一般都是比较严重的欺诈行为。对于普通的交易纠纷，即使是司法部门介入，也往往会因为交易条款难以被证实而导致维权困难，法律的制裁尚显乏力（张新香、胡立君，2010）。因此，信任成为了线上交易平台能否发展壮大至关重要的一个因素（褚荣伟、Tweney，1998；Jarvenpaa et al.，2000）。

平台声誉集中体现了平台的可靠性与企业的社会形象，良好的平台声誉可以促进用户对于平台的信任（尹昊，2017）。博茨曼（2015）等学者也指出，人际之间的信任是共享经济发展的重要促进因素。现阶段，共享经济平台声誉反馈基本都是通过信用评价系统来实现，买家和卖家在交易完成后通过系统对对方进行评价，这样通过系统上的评价历史就能了解到买卖双方的信用情况。对于买家来说，在选购商品时可以同时观察卖家的被评价历史，了解卖家的信用信息，然后考虑选择声誉相对较好的店家购买商品。在这个过程中，声誉反馈机制在客观反映交易双方的声誉中充分发挥了作用（吴德胜，2007）。

近年来，关于在线声誉反馈机制的研究表明，在线声誉反馈机制在保障网上交易安全性，防范网络诈骗，提高交易效率等方面发挥了重要作用。一方面，由于声誉的存在，线上企业平台不需要投入大量资金进行宣传推广就会有大量交易者采用线上的方式进行交易；另一方面，良好的声誉能够提高线上交易的效率，降低交易难度，从而进一步节约交易时间、交易成本，有利于线上交易市场规模经济的实现（马波，2008）。Resnick 等（2000）提出声誉反馈机制可以促进交易双方信任关系，维护线上交易秩序，降低线上交易中的信息不对称和逆向选择等问题。李维安等（2007）使用淘宝网评级数据进行了实证分析，实证结果表明，卖家声誉越好，其店铺的销量越高。周黎安、张维迎等（2006）以 eBay 为例，实证回归卖家声誉和市场交易之间的关系，发现卖家声誉对物品成交的价格和拍卖成功率有着显著的正向影响。

在线声誉反馈机制的作用主要体现在以下几个方面（纪淑娴，2009）：一是约束交易双方的行为，减少市场上的机会主义现象，降低线上交易风险，减少道德风险和逆向选择的发生。声誉反馈机制会使责任外部性和收益外部性逐渐内在化，也就是说交易过程中的一些不良行为所导致的风险后果将会由该行为的发出者自行承担，而不是像以前一样由平台上所有主体一并承担，这种自负其责的实现才使声誉反馈机制能够有力约束各方行为（郭志光，2012）。二是方便交易双方清楚知道对方的声誉状况，使各方能够选择可信任的用户进行交易，从而提高交易效率。尤其是在线上交易发展时间较短的国家和地区，在法律法规不完善的情况下，这一反馈系统对交易效率的影响更为明显。三是降低交易双方的交易成本。一方面，能够降低双方的信息搜寻成本。在交易的过程中，交易双方都希望能够隐藏自己的不良信息，实现自身效益的最大化，因此在传统的交易过程中，为得到可靠信息，交易双方需要花费时间和精力在市场中搜寻大量信息，从而使交易成本大大增加，声誉反馈机制能够直观地反映双方的信誉情况，用户无须自行查证搜索，节约时间精力，经济效率显著提高。另一方面，声誉反馈机制可以降低委托代理成本（Jensen et al.，1976）。在信用机制作用下，委托双方均遵循诚信原则，委托人监督约束成本能够降低，且代理人造成的"剩余损失"也会随之下降。

5. 共享经济声誉反馈的激励缺失问题研究

与本章研究内容相关的方面，现有文献对共享经济的研究还存在一个问题有待解决，即买家可依据单次交易结果形成对卖家群体的整体认知，这为卖家群体声誉的建立奠定了坚实的基础（Nosko & Tadelis，2015），但建立良好的声誉反馈需要交易者提供违约信息，而违约信息又是一项公共产品，将对方违约的信息传递给其他交易方，这对整个团体的收益要大于对个人的收益。但单个交易方可能会缺乏提供违约信息的激励，于是共享经济交易中便出现了交易者不愿意积极评价或选择系统默认评价等行为，进而导致声誉值虚高，不利于交易方合理评断对方声誉而导致交易效率低下等问题无法得到解决。

本章以滴滴顺风车为例，基于文献梳理与问卷调查数据提炼当前共享经济的声誉反馈与交易效率的典型特征，然后重点研究声誉反馈对交易效率的影响机制，并结合国际经验提出相应的对策建议。

第二节　问卷基本情况分析

一、问卷数量

本次问卷调查采取随机发放的方式，共计发放 305 份。其中有效问卷 305 份，问卷合格率为 100%。

二、被调查人群基本情况

1. 性别和年龄分布

由图 3-1 可知，在所有的受访者中，男女比例为 137 ∶ 168，男性占 44.92%，女性占 55.08%，女性偏多但是基本均等。

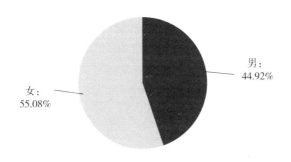

图 3-1　性别分布

由图 3-2 可知，从总体上看，被调查者的年龄分布呈阶梯形，即上窄下宽，逐级递增。鉴于未成年人对顺风车的使用频次不高以及体验不深刻，我们没有将这一类人纳入调查对象。本次问卷调查对象集中在 18~60 岁的成年人，这些人大多拥有稳定的经济来源以及社会关系，对于顺风车的使用需求较大。其中，18～30 岁、31～40 岁和 41～60 岁分别占 74.43%、13.77% 以及 10.49%，18～30 岁相对较多。而对 60 岁以上的老人则没有做过多的调查，仅占 1.31%。本次问卷调查年龄层次跨度较大，问卷涉及了除未成年人以外的各个年龄层，具有普遍的代表性。

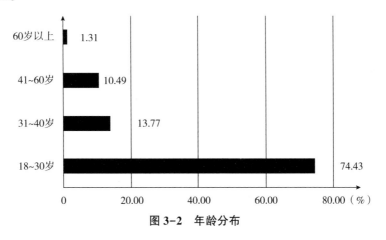

图 3-2　年龄分布

2. 职业、收入分布

由图 3-3 可知，占比最多的前 3 类职业分别为：学生占比 64.92%，事业单位工作人员占比 12.79%，企业工作人员占比 10.49%。其余职业如个体经营户占比 3.93%，国家公务机关工作人员占比 2.30%，农民占比 1.64%，其他职业占比

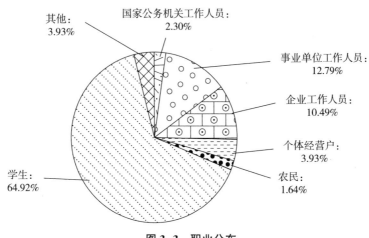

图 3-3　职业分布

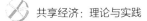

3.93%。问卷的发放囊括了大多数职业，表明样本具有一定的广泛性。

由图 3-4 可知，被调查者中的大部分为中低收入者：月均收入 3000 元以下的人群占比 66.89%，月均收入 3000~5000 元的人群占比 9.51%，月均收入 5000~10000 元的人群占比 13.11%，月均收入 10000 元以上的人群仅占10.49%。

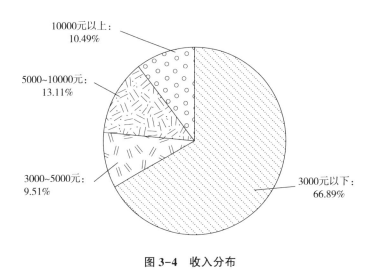

图 3-4　收入分布

第三节　描述性统计分析

一、顺风车乘坐基本情况

1. 顺风车乘坐频次、费用分布

由图 3-5 可知，大多数被调查者乘坐顺风车的次数相对较少：乘坐频次为 0 次的人群占比 26.23%，乘坐频次为 1 次的人群占比 25.57%，乘坐频次为 2~5 次的人群占比为 38.03%，乘坐频次为 6~9 次的人群占比 6.56%，乘坐频次为 10 次以上的人群占比为 3.28%。

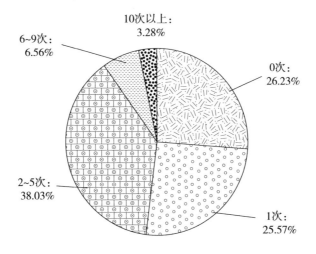

图 3-5　平均每月乘坐滴滴顺风车次数

由图 3-6 可知，约有一半人群每月乘坐顺风车的费用在 10～50 元，其中每月花费顺风车费用为 0 元的人群占比 24.92%，每月花费顺风车费用为 1～10 元的人群占比 15.08%，每月花费顺风车费用为 10～50 元的人群占比 47.21%，每月花费顺风车费用为 50～100 元的人群占比 8.52%，每月花费顺风车费用为 100 元以上的人群占比 4.26%。

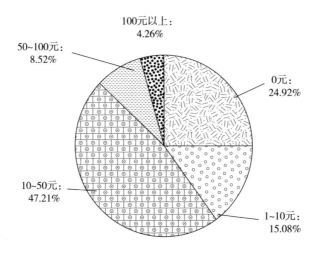

图 3-6　平均每月乘坐滴滴顺风车费用

2. 被调查者对顺风车信任值、顺风车安全值标准分布

由图 3-7 可知，大多数被调查者对顺风车的信任程度良好，对顺风车信任值达到 80 分以上的人群占比 63.94%。其中，信任值为 60 分以下人群占比 10.49%，信任值为 60~69 分人群占比 9.18%，信任值为 70~79 分人群占比 16.39%，信任值为 80~89 分人群占比 32.46%，信任值为 90 分以上人群占比 31.48%。

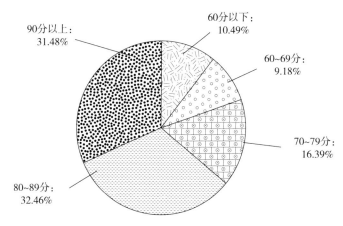

图 3-7 乘客对顺风车信任值分布

由图 3-8 可知，大多数被调查者对顺风车的安全值标准要求较高，其中，认为顺风车信任值为 60 分以下即为不安全顺风车的人群占比 11.48%，认为顺风车

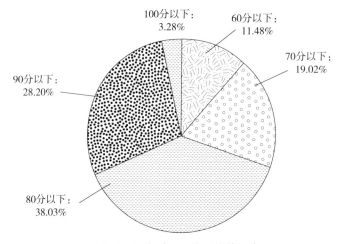

图 3-8 乘客对司机信用值的要求

信任值为 70 分以下即为不安全顺风车的人群占比 19.02%，认为顺风车信任值为 80 分以下即为不安全顺风车的人群占比 38.03%，认为顺风车信任值为 90 分以下即为不安全顺风车的人群占比 28.20%，认为顺风车信任值为 100 分以下即为不安全顺风车的人群占比 3.28%。

3. 乘坐顺风车的原因分布

由图 3-9 可知，大多数被调查者认为费用、安全、天气、时间为影响顺风车乘坐的主要因素，其中时间因素在一定程度上也是对安全因素的侧面体现。认为费用为影响顺风车乘坐的主要因素之一的人群占比 59.34%，认为安全为影响顺风车乘坐的主要因素之一的人群占比 63.93%，认为天气为影响顺风车乘坐的主要因素之一的人群占比 50.49%，认为时间（白天或黑夜）为影响顺风车乘坐的主要因素之一的人群占比 60.98%，认为性别（司机是否为同性）为影响顺风车乘坐的主要因素之一的人群占比 15.74%，认为是否携带儿童为影响顺风车乘坐的主要因素之一的人群占比 7.87%。

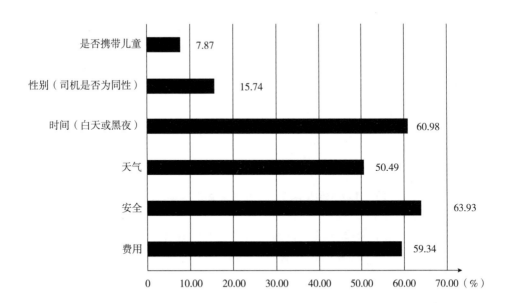

图 3-9　选择乘坐顺风车的主要考虑因素

二、影响顺风车交易的基本因素分布

1. 顺风车时效性分布

由图 3-10 和图 3-11 可知，顺风车的时效性对于被调查者而言各有不同，因人而异。根据图 3-10，45.57% 的被调查者对顺风车是否可以在规定时间内出发持同意态度，34.10% 的被调查者对顺风车是否可以在规定时间内出发持不清楚态度，15.74% 的被调查者对顺风车是否可以在规定时间内出发持不同意态度，2.30% 的被调查者对顺风车是否可以在规定时间内出发持非常不同意态度，2.30% 的被调查者对顺风车是否可以在规定时间内出发持非常同意态度。

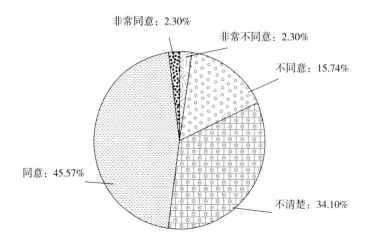

图 3-10　乘坐顺风车是否可以在规定时间内出发

根据图 3-11 可知，42.30% 的被调查者对顺风车是否可以在规定时间内到达目的地持同意态度，36.07% 的被调查者对顺风车是否可以在规定时间内到达目的地持不清楚态度，18.03% 的被调查者对顺风车是否可以在规定时间内到达目的地持不同意态度，1.97% 的被调查者对顺风车是否可以在规定时间内到达目的地持非常不同意态度，1.64% 的被调查者对顺风车是否可以在规定时间内到达目的地持非常同意态度。

2. 影响顺风车交易的信任值、车型因素分布

由图 3-12 可知，大部分的被调查者认为信任值在一定程度上会影响顺风车

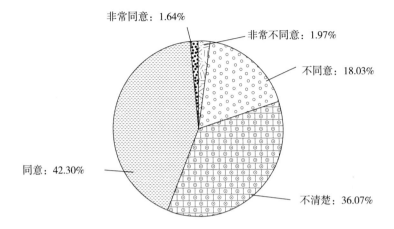

图 3-11　乘坐顺风车是否可以在规定时间内到达目的地

交易。其中，47.54% 的被调查者对顺风车司机信任值过低是否会导致取消交易的情况出现持同意态度，18.36% 的被调查者对顺风车司机信任值过低是否会导致取消交易的情况出现持无所谓态度，5.90% 的被调查者对顺风车司机信任值过低是否会导致取消交易的情况出现持不同意态度，2.62% 的被调查者对顺风车司机信任值过低是否会导致取消交易的情况出现持非常不同意态度，25.57% 的被调查者对顺风车司机信任值过低是否会导致取消交易的情况出现持非常同意态度。

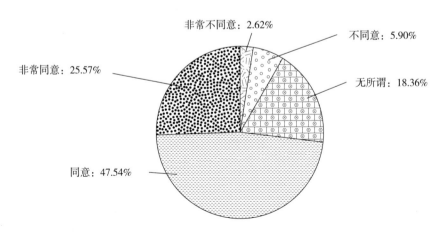

图 3-12　顺风车司机信任值过低是否会导致取消交易

由图 3-13 可知，大部分的被调查者认为在白天和黑夜打车的不同情况下，乘客对司机信任值的要求存在差异。43.93% 的被调查者对在白天和黑夜打车的不同情况下，乘客对司机信任值的要求存在差异持同意态度，24.59% 的被调查者对在白天和黑夜打车的不同情况下，乘客对司机信任值的要求存在差异持非常同意态度，21.97% 的被调查者对在白天和黑夜打车的不同情况下，对司机信任值的要求持无所谓态度，6.56% 的被调查者对在白天和黑夜打车的不同情况下，乘客对司机信任值的要求存在差异持不同意态度，2.95% 的被调查者对在白天和黑夜打车的不同情况下，乘客对司机信任值的要求存在差异持非常不同意态度。

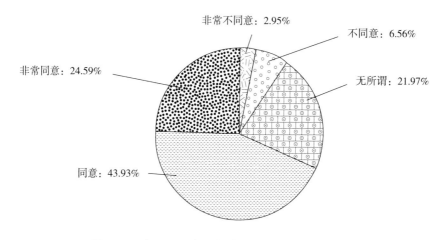

图 3-13　白天和黑夜乘客对司机信任值的要求差异

由图 3-14 可知，对豪华车型司机信任值的要求因人而异。其中，40.00% 的被调查者对于豪华车型是否会使乘客对司机信任值的要求降低持不同意态度，30.49% 的被调查者对于豪华车型是否会使乘客对司机信任值的要求降低持无所谓态度，18.36% 的被调查者对于豪华车型是否会使乘客对司机信任值的要求降低持同意态度，9.18% 的被调查者对于豪华车型是否会使乘客对司机信任值的要求降低持非常不同意态度，1.97% 的被调查者对于豪华车型是否会使乘客对司机信任值的要求降低持非常同意态度。

由图 3-15 可知，市内乘顺风车和跨城乘顺风车对司机信任值要求的影响因人而异，51.15% 的被调查者认为在市内乘顺风车和跨城乘顺风车两种不同情况

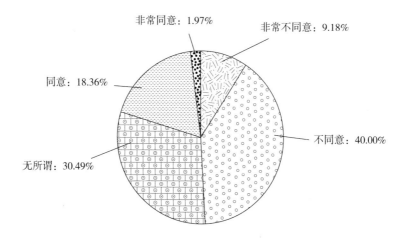

图 3-14　对豪华车型司机信任值的要求是否会降低

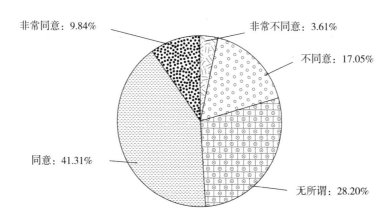

图 3-15　市内乘顺风车和跨城乘顺风车对司机信任值的要求差异

下，乘客对司机信任值要求不同。其中，41.31%的被调查者对在市内乘顺风车和跨城乘顺风车两种不同情况下，乘客对司机信任值要求不同持同意态度，28.20%的被调查者对在市内乘顺风车和跨城乘顺风车两种不同情况下，乘客对司机信任值要求持无所谓态度，17.05%的被调查者对在市内乘顺风车和跨城乘顺风车两种不同情况下，乘客对司机信任值要求不同持不同意态度，9.84%的被调查者对在市内乘顺风车和跨城乘顺风车两种不同情况下，乘客对司机信任值要求不同持非常同意态度，3.61%的被调查者对在市内乘顺风车和跨城乘顺风车两种不同情况下，乘客对司机信任值要求不同持非常不同意态度。

第四节　交易效率与声誉反馈指标的构建：
因子分析法

一、指标初步构建

为了分析顺风车的交易效率以及声誉反馈对交易效率的影响，本节将构建两个指标，分别为交易效率指标与声誉反馈指标（见表3-1）。

表3-1　顺风车使用指数

交易效率指标			
变量名	变量	变量名	变量
X1	财产安全效率	X4	交易成功效率
X2	人身安全效率	X5	交易社会效率
X3	交易时间效率	—	—
声誉反馈指标			
变量名	变量	变量名	变量
X6	声誉反馈参与度	X8	对声誉反馈的信任度
X7	对声誉反馈标准的要求高低	—	—

本节计量分析采用因子分析法，这是一种在科学研究中被广泛运用的定量分析方法。所谓因子分析，就是将关系较密切的变量归类在一起，即为一个因子，再用这少数几个因子来反映多数指标或因素之间的联系。利用该方法，我们可以很容易地找到影响顺风车交易效率的主要因素，并且探究这些因素的影响能力如何，也可以分析在不同变量影响下的声誉反馈的整体效果。

如表3-1所示，第一个构建的指标为交易效率指标，由5个基础变量构成，包括财产安全效率X1、人身安全效率X2、交易时间效率X3、交易成功效率X4

以及交易社会效率 X5。不难理解，人身安全和财产安全是大部分人选择顺风车时首先关心的要素。同时，能否在约定时间内出发、能否顺利预约到车这两个因素也影响着很大一部分人的选择。此外，随着居民社会责任感的增强，顺风车能否改善交通堵塞现状也成为人们日渐关心的问题，交易社会因素也起着不可替代的作用。

第二个构建的指标为声誉反馈指标，由 3 个基础变量构成，包括声誉反馈参与度 X6、对声誉反馈标准的要求高低 X7 以及对声誉反馈的信任度 X8。随着顺风车的不断发展与消费者意识的不断提高，消费者不仅满足于参与声誉反馈，还对声誉反馈提出了更高的要求，对声誉反馈的信任度也有了新的变化。而声誉反馈的效用到底如何，则与消费者对声誉反馈的参与度、对声誉反馈标准的要求高低以及对声誉反馈的信用度这几个因素有着密不可分的联系。

对于交易效率指标，问卷调查表第 10 题可以用来表现财产安全效率，第 11 题可以用来表现人身安全效率，第 12 题和第 13 题表现的是交易时间效率，第 14 题和第 15 题表现的是交易成功效率，第 16 题表现了交易社会效率。

对于声誉反馈指标，第 19 题可以用来表现声誉反馈参与度，第 8 题可以表现对声誉反馈标准的要求高低，第 20 题和第 21 题则表现了对声誉反馈的信任度。

另外，本节在采用因子分析法构建出以上两个指数的基础上，还将构建计量模型进行回归分析，探究声誉反馈对交易效率的影响。最后，本节会使用每月乘坐次数代替交易效率，再次回归分析，以做稳健性检验。

二、交易效率指标

本节利用 SPSS 软件对问卷调查中所得到的原始数据进行降维的因子分析，并依据累计方差解释度大于 85% 的原则对主成分进行提取。

由表 3-2 可知，KMO 的值为 0.749，大于 0.6，而 sig 值为 0，由此判断原始数据比较适合做因子分析。

表 3-2　KMO 和 Bartlett 球形度检验

Kaiser-Meyer-Olkin（KMO）		0.749
Bartlett 球形度检验	近似卡方	697.869
	df	21
	sig	0

本节选取了 5 个主成分来计算交易效率指标，依据的是累计方差解释度必须大于 85% 的标准，表 3-3 显示前 5 个主成分的累计方差解释度达到了 92.386%，说明选取 5 个主成分是合理的。

表 3-3　主成分方差解释度

成分	初始特征值			提取平方和载入			旋转平方和载入		
	合计	方差百分比（%）	累计百分比（%）	合计	方差百分比（%）	累计百分比（%）	合计	方差百分比（%）	累计百分比（%）
1	3.169	45.265	45.265	3.169	45.265	45.265	1.732	24.738	24.738
2	0.995	14.207	59.473	0.995	14.207	59.473	1.728	24.690	49.428
3	0.836	11.948	71.421	0.836	11.948	71.421	1.020	14.572	64.000
4	0.810	11.578	82.999	0.810	11.578	82.999	1.003	14.331	78.331
5	0.657	9.387	92.386	0.657	9.387	92.386	0.984	14.055	92.386
6	0.298	4.256	96.642	—	—	—	—	—	—
7	0.235	3.358	100.000	—	—	—	—	—	—

注："合计"指的是特征值，"方差百分比（%）"指的是方差解释度，"累计百分比（%）"指的是累计方差解释度。

本节使用问卷中的第 10 题来测量财产安全效率，第 11 题来测量人身安全效率，第 12 题和第 13 题来测量交易时间效率，第 14 题和第 15 题来测量交易成功效率，第 16 题来测量交易社会效率。

表 3-4 显示，提取前 5 个主成分后，各主成分解释的变量信息与上述分类大致相同。其中，第一主成分反映交易时间效率，第二主成分反映财产安全效率与人身安全效率，第三主成分与第五主成分同时反映交易成功效率，第四主成分反映交易社会效率，由此可见，提取前 5 个主成分较合理，能较充分地反映交易效率指数（见图 3-16）。

表 3-4　旋转成分矩阵

变量	成分				
	1	2	3	4	5
Q10	—	0.910	—	—	—
Q11	—	0.860	—	—	—
Q12	0.875	—	—	—	—
Q13	0.885	—	—	—	—
Q14	—	—	—	—	0.944
Q15	—	—	0.968	—	—
Q16	—	—	—	0.979	—

注："Q10"表示问卷中的第 10 题，依此类推，余同。

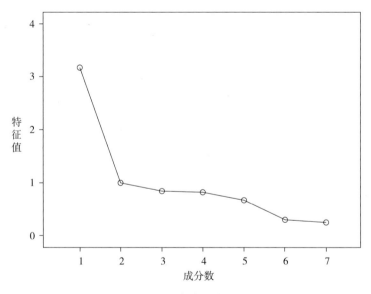

图 3-16　主成分碎石图

进行因子分析后，我们还需要根据旋转后的方差贡献率与各主成分得分来计算综合得分。首先，我们在 SPSS 中利用主成分与原始数据计算出各主成分得分，再从表 3-4 中提取出旋转后的方差贡献率，结合两者便可计算综合得分，即交易效率指数。计算公式如下：

$$X = \sum_{i=1}^{4} ai \frac{fi}{fs}$$

其中，ai 表示因子 i 旋转后的方差贡献率，fi 表示因子 i 的得分，fs 表示累计方差贡献率，X 表示综合得分——交易效率指数。

由表 3-5 不难看出，交易效率指数与财产安全效率、人身安全效率、交易时间效率、交易成功效率和交易社会效率都有显著的联系。另外，在这些因素中，交易效率指数与人身安全效率的相关性最强。

表 3-5　相关矩阵

变量	Q10	Q11	Q12	Q13	Q14	Q15	Q16	score
Q10	1.000	0.738	0.343	0.385	0.336	0.232	0.290	0.716
Q11	0.738	1.000	0.451	0.432	0.357	0.343	0.267	0.779
Q12	0.343	0.451	1.000	0.710	0.421	0.304	0.206	0.742
Q13	0.385	0.432	0.710	1.000	0.399	0.242	0.201	0.725
Q14	0.336	0.357	0.421	0.399	1.000	0.284	0.162	0.613
Q15	0.232	0.343	0.304	0.242	0.284	1.000	0.178	0.553
Q16	0.290	0.267	0.206	0.201	0.162	0.178	1.000	0.513
score	0.716	0.779	0.742	0.725	0.613	0.553	0.513	1.000

注：此矩阵不是正定矩阵

表 3-6 为因子分析综合得分的统计量。综合得分指的就是交易效率指标，均值为 0，正数表示综合得分高于总体均值，负数则表示低于总体均值。

表 3-6　统计量

样本数	305
均值	0
中值	−0.03240
众数	−0.16000
标准差	0.46390
方差	0.21500
极小值	−1.87000
极大值	1.55000

三、声誉反馈指标

本节利用 SPSS 软件对问卷调查中所得到的原始数据进行降维的因子分析，并依据累计方差解释度大于 85% 的原则对主成分进行提取。由表 3-7 可知 KMO 的值为 0.592，大于 0.5 并且非常接近 0.6，而 sig 值为 0，由此判断原始数据适合做因子分析。

表 3-7   KMO 和 Bartlett 球形度检验

Kaiser-Meyer-Olkin（KMO）		0.592
Bartlett 球形度检验	近似卡方	204.958
	df	6
	sig	0

表 3-8 所示为前 4 个主成分方差解释度，本节选取了前 3 个主成分来计算声誉反馈指标，依据的是累计方差解释度必须大于 85% 的标准。为了判断如此选择的科学性，我们还可通过碎石图以及特征值 1 进行检验。从图 3-17 中我们可以发现，碎石图没有明显的由陡变缓的节点与趋势，但我们仍可看出，第一主成分明显大于特征值 1，第二、第三主成分在特征值 1 附近，而第四主成分离特征值 1 则相去甚远，因此为了便于研究，选取前 3 个主成分是合理的。

表 3-8   主成分方差解释度

成分	初始特征值			提取平方和载入			旋转平方和载入		
	合计	方差百分比（%）	累计百分比（%）	合计	方差百分比（%）	累计百分比（%）	合计	方差百分比（%）	累计百分比（%）
1	1.885	47.123	47.123	1.885	47.123	47.123	1.627	40.680	40.680
2	0.999	24.963	72.086	0.999	24.963	72.086	1.019	25.486	66.167
3	0.764	19.096	91.182	0.764	19.096	91.182	1.001	25.015	91.182

续表

成分	初始特征值			提取平方和载入			旋转平方和载入		
	合计	方差百分比（%）	累计百分比（%）	合计	方差百分比（%）	累计百分比（%）	合计	方差百分比（%）	累计百分比（%）
4	0.353	8.818	100.000	—	—	—	—	—	—

注：“合计”指的是特征值，“方差百分比（%）”指的是方差解释度，“累计百分比（%）”指的是累计方差解释度。

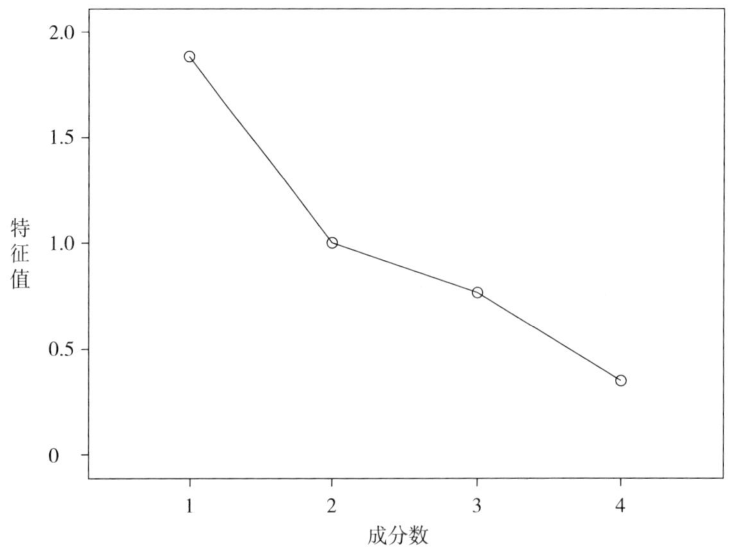

图 3-17 主成分碎石图

设计问卷时我们拟使用第 20 题和第 21 题来测量对声誉反馈的信任度，第 19 题来测量声誉反馈参与度，第 8 题来测量对声誉反馈标准的要求高低。

表 3-9 显示，提取前 3 个主成分后，各主成分解释的变量信息与上述分类预期相同。其中，第一主成分反映对声誉的信任度，第二主成分反映声誉反馈参与度，第三主成分反映对声誉反馈标准的要求高低。由此可见，提取前 3 个主成分对信誉反馈指数具有较好的结果解释能力。

表 3-9　旋转成分矩阵

变量	成分		
	1	2	3
Q21	0.915	—	—
Q20	0.867	—	—
Q19	—	0.977	—
Q8	—	—	1.000

进行因子分析后，我们还需要根据旋转后的方差贡献率与各主成分得分来计算综合得分。首先，我们在 SPSS 中利用主成分与原始数据计算出各主成分得分，再从表 3-9 中提取出旋转后的方差贡献率，结合两者便可计算综合得分，即声誉反馈指数。计算公式如下：

$$X = \sum_{i=1}^{4} ai \frac{fi}{fs}$$

其中，ai 表示因子 i 旋转后的方差贡献率，fi 表示因子 i 的得分，fs 表示累计方差贡献率，X 表示综合得分——声誉反馈指数。

由表 3-10 不难看出，声誉反馈指数与声誉反馈参与度、对声誉反馈标准的要求高低与对声誉反馈的信任度都有显著的联系。另外，在这些因素中，声誉反馈指数与对声誉反馈的信任度的相关性最强。

表 3-10　声誉反馈指数与解释变量的相关性

变量	Q19	Q8	Q20	Q21	score
Q19	1.000	0.044	−0.372	−0.282	0.323
Q8	0.044	1.000	−0.017	−0.039	0.461
Q20	−0.372	−0.017	1.000	0.638	0.542
Q21	−0.282	−0.039	0.638	1.000	0.639
score	0.323	0.461	0.542	0.639	1.000

表 3-11 为声誉反馈指数的统计量。其中均值为 0，综合得分中的正数表示高于总体均值，负数则表示低于总体均值。

表 3-11 声誉反馈指数统计量

样本数	305
均值	0
中值	0.075
众数	0.080
标准差	0.593
方差	0.352
极小值	−1.730
极大值	1.830

第五节 声誉反馈对交易效率的影响分析

一、建立模型与数据说明

在了解相关资料文献与分析调研中所得数据信息的基础上，本节构建计量模型来分析声誉反馈对交易效率的影响。具体的分析模型为：

$$TE_i = \alpha RE_i + \beta X_i + \varepsilon_i$$

其中，被解释变量 TE 为交易效率，解释变量 RE 为声誉反馈，X 为一系列控制变量，其中包括性别、价格（费用）、收入、是否白天、是否豪车、是否跨城。

对问卷中的性别、价格（费用）、收入、是否白天、是否豪车、是否跨城进行赋值。其中，性别：男为1，女为0；价格（费用）：0元为1，1~10元为2，10~50元为3，50~100元为4，100元以上为5；收入：3000元以下为1，3000~5000元为2，5000~10000元为3，10000元以上为4；是否白天：非常不同意为1，不同意为2，无所谓为3，同意为4，非常同意为5；是否豪车：非常不同意为1，不同意为2，无所谓为3，同意为4，非常同意为5；是否跨城：非常不同意为1，不同意为2，无所谓为3，同意为4，非常同意为5。

二、基准回归结果

为了确保回归结果的稳健性，本节采用依次交叉如控制变量的方法进行多次回归，结果见表3-12。

表3-12　声誉反馈对交易效率影响的回归结果

变量	方程1	方程2	方程3	方程4	方程5	方程6
re	0.161*** (0.043)	0.169*** (0.043)	0.175*** (0.044)	0.144*** (0.044)	0.149*** (0.043)	0.165*** (0.044)
sex	—	0.048 (0.052)	0.048 (0.052)	0.059 (0.051)	0.043 (0.050)	0.026 (0.599)
income	—	—	0.024 (0.025)	0.031 (0.024)	0.035 (0.024)	0.037* (0.024)
day	—	—	—	0.094*** (0.026)	0.058** (0.027)	0.086*** (0.028)
cro-city	—	—	—	—	0.106*** (0.026)	0.064** (0.028)
lux-car	—	—	—	—	—	0.079** (0.028)
C	−0.0003 (0.026)	−0.127* (0.070)	−0.159** (0.077)	−0.538*** (0.132)	−0.774*** (0.142)	−0.902*** (0.149)
OBS	305	305	305	305	305	305
R^2	0.04	0.05	0.04	0.08	0.12	0.14

注：*、**和***分别表示在10%、5%和1%水平上显著，括号内为p值，表3-13同。

声誉反馈对交易效率有着显著的促进作用，说明乘客对声誉反馈的参与度与信任度越高，对声誉反馈的要求越高，交易效率也会越高，声誉反馈系统的推行和改善有利于提高交易效率。当前共享经济交易双方仍存在较为严重的信息不对称问题，声誉反馈已成为交易双方互相了解的主要手段，因此是交易效率提升的重要保障。

性别的回归结果不显著，说明男性乘客的交易效率并不比女性要高，即男性和女性乘客在交易效率方面不存在差异性。出现这一结果的可能原因是，当前顺风车的安全性相对较高，部分发生的针对女性的不安全事件并没有对男女乘客乘坐顺风车造成影响，女性乘客对顺风车安全的要求也未出现明显提升。

收入的回归结果不显著，说明乘客收入并不是其是否乘坐的必要考虑因素。随着中国经济的发展，居民收入水平已出现了快速增长，顺风车相对较低的费用占收入的比重较小，因此乘客乘坐顺风车不会过于考虑收入情况。

白天对交易效率的影响显著为正，说明乘客更喜欢在白天乘坐顺风车。出现这一情况的可能原因：一是白天相对夜晚更为安全，因此乘客选在白天乘坐的可能性更大；二是白天乘坐需求较夜晚要多，居民工作和生活出行多发生在白天，夜晚出行的需求较低，因此白天对交易效率的影响更为明显。

跨城出行对交易效率的影响显著为正。相对传统出租车、滴滴快车等，顺风车跨城出行的费用最为低廉，因此对乘客的吸引力最大；另外，选择顺风车跨城出行，乘客还可实现"门到门"的便捷出行模式，可以省去中途转车换乘的麻烦，因此方便快捷的乘坐体验也是吸引乘客选择顺风车的重要原因。对司机而言，跨城出行的成本较市内出行要高很多，因此司机跨城出行时接顺路乘客的意愿也相对较强。因此，对乘客而言，选择跨城出行有着降低费用和方便快捷的激励，对司机而言，则有着降低出行成本的激励。

豪华车对交易效率有着显著的促进作用。豪华车不仅有着更为舒适的乘坐体验，对很多乘客而言还有着较为愉悦的精神体验，因此能够显著提高交易效率。另外，乘客可能还对豪华车司机的素质有着较高的主观评价，即相信乘坐豪华车的安全性相对更高，因此更愿意选择豪华车出行。

三、纳入交叉项的回归结果

本节还将性别×声誉反馈、收入×声誉反馈和豪车×声誉反馈交叉项分别纳入基本回归方程，并再次进行回归分析，以期研究不同性别、不同收入、豪车是否会影响声誉反馈对交易效率的促进作用，结果见表3-13。

表 3-13　纳入交叉项的回归结果

变量	方程 1	方程 2	方程 3	方程 4	方程 5	方程 6
re	0.144 *** (0.054)	0.149 *** (0.053)	0.021 (0.093)	0.062 (0.090)	0.464 *** (0.136)	0.41 *** (0.132)
sex×re	0.049 (0.093)	0.032 (0.089)	—	—	—	—
income×re	—	—	0.063 (0.038)	0.045 (0.036)	—	—
lux-car×re	—	—	—	—	−0.110 ** (0.046)	−0.090 ** (0.045)
C	0.0002 (0.026)	−0.797 *** (0.139)	0.005 (0.026)	−0.778 *** (0.140)	−0.009 (0.026)	−0.788 *** (0.138)
控制变量	否	是	否	是	否	是
OBS	305	305	305	305	305	305
R^2	0.04	0.13	0.04	0.13	0.05	0.14

注：* 表示在 10% 水平上显著，** 表示在 5% 水平上显著，*** 表示在 1% 水平上显著。

性别与声誉反馈交叉项、收入与声誉反馈交叉项的回归结果均不显著，说明男性和女性对声誉反馈的看法不存在差异性，不同收入群体也不存在差异性。豪车与声誉反馈交叉项的回归结果显著为负，这说明豪华车型会降低乘客对司机声誉值的要求，造成这一结果的可能原因是，乘客对豪华车型的司机存在"逆向偏见"，相比较普通车型，乘客可能认为豪华车型司机属于高收入或高财富人群，素质相对较高，因此乘坐豪华车较普通车会更为安全，因此会降低对司机声誉值的要求。这一结论也暗含了乘客可能存在着对普通车型司机的偏见，因此会提高对普通车型司机的声誉值要求。该结论也与基准回归结果保持一致，即豪华车型能够促进交易效率的提升。

根据上述分析可知，声誉反馈对交易效率有着正向影响，即人们对声誉反馈的高参与度、高信任度以及高要求会带来相应较高的交易效率。在相同的声誉水平下，收入与性别不同的群体的交易效率并无明显差异，但豪华车却能够降低乘客对司机声誉水平的要求。这一方面说明声誉反馈是解决共享经济信息不对称的重要机制，另一方面也反映出仅通过声誉反馈解决信息不对称问题仍存在诸多限制。因此继续优化完善声誉反馈机制仍是未来共享经济发展的重点所在，如何在声誉反馈之外构建更加合理与完善的运行机制与政策则更加具有现实意义。

第六节 共享经济发展的国际经验

经过几十年的不断发展与完善，国外的共享经济体系已十分健全，无论是在共享经济的交易效率方面，还是在声誉反馈方面，对我国共享经济发展都有着重要的借鉴意义。①

1. 合理设置运行模式提高运行效率

在发展初期，滴滴采取抢单模式，Uber 则采取了与滴滴不同的派单模式。抢单是同时派发乘客出行订单给距离用户一定范围内的多个司机，让司机去抢服务机会，会导致专车司机一直处于紧张的情绪之中，存在着严重的安全隐患，且司机边行驶边抢单极易发生事故。抢单还存在信号设备等限制，因此部分司机为了抢到更多订单，还会设置外挂软件，对运行秩序造成了严重干扰。派单模式则是基于效率优先原则实施，系统将乘客乘车需求派发给距离最近的专车司机，而在"抢单"模式里，系统则是通知离乘客较近的一批司机，司机再根据距离等因素综合考虑是否抢单，乘客根据自己的喜好选择自己的车型。这样，虽然司机和乘客都做出了自己的"最优选择"，但不一定是"最佳选择"。而在"派单"模式中，系统会根据算法从全局做出最优选择，给乘客和司机匹配出最优的出行选择。但是，局部最优未必能够全局最优，虽然少了一些喜好上的满足感，却大大提高了交易效率。传统经济学认为，人都是理性的，会做出"最大利己化"的选择，在 Uber 这种信息相对对称的打车环境下，系统能够根据每辆车和每个乘客的供求状态进行最优效率的安排。滴滴也在后续运营中逐渐取消了抢单模式，转而向派单模式转变，这也说明了派单模式在效率方面的优点。Uber 还取消了预约乘车机制，因为预约可能会牺牲司机的时间，提升空驶率。对于预约乘客的需求，Uber 认为，只要能够在五分钟之内满足乘客即时用车需求，预约用

---

① 本部分内容来自网络资料的整理加工。

车的取消并不会带来较大困扰。[①]

2. 优化完善声誉反馈系统

在声誉反馈方面，Uber 的评级系统比滴滴更加完善，不仅可以写评语和评价星级，还能为司机编辑标签，这些标签会在下一个用户乘坐时出现在使用界面上。如果乘客不喜欢带有此标签的司机，可以选择拒绝乘坐。并且，Uber 司机的准入门槛相对较高，每年 Uber 都会对旗下注册司机进行年度调查，通过对旗下司机犯罪记录和信用记录等方面的深入分析，对管理办法进行动态分析，进而将不符合管理规范的司机淘汰出局，以保证乘客乘车的体验与安全。在声誉反馈系统上做得同样出色的，还有民宿短租网站 Airbnb。首先，虽然房主和房客交易后的评价不是同步的，但只有双方均完成了评价之后，双方才可以看到对方的评价，进而避免了对方在看到对自己不利评价后的报复行为，在一定程度上保障了评价的真实性，有利于后续交易双方根据评价判断对方的声誉水平。其次，缩短评价期限，以使评价最大限度地反映交易体验。Airbnb 根据自身积累的评价数据信息，将评价双方的评价期限从 30 天缩短到 14 天，以保证评价的"新鲜度"。另外，Airbnb 还支持房客给房主进行私密反馈，每位房客会被要求给出两类反馈，即一是在入住期间，对什么事件是最满意的；二是哪一件事需要房主改进。而这些评价都会显示在此房源的介绍上，这个房东信誉如何也会以星级的方式如实反映。通过这些评价机制，Airbnb 创造出一个类似社区的平台，房源的好坏与房东是否友善一目了然，可以让消费者更加放心地选择入住。[②]

3. 制定合理的政策法规制度

（1）英国的政策。2015 年英国政府推出共享经济扶持政策，并成立了一个共享经济行业组织 SEUK，该组织的目标有三点：一是倡导共享经济。SEUK 组织与英国政府有着密切的合作关系，能够对政府相关立法机构进行游说，进而从立法层面推进共享经济发展。另外，该组织还加强与媒体的合作，向社会宣传共享经济发展能够带来的好处，推动社会接受共享经济。二是制定标准。制定共享经济的标准是推动共享经济快速发展的保障，SEUK 组织在共享经济信誉标准建设、共享经济员工培训和共享经济参与方安全保障等方面均有着详细的标准，进而为共享经济企业的发展建立了可以参考与遵循的行为准则，极大地促进了企业

---

① 资料来源：http：//m. sohu. com/a/231367529_114819 和 http：//www. sohu. com/a/107223133_460377。

② 资料来源：http：//m. 36kr. com/p/213631. html。

参与共享经济的积极性。三是多方合作探寻发展对策。SEUK 组织重点支持共享经济发展方面的项目研究，并对共享经济领域的企业发展进行深入分析，以探索共享经济发展的成功经验与失败教训，对共享经济企业克服发展障碍提供了重要的帮助。

（2）欧盟的政策。共享经济属于新兴事物，相关法律法规建设并不完善，因此政府在管理共享经济方面存在了较大法律层面的困扰。以往通过立法形式对商业企业进行管理，需要经过严格的立法程序制定法律法规等，该举措虽有效力高和执行力强等特点，但也存在着法律更改困难，难以适应新兴事物发展变化较快的现实问题。基于上述原因考虑，欧盟当前主要借助指南等"软法"对共享经济进行管理，"软法"管理具有较大的弹性，但又有着法律在企业行为底线方面的规定，在保障共享经济规范运营的同时，极大地促进了共享经济的发展。①

4. 完善的政府监管举措

（1）消费者的安全保护。如何有效地保护消费者利益一直是共享经济发展中面临的严峻挑战，为了规范共享经济发展，欧盟通过制定安全与质量标准条例，并设立监管平台进行管理，支持保险业在共享经济领域的创新发展，以最大限度保证消费者参与共享经济的合法权益，进而促进共享经济发展。在共享出行方面，英国将专车纳入《约租车法案》进行管辖，该法案对专车运营平台、车险、年检和运行年限等内容进行了细致的规定，以规范专车在英国的运行。关于运营平台的规定，主要包括公司的商业信誉、是否有过破产记录等，对运营公司的管理层也有着细致考查；对专车司机也有着较高要求，除年龄、身体状况和驾驶水平外，对司机是否有过违法犯罪记录也有着严格要求。美国在共享经济领域有着相似的管理办法，以保障消费者的利益。如芝加哥便制定过专门的专车管理条例，对车辆和司机要求均有着详细规定，另外，对司机的信息进行公开，加强大众监督。在美国加州，对专业的管理也更为具体和详细，"管车、管人、管平台"是加州在共享经济领域，特别是在专车领域保护消费者权益的典型事例，加州专门设立了"交通网络公司"这一新的公司类型，以适应共享经济的发展要求，另外对运营司机同样有着严格的要求。

（2）从业者的安全保护。从业者的安全保护方面比较有代表性的举措有两个：一是保险制度。欧盟鼓励发展共享经济保险，在面临需赔付时，保险可以从

---

① 资料来源：http://www.whlib.org.cn/info/84372.jspx。

风险分担层面对从业者提供保护。二是税收优惠制度。当前，美国对自雇纳税人个人所得税实行减免政策，有利于促进就业；中国台湾对自雇劳动者也有着政策支持，如政府对自雇劳动者购买社会保险进行财政补贴等。美国和中国台湾实施的该类制度，能够最大限度保障共享经济参与方，特别是提供方享有健全的社会保障。

第七节　结论与政策建议

本章以滴滴顺风车为例，在提炼中国共享经济发展典型特征的基础上，构建分析声誉反馈影响共享经济交易效率的理论框架，并基于多维实证进行检验，以深入刻画声誉反馈对共享经济交易效率的影响机制及其时间、空间和性别异质性，得出的主要结论有：

（1）乘客对顺风车声誉和安全要求相对较高，但当前顺风车时效性并不高。当前，乘客对顺风车时效性的认可度相对不高，仅有 45.57% 的乘客认为顺风车可以准时来接，42.30% 的乘客认为顺风车可以准时到达目的地。从滴滴顺风车的使用人均特征看，年龄分布方面，以 30 岁以下年轻人为主；职业分布方面，以国家机关工作人员、学生和企业人员为主；收入特征方面，以 3000 元以下以及 3000~5000 元群体占比最高。从乘车次数方面看，多数乘客（超过 60%）每月乘车在 5 次以下，接近 50% 的乘客乘车费用在 50 元以下。大多数被调查者对顺风车的信任程度良好，对顺风车信任值达到 80 分以上的人群占比为 63.94%，且大多数被调查者对顺风车的安全值标准要求较高。

（2）统计分析显示，除了声誉反馈因素外，费用、安全、天气、时间等因素均是影响顺风车交易效率的重要因素。初步的调查数据分析还发现，声誉反馈能够影响到顺风车的成交率，乘客会根据车主的声誉值选择是否通行。白天和黑夜打车的不同情况下，乘客对司机信任值的要求存在差异，这也说明时间因素在一定程度上也是对安全因素的侧面体现。豪华车型会降低较大一部分乘客对司机声誉值的要求，但跨城出行则会提升这一要求。

（3）实证分析显示声誉反馈对交易效率有着正向影响，但声誉反馈的作用易受其他因素影响。声誉反馈对交易效率有着正向影响，即人们对声誉反馈的高参与度、高信任度以及高要求会带来相应较高的交易效率。在相同的声誉水平下，收入与性别不同的群体的交易效率并无明显差异，但豪华车却能够降低乘客对司机声誉水平的要求，这一结论也暗含了乘客可能存在着对普通车型司机的偏见，因此会提高对普通车型司机的声誉值要求。

（4）控制变量的回归结果显示，乘客收入不是其是否乘坐顺风车的必要考虑因素。随着中国经济发展，居民收入水平已出现了快速增长，顺风车相对较低的费用占收入的比重较小，因此乘客乘坐顺风车不会过于考虑收入情况。乘客更喜欢在白天乘坐顺风车。出现这一情况的可能原因：一是白天相对夜晚更为安全，因此乘客选在白天乘坐的可能性更大；二是白天乘坐需求较夜晚要多，居民工作和生活出行多发生在白天，夜晚出行的需求较低，因此白天对交易效率的影响更为明显。相对传统出租车和滴滴快车等，顺风车跨城出行对乘客的吸引力最大，对乘客而言，选择跨城出行有着降低费用和方便快捷的激励，对司机而言，则有着降低出行成本的激励。

声誉反馈对共享经济交易效率提升有着重要的影响，因此构建合理的声誉反馈制度有着重要意义。基于前文的研究发现，本章认为可通过"三大保障"构建，提出共享经济交易效率实现内生提升的政策建议。首先，通过剔除"习惯性好评"或"默认好评"解决"声誉评价值虚高"问题，进而依据"精准"声誉值构建新型声誉反馈标准，为交易效率提升构建"标准"保障。其次，在提升声誉与降低服务成本之间存在权衡取舍的约束下，以交易效应最大化为目标，基于声誉反馈门槛值，提出实现最优选择的量化方法，为交易效率提升构建"方法"保障。最后，基于激励相容原则，优化声誉反馈机制，为交易效率提升构建"机制"保障。

第四章

共享经济理念下农业生产性服务
业发展研究：小农的视角

第一节 引 言

一、小农户是我国农业生产经营的主要组织形式

本章的农业生产性服务业指面向农业特定作业环节的农机服务业、植保服务业、农资供应服务业、农业科技服务业和农业人力资本服务业等。

党的十九大提出，到 2035 年农业要基本实现现代化。尽管在国家的推动下，近年来新型农业经营主体大量出现，但小规模生产者仍会在较长一段时期内存在。目前，我国仍有 2.6 亿农户、6 亿多人生活在农村，承包农户为 2.3 亿户，其中多数是小农户。到 2020 年，我国经营规模在 50 亩以下的"小农户"仍将有 2.2 亿户左右，经营的耕地面积约占全国耕地总面积的 80%；到 2030 年经营规模在 50 亩以下的小农户为 1.7 亿户，经营的耕地面积比重约为 70%；到 2050 年仍将有 1 亿户左右，经营的耕地面积比重约为 50%（屈冬玉，2017）。我国农业经营格局面临的问题是土地细碎化、农户兼业化、劳动力弱质化、生产非粮化（罗必良，2015）。因此，在相当长的一个时期，小农仍将是我国农业生产经营的主要组织形式。2018 年中央一号文件首次明确提出，要重点促进小农户和现代农业发展的有机衔接，研究扶持小农生产的政策意见。

小农户大量且长期存在，既是中国的国情，也是中国与一般农业发达国家不同的地方。可以说，没有小农户的现代化就不可能有我国的农业现代化。只有将小农户纳入现代农业发展的轨道，不断提升其整合资源要素、发展现代农业的能力，才能推进农业农村现代化。实现小农户和现代农业发展有机衔接，这是今后一个时期农业农村现代化建设的深层次攻坚任务，小农现代化是我国农业现代化的重点领域和重大课题。

二、农业生产性服务业被认为是实现小农户和现代农业有机衔接的重要途径

中共十九大强调健全农业社会化服务体系，实现小农户和现代农业发展有机衔接。李克强总理在 2018 年政府工作报告中也提出，要加强面向小农户的社会化服务。近年来，农业社会化服务在实践中已经出现了土地托管、联耕联种等许多重要方式。

学术界和政策界曾将土地规模经营视为实现农业机械化的重要途径（李燕琼，2007）。近年来依赖农地流转扩大土地经营规模的农业发展道路引发质疑。一些学者认为，小农经济拥有内在活力和适应能力，规模经营主体并非小农经济与机械化结合的必然基础和唯一路径（杜鹏，2017）；单纯推进土地流转集中与规模经营存在重大的政策缺陷，农业规模经济性的获得可以从土地规模经济转向农业的服务规模经济（罗必良等，2013）。农业经营格局从"小而全"向分工外包的专业化规模经营方式转变，可以实现农业的外部分工及其服务规模的经济性（胡新艳、杨晓莹、吕佳，2016）；有学者指出，农业经营组织政策的失误降低了农业资本效率，导致劳动资源配置效率降低（党国英，2016）。

一些研究者认为，农业的出路在于发展农业生产性服务业（姜长云，2016）。阻碍小农户与现代农业有机衔接的原因被归结为以下三点：一是针对小农户生产经营的社会化服务供给机构、供给渠道和方式等不足；二是小农户组织化程度不高；三是小农户间以及小农户与其他组织的联合与合作不充分（刘西川，2018）。克服小生产之痛主要出路有两条：第一是内涵发展，通过高水平的设施提高土地的产值；第二是外延发展，通过不同的组织方式，实现区域生产的规模化。其中最主要的形式就是发展农业生产性服务业（柯炳生，2018）。随着农业社会化服务市场的发育，种植结构将实现连片专业化，农业家庭经营也会卷入分工经济（罗必良，2017）。

农业社会化服务体系机制落后是阻碍现代农业发展的一大症结（仝志辉，2014；仝志辉、侯宏伟，2015）。公共服务机构能力不强，龙头企业等营利性机构与农户缺乏长期稳定的利益连接，供需矛盾突出（关锐捷，2012；宋洪远，2010）。农业技术下乡、良种推广、病虫害防治等普遍存在问题（桂华、刘洋，2017）。有研究者认为，各部门自建服务体系是农业社会化服务体系的主要症结

（仝志辉，2016）。

关于农业社会化服务主体，有以下建议：农民合作组织是可以达成服务农户、结成体系的农业社会化服务的最佳组织类型（仝志辉，2014）；政府应做好农业和农村的支持性服务（巫文强，2016）；供销社系统可以在土地托管实践中扮演重要角色（陈义媛，2017）；村民自治组织作为连接政府与农户的权力中介，应在农地细碎化治理过程中扮演重要角色（王山，2016）；应完善村庄统一治理，重视和加强农村集体经济组织的"统一经营"功能（李武装，2017）；农村的机械服务市场是以村庄为场域的内生型服务市场，买卖双方都是本村村民，以血缘与地缘关系作为联系纽带（仇叶，2017）。

一些学者注意到了劳动力资源禀赋变化和农户经营规模过小的土地资源条件对农业生产性服务业的影响（于海龙、张振，2018；蔡键、唐忠、朱勇，2017）。在小农户经营条件下，对农业社会化服务的需求基于协调和合作的集体性需求，其需求的满足基于村庄共同体内的合作、村社资源的整合以及市场的供给（周娟，2017）。区域内多个农户同时种植某一作物，并将作物的同一生产环节外包出去，能够有效增加服务外包的交易密度，扩大市场容量（罗必良，2017）。

如何促进小农融入大市场是发展中国家共同致力破解的世界性难题。有关部门在这一问题上达成共识，即发展农业生产性服务业，解决普通农户在适应市场、采用新机具新技术等方面的困难，有助于将一家一户小生产融入农业现代化大生产之中，构建以家庭经营为基础的现代农业生产经营体系。通过服务组织以市场化方式将现代生产要素有效导入农业，实现农户生产与现代生产要素的有机结合，成为提升资源要素配置效率的重要途径。

第二节　农业生产性服务业和共享经济在理论上的契合

与城市共享经济快速兴起相适应，目前相关研究大多以网约车、共享单车为例论述共享经济的特点、合理性、运行机制、对传统行业的冲击、存在的问题和应对措施，集中于旅游科学、管理科学、商业经济、法学及信息技术等，并在共享经济的意义上达成了共识，即共享经济激活了社会上大量碎片化的资源，联合形成一股强大的供给力量，填补到那些资源稀缺的需求领域；共享经济涉及的理论主要有共生协调、协同创新理论等（张杰，2017；秦铮、王钦，2017；范莉莉、王剑文，2017）。

一、共享经济的定义及内涵特征

在概念界定上，学术界关于共享经济的认识尚处于初级阶段。马强（2016）认为，共享经济是指个人或机构把闲置的资源或服务有偿分享给需求者使用，而需求者通过使用供给者的资源创造价值的经济形态。刘根荣（2017）将共享经济定义为，以互联网技术为支撑、以网络平台为基础、以信任为纽带、以所有者生活不受影响为前提的个人闲置物品或资源使用权共享的开放性交换系统。一些学者将共享经济的特征归纳为：以互联网信息技术为纽带，实现资源的共享和使用权交易；通过互联网平台实现闲置资源供需双方的快速匹配，需求方可通过平台以较低的成本获得暂时性使用权；数量众多的参与主体，足够多的供给方和需求方参与，形成群聚效应；共享双方的相关信息；参与者既是供给方，也是需求方；既是生产者，也是消费者（吴杰，2018）。其本质是降低资源的交易成本，目标是提升资源的配置效率。但也有学者认为，只要利用移动互联技术和共享平台（主体）进行资源的低成本交易、高效率配置都属于共享经济的范畴（张玉明、刘芃、毛静言，2018）；共享经济的意义和价值在于其能够提高资源的利用效率，而共享或分享是提高资源利用效率的途径或手段。完全闲置的资源是极少数的，许多资源并不总是闲置的，而只是利用的频率较低（郝身永，2018）。卢现祥（2016）利用新制度经济学进行了分析，认为共享经济是通过制度和经济组织形式的变化来降低交易成本，形成的关键是制度供给。

也有学者将共享经济划分为典型共享经济和非典型共享经济（于莹，2018）。一些学者认为，共享自行车的相关业者只是利用了网络科技的租赁业务模式，既是自行车的拥有者，也是交易平台的运营者。这导致其经营方向的自相矛盾，作为交易平台，应该为消费者寻找低于传统市场价格的产品及服务；作为自行车的拥有者，又必须追求更高的租金回报，同时还要应付庞大的运营维护开支，这就必须有高额的资金回报支持企业运营，为此只能通过收取用户押金的"变相卖自行车"的方式来粉饰创业资产表以吸引投资人（杨瀚森，2018）。

二、关于共享经济的盈利及治理模式

一些学者将共享经济的盈利模式分为以下几种：作为第三方平台，对进行共享交易的供需双方抽取佣金；供需双方巨大的用户资源能够为平台带来大量流量，平台可以通过售卖广告谋取商业报酬；可以对用户的大数据进行分析，延伸平台资源的服务价值；可以利用自身的知名度，开发平台周边产品，作为纪念品销售（郝路露，2018）。

一些学者基于共生协调理论提出了共享经济的治理模式：运用多中心协同治理思维保障共享经济健康有序发展（国家行政学院生态文明研究中心课题组，2017；唐清利，2015）。还有学者认为，发展中国特色共享经济的关键是，改变传统意义上的市场运行方式，创新社会保障体制，推动政府、市场和社会关系重构（庞庆明，2016；谢新水，2017；丁元竹，2016）。

三、关于农业生产性服务业

学术界关于农业生产性服务业发展机理的理论：第一是从"内部化"向"外部化"演进规律。第二是分工与专业化思想。第三是互补经济与市场交易成本理论（Alesina & Rodrik，1991；杨小凯等，1999；罗必良，2017）。农机服务外包开始引起重视。以机械服务市场实践小农机械化具有一定的可行性与效率（陈超、李寅秋等，2012；胡新艳、杨晓莹等，2016；展进涛、张燕媛等，2016；向国成，2007）。以服务市场实现机械化同时意味着农业规模经济的获得将从"土地规模经济转向农业的服务规模经济"（罗必良，2000；罗必良、李玉勤，2014）。

四、关于农业共享经济

学者们在以下问题上达成了共识：农业领域的共享资源十分丰富，运用共享经济思维，能够促进农业产业链转型升级；信息通信技术为农业领域的共享经济提供了技术支撑，在农业领域中利用互联网平台发展共享经济实行产业融合，可以加快农业现代化、促进农业绿色和可持续发展；但农业共享经济的发展机遇和挑战并存（刘奇，2017；谢家平、杨光，2017；叶浩、费楠等，2018；尤巴，2017；黄季焜，2017）。

五、总结

既有的对共享经济的研究在以下几方面达成共识：第一，利用互联网技术搭建中介平台；第二，供需双方点对点对接；第三，利用的是闲置资源或者过剩产能；第四，仅是使用或者利用资源而不要求"所有"（于莹，2018）。

已有文献可以作为农业共享经济研究的重要参考，但尚存在以下问题：①讨论共享经济运行层面较多，而对其制度层面关注较少，尤其对二者关系研究不够。②共享经济已经给城市经济生活带来很大改变，但农业生产中如何引入共享经济，尚未引起足够关注。③从消费的角度研究较多，对生产性活动关注较少。多数研究者关注共享经济的平台企业的产生与发展，弱化了"利用闲置资源或者过剩产能"的特征。④立足于宏观视角的农业生产发展现状、特点的研究很多，但对农业生产中具体的共享经济的经验分析不足，尤其对于服务的供给方及组织机制讨论不多。

从国内外的概念界定可见，平台是共享经济存在的必备要素，目的是以低廉的成本、有效的信任机制促成交易双方的合作，从而实现社会闲置资源的优化配置。通过平台，供给者可以利用闲置资源获得收益，消费者可以低价获取消费体验，平台可以通过交易抽成和广告营收获利，整个社会也可以更加环保，实现多方共赢（齐爱民、张哲，2018）。换言之，互联网（尤其是移动物联网）的出现催生了各种具有规模优势和范围经济的平台，可以使供需双方更加便捷地找到对方并实现交易，降低分享的交易成本，特别是搜寻费用和时间。如果分享的供给者可以用闲置的资源换取一定的报酬，同时分享者可以用比自己购买更划算的价格消费或使用，共享就可能产生。

综合而言，共享经济是指公众将其闲置资源通过社会化平台与他人分享的"以使用为中心"的经济形态。这种社会化平台主要是借助互联网技术来实现供给方和需求方在社会资源上的优化配置。同时，共享经济也是规模经济，其实质是使用权的共享，其核心在于重新配置社会的闲置资源，实现资源的分享，关键是技术创新（平台建设）、制度创新（分享体系）和管理创新（自我管理和政府监管）。本章将共享经济界定为，在市场实践中获得成功，并真正带给社会创新及改变的共享经济模式，具备一个关键特征，相关业者致力于为消费者及资源拥有者提供一个公平公开的交易平台，以最终实现三方共赢。相对于传统市场，消费者付出更低价格，拥有者的资源得到更大限度的价值释放，服务平台获得佣金回报及营运业绩。

农业生产性服务业和共享经济不仅有着趋同的价值理念，而且在理论上有着契合的逻辑关系。本章尝试在共享经济逻辑的基本框架内，审视现代农业生产性服务业的基本特征及其微观运行机制，并结合我国农业发展的现实条件，探讨农业生产性服务业发展的路径及其政策选择，力求实现共享经济应用研究上的突破，发现现代服务业与农业深度融合发展的着力点，为在小农普遍存在的情况下实现农业现代化提供一种新的可能性。

本章以下内容选择典型案例，对共享经济的两大模式 B2C 和 C2C 进行研究，并将在厘清农业共享经济面临的机遇和挑战的基础上，提出应对农业共享经济发展中关键问题的政策选择，推动小农基础上的标准化、规模化的农业生产性服务业发展。

第三节　农业共享经济产生的内在逻辑

一、农业和农村对农业生产性服务业的需求

近年来，农村劳动力外流、农民兼业，使农村普遍出现了对实现农业机械化的需求，即以机械提高农业生产的劳动效率，降低农业对劳动力的占用量。

但小规模经营农业生产者如果自行购买所需设备则投资巨大，且容易造成重复购置。由于农业机械具有不可分性，家庭农场购置农业机械设备，很难实现与自身需求完全匹配的数量，通常其购置数量要大于其自身需求，从而产生一定数量的农业设备生产能力的剩余。不仅如此，农业资产的专用性还使剩余生产能力难以在家庭农场内部转化或用于其他用途。机械设备生产能力剩余导致家庭农场的资本沉淀，从而加大设备使用的平均成本（杜志雄、刘文霞，2017）。

近年来，全国各地涌现出许多种植专业合作社、农机专业合作社、农业服务

公司等组织，为本地和外地小农提供服务，而且服务领域不断拓宽，从提供种子、农资等，到机械播种、田间管理、机械收割，再到加工和销售，已经贯穿于各个环节。

随着租赁农机业务的不断发展，专门从事牵线搭桥的经纪人也应运而生。经纪人通过给外地的机手介绍业务来抽成盈利，抽成为 5~20 元不等。全国小麦种植面积约 3.6 亿亩，按照 10% 的撮合面积来算，麦收经纪已成为一个亿元级的市场。因此，一批与农机作业撮合服务相关的互联网平台陆续上线，例如 e 田科技、帮农忙、农活帮等，其中某些互联网平台延续经纪人的盈利方式，通过作业单的撮合从机手作业费中抽成 10%。

二、政府对农业生产性服务业的推动

促进农机社会化服务和农作物重大病虫害统防统治行动是政府部门近年来发展农业生产性服务的两个着力点。

现代农业是以农业机械化为物质技术基础的农业，农业机械化是衡量现代农业发展程度的重要标志，推进农业机械化是农业现代化建设的必由之路。为提高我国农业综合生产能力和市场竞争力，加快推进农业现代化进程，2015 年，农业部决定在全国开展主要农作物生产全程机械化推进行动（以下简称"全程机械化推进行动"）。

以农田管家为代表的无人机租赁业务的快速发展与政策的积极推进有密切关系。统防统治是根据水稻病虫害发作规律来选择作业时间，科学配置农药和用量，进行大范围集中喷施，以降低成本，提高防治效果。开展植保专业化社会化服务，实施农作物重大病虫害统防统治，是 2008 年起国家为解决农民一家一户防病治虫难的问题、提高病虫防控水平和绿色防控技术覆盖率、实施农药减量控害技术、转变农业生产经营方式采取的重要举措。

中央财政和地方财政对开展农作物病虫害统防统治给予适当补助。在这一背景下，统防统治机构数量增长很快。目前全国在工商部门注册的病虫专业化防治组织达 1 万多个，拥有大中型植保机械 120 万台套，从业人员近 100 万人，日作业能力达到 3000 万亩以上。

但是统防统治作业过程中仍然面临专业人才不足，病虫害防治期间高温引起农药中毒，专业设备缺乏等问题。农业航空植保被认为是推动统防统治发展的有力手段。无人驾驶小型直升机具有作业高度低，飘移少，可空中悬停，无须专用起降机场，远距离遥控操作，使喷洒作业人员避免了暴露于农药的危险，提高了喷洒作业安全性等诸多优点。另外，电动无人直升机喷洒技术采用喷雾喷洒方式至少可以节约50%的农药使用量，节约90%的用水量，这将很大程度地降低资源成本。近年来，农业农村部会同有关部门不断加大对农业航空植保支持力度，一是扶持飞防组织，鼓励植保无人机企业与农药企业联合成立飞防服务公司。通过提高植保无人机农机购置补贴比例，实施农作物病虫防控项目，支持植保服务组织购置植保无人机，提升航空植保服务能力。2014年以来，一些省份开展植保无人机购置补贴试点，促进航空植保服务发展。2017年，农业部联合财政部、中国民用航空局利用农机购置补贴政策，在浙江（含宁波）、安徽、江西、湖南、广东、重庆6个省（市）开展植保无人机补贴试点，重点补贴从事植保作业的服务组织。2018年湖北省从中央财政农机购置补贴资金中统筹安排1000万元资金，对植保无人机实行定额补贴。

2017年，农业部制订的《到2020年化肥使用量零增长行动方案》和《到2020年农药使用量零增长行动方案》提出，推广自走式喷杆喷雾机、固定翼飞机、植保无人机等现代植保机械的应用，利用农作物病虫疫情统防统治补助、小麦"一喷三防"等项目资金，支持各地大规模开展病虫疫情飞防服务。一些地方还采取政府购买服务等方式，对飞防作业给予支持，借助飞防来提高统防统治的水平，并借助无人机进行农药减量试验示范，以推动农药"零增长"行动。此外，农业部通过实施农村实用人才培训工程，重点培训植保无人机维修保养等方面的骨干力量。2017年，全国植保无人机统防统治面积超过1亿亩次，有人驾驶的固定翼飞机和直升机防治病虫面积超过4000万亩次。

截至2017年年底，全国植保无人机保有量达到14000多架，从事航空植保的服务组织已超过400家。据统计，2017年全国植保无人机统防统治面积就已经超过1亿亩次，无人机在推动统防统治发展过程中发挥着重要作用。

如何借助移动互联网信息平台促进农机社会化服务，是近年来各地政府农机部门一直在探索的课题。每年春耕、"三夏"、"双抢"、"三秋"等重要农时季节，全国都有数十万台各类农业机械跨区作业。对于跨区作业机手来说，面临如何快速便捷地获取作业市场信息、提高机具利用率的问题；对于农民来说，面临的问题是在农忙季节，如何及时找到农机收割作物解自己的燃眉之急；对于农机管理部门来说，则是如何及时、全面、准确地掌握这些农机的作业进度和作业供需信息，引导跨区机具的有序流动。这在受到洪涝灾害影响的年景尤为迫切。

为此，近年来一些省市县农机部门陆续建立了各种类型的农机信息平台，以指导农机化生产、提供相应服务。2014 年，在中央财政支持下，农机管理总站牵头开发全国统一、开放、共享的"全国农机化生产信息服务平台"（以下简称"农机直通车"），用以提高农机化生产管理与服务的信息化水平。

三、良好的农业信息化基础是农业共享经济的技术支撑

作为当前我国"互联网+农业"的主要内容，农业共享经济必须建立在信息技术高度发展基础之上。信息技术将各种"物"通过网络连接起来，整合多元系统，社会服务产品提供能力不断增强，为经济社会资源均等、扁平配置共享提供了技术支撑（李国庆，2018）。

近年来，中国政府将信息化作为加快农业农村现代化发展的重要抓手，推进"互联网+"现代农业是党中央、国务院作出的重大决策，为有序有效推进这一行动，农业部于 2016 年 7 月印发《"互联网+"现代农业三年行动实施方案》，大力开展农业物联网试验示范、信息进村入户、农民手机技能培训等工作，取得了良好效果。2016 年以来，一些省份在农业产业化专项中专门安排资金用于"互联网+现代农业"建设，专门设置"农业信息化覆盖率"指标，连续多年开展监测评价，将"互联网+农业"纳入全省现代农业发展重点任务，通过建立以目标为导向的责任主体考核方式，保障工作扎实推进。

截至 2017 年年底，全国行政村通宽带的比例达到了 96%，宽带和 4G 通信已覆盖 88% 的农村，农村手机用户超过 5 亿人，每百户拥有的手机量超过 300 台。手机的普及化和简便的操作优势，为解决农村信息"最后一公里"问题带来契机，农机服务需求信息快速精准推送有了前所未有的信息技术条件，以微博、微信等新媒体推广形式的流传，使传统的农业科技推广方式有了实现突破的契机。

互联网技术在农业生产中的应用不断深化，信息化和智能化已成为促进农业转型升级、改善农村生产生活方式的有力支撑。农业农村部近几年组织了 9 个省，开展农业物联网区域试验，发布了 426 项节本增效农业物联网产品技术和应用模式。2017 年启动实施了数字农业建设试点，2018 年成功发射了首颗农业高分卫星。小麦联合收割机等大型收割机都装配了 GPS 或者北斗卫星系统。近年来开发的农机管家，学名"北斗农机作业精细化管理系统"，由北斗农机终端、

高清拍照设备、平台软件、手机 APP、短信平台五部分组成，将终端装备于农用机械后，通过系统平台为机械化播种、插秧、植保、收割、翻耕、秸秆还田等农机作业，提供作业数据采集、自动化处理、统计分析、精细化管理等服务。北斗定位功能可以使农机局工作人员实时监控农机作业轨迹。除了农机作业监控，该平台还具备大数据分析和农业服务功能。"北斗农机作业精细化管理系统"的开发也提高了基层政府支持和引导农业共享经济的积极性。

四、社交网络及信用评价机制使农业共享经济发展具有了信任基础

"互联网+农业"首先体现在自媒体带来的农产品商机。目前中国农村网络年零售额突破 1.2 万亿元，农产品电子商务年交易额向 3000 亿元大关迈进。共享平台的第三方支付系统、供需双方评价系统，因交易的电子化，其可记录、可追踪的特点，使交易双方的信用信息接近透明化，保证接单的有效性和资金支付的安全性，并为新业务提供对象选择信用等级参考，保证了接单有效性和资金支付安全性，并为供需双方建立服务质量与信用评级档案。买卖双方达成交易后，双方可以进行评论。电子商务的支付系统和信用评价机制对构建农业共享经济的征信体系有极大的促进作用，并且能提升企业的市场竞争能力，为农业生产性服务业行业营造良好的市场经济环境。

共享经济伴随着移动互联网的发展而迅速崛起，共享领域不断拓展，也为农业共享经济带来启示。共享经济已从最初的汽车、房屋共享向金融、餐饮、空间、物流、教育、医疗、基础设施等多个领域扩张。共享经济让全球数十亿人既是消费者，也是经营者，最大限度地提升了资源利用效率。其中，中国共享经济有望达到 2300 亿美元，全球占比由 33%提升至 44%，成为领军力量。

五、总结

农民对农业机械和农业技术的强烈需求，是以农机和农技共享平台为标志的农业共享经济发展的前提条件。同时，政策的引导加速促进了互联网农机和农技平台的发展。良好的农业信息化基础，为推进农业共享经济提供了技术应用与服务支撑，而社交网络及信用评价机制使共享经济发展具有了信任基础。共享经济

的共享领域不断拓展，也为农业共享经济带来启示。

第四节 农业发展中实践共享经济理念的具体经验及案例

一、植保无人机共享平台

与传统机械相比，植保无人机的作业效率更高，能够更好地适应水稻田及山区等各种复杂的作业环境。植保无人机技术的引入，进一步推进了农作物病虫害专业化的统防统治，农民越来越接受和认可无人机防治的效果。截至 2016 年，全国植保无人机保有量 2324 架，总作业面积达 1152.8 万亩，同比分别增长 234% 和 170.6%，主要分布在新疆、湖北、河南、江苏、山东等地。

近年来，植保无人飞防队伍数量不断增长，由于区域和信息的局限性，小规模的飞防队缺乏了解市场需求的有效渠道，飞防手业务量普遍较小，而且服务过程中缺乏技术支持，完成服务后经常发生收款纠纷；规模小而散，缺乏和农药生产企业的谈判议价能力，导致使用的农药成本偏高；高稳定性、高可靠性的飞手匮乏。为此，植保无人机共享平台应运而生。

1. 农机专业合作社创办的植保无人机共享平台："嗨飞平台"

2018 年 4 月，浙江首个植保无人机共享平台"嗨飞平台"在嵊州上线，获得操作合格证的农民用手机扫一扫二维码就可以从该市三界镇永明农机专业合作社租借无人机，给自己的农作物喷洒农药，既方便又高效。

三界永明农机专业合作社是三界镇农合联理事，自 2017 年下半年以来，该合作社联合相关部门，组织全省首届大规模的无人机免费培训班，吸引了 70 多位农民积极参加。培训期结束后，有 66 位农民拿到了无人机操作合格证书。成为合格的"飞手"后，他们在 APP 软件上录入个人信息，扫取二维码后就可以共享无人机开展施肥打药等作业。接下去，合作社将拓展市场、跨区作业，开展农业植保施肥的社会化服务。

2. 供销社系统创建的"滴滴打药"服务

2017 年 3 月，北流市供销社创建的"鹰飞航空植保"微信公众号，开创无人机"滴滴打药"新模式。目前，北流市供销社已在全市22个乡镇建成了24个飞防服务站，土地托管飞防服务新模式已完成对全市各乡镇的全覆盖。

供销社通过飞防服务站召开无人机现场作业观摩会、飞防服务站站长培训会、示范喷药观摩会和专职操作飞防手的技术培训。目前，市社与农户签订了近2万亩的"滴滴打药"意向服务协议。飞防服务站向农民承诺，对因防治病虫害服务没有效果而造成农民损失的给予赔偿，并签订《水稻病虫害专业化防治服务契约条款》。

北流市供销合作社的"滴滴打药"喷洒作业服务50~80亩/小时，比常规喷洒效率高出50倍；喷洒作业人员可以远距离操作，避免直接暴露于农药范围内；农用无人机喷洒技术采用喷雾喷洒方式至少节约30%的农药使用量，节约90%的用水量；飞防专用药剂是专用大包装，减少了农药包装物在田间地头随意丢弃的可能性。

北流市供销合作社通过"滴滴打药"为农民托管病虫害防治服务，不仅解决了农村留守老人、妇女种田难的现实问题，也从这种服务中获得了一定的收益。供销合作社的收费标准：早稻55元/亩（喷2次，包药包喷），晚稻85元/亩（喷3次，包药包喷）。另外，供销合作社所属的北流市社农资公司除开展飞防植保服务的同时，来自农药销售的收入增长200多万元。

3. 商业服务公司：农田管家

2016年2月底创办的农田管家，最初是一家经营植保无人机飞防的公司。公司刚成立时，首先进军湖北襄阳，当地成熟的飞防组织很少，公司决定培养直属飞防队外的力量，结业后再把无人机租给学员。为了扩大飞手的供给，团队还与银行疏通关系，希望银行贷款给想购买无人机的飞手。与此同时，农田管家以滴滴打车的模式经营农业植保平台，匹配植保无人机飞手和需要打药农户。

由于植保无人机操控和保养有很高的门槛，一家一户农民购买并不现实。农田管家试图解决飞防植保存在的两大问题：第一是供需双方的信息不对称；第二是提高无人机的工作量和飞防服务的标准化。

根据用户多为40~50岁的农民、使用的手机以华为、vivo、OPPO和小米等品牌为主等情况，农田管家选择把农户一端放在微信公众号的菜单栏里。需要打药的农户通过APP提前一天下单，上传农田位置、面积、价格，飞手在APP上接单，两小时内无人接单，平台会派单，以确保一天内完成订单匹配。农田管家考察待喷的农田后，配好所用农药，以防农药颗粒堵住无人机喷口。一旦发生漏喷、重喷，农田管家会立即安排补喷，以不误农时，并承担风险赔付。

农田管家将飞防服务分为获客、踩点、排期、作业、效果验证和收款六个步骤。除飞防作业由飞防大队来完成外，其余的步骤均由农田管家来承担。飞手在平台注册，除了自有无人机和车辆，还需要购买农田管家提供的流量计。无人机喷洒农药时，流量计会记录下整个作业过程的流量分布，作业结束生成一份效果报告。农田管家还开发了一个测亩工具，手机地图自动完成测亩；农田管家自主研发的云端调度管理系统，可通过人工智能算法，获取种植数据，进而推进飞防服务行业标准的规范。值得注意的是，农田管家不仅提供信息匹配，也针对不同作物细化无人机的飞行高度、速度、每亩药量、颗粒度标准等。平台上喷洒作业的可视化还能够帮助农户提升土地管理水平。

相比客户，农田管家对飞手更有价值。飞手自己去寻找业务，可能遇到诸多麻烦，首先是订单问题。一个地区的种植规模往往很难满足飞防打药的需求，因此飞防队必须迁徙作业，而迁徙过程中由于信息不对称存在订单不确定等问题。同时，异地作业也不容易取得当地农户的信任。其次是结账问题。判断喷药效果需要较长时间，由于不放心飞防喷药的效果，结账的时候很容易出现扯皮现象。但是，农户在农田管家平台下单后，通过微信支付服务费，作业完成后7天，效果审核期限过了以后，平台再转给飞手，这样就避免了付账扯皮问题。另外，农田管家还建了"飞手之家"，100元一天全包。有时订单价格波动，农田管家会发红包补贴，保证他们每单都能赚到钱。为了鼓励飞手接单，平台会推出一些满单奖等运营活动。

每年初夏，平台会根据往年的数据，判断病虫害发生的时机，提前调度飞手。除了农户和专业合作社外，来自政府的订单占据了农田管家喷洒面积的一半。政府和农业植保部门对统防统治的深度参与和支持，使农田管家获得了大批规模化订单，这也是农田管家能够盈利的重要原因。

目前农田管家平台的主要收入来自服务费抽成，每亩收取10元左右的服务费。2017年，农田管家飞防植保作业达800万亩次，收取服务费8000多万元。

2018年，农田管家开始正式和农资商合作，农资商在农田管家下订单，然后再由平台派发给飞手。2018年农田管家服务的60%农田需要从合作伙伴那里采购农药，这成为其收入的一大来源。2017年6月，农田管家收购灌网科技（包含灌溉网、水肥网），目的是将覆盖超过全国8省的销售网络与灌网科技的专家库资源、农技推广与培训基础纳入麾下。

农田管家目前已经在湖北、湖南、黑龙江、山东、江苏、河南、安徽、江西等地建立分支机构，服务涉及中国 10 余个省近千个县市乡镇，平台上入驻 1000 余个飞防组织及个人，可调度植保无人机 5000 余架。2017 年，农田管家全年完成飞防订单 800 万亩次。飞防植保的作物也从小麦和水稻，拓展到了玉米、高粱、大豆和棉花等。

截至 2018 年 2 月底，农田管家共经历了四轮融资，总计超过 1 亿元。

目前，植保飞防以"互联网+"为代表的共享平台，除了农田管家外，还有农飞客、大黄蜂农服、农活帮等。

4. 农资生产商转型："蜻蜓农服"

为应对农药市场同质化竞争，也为顺应农药零增长行动，江苏克胜决定从单纯的农药生产商转为集产销与全程田管于一体的服务商，投资 1000 多万元建互联网农业服务平台。

2015 年 3 月，江苏克胜集团正式发布了以平台、科技、金融和数据为核心的"蜻蜓农服"农资电商交易平台，包括蜻蜓农服网、微信公众号和 APP，内容包括综合植保服务、农资超市、锦绣农场、互联网农村金融、乡村旅游等，通过线上线下手段融合为农业发展提供便捷、专业、一站式、可持续的作物全程解决方案。农户在蜻蜓农服下单后，公司会派出专家实地诊断配药，再由专业团队操作无人机智能喷洒，以防止农药漏喷或重复喷洒，可以提高农药 20% 的使用率。

为实现智能喷洒，集团前后总投资 1500 万元，购置首批植保喷洒机、无人植保机 100 多台，分别在江苏、广东、湖南等地开展喷洒服务，服务面积超过 30 万亩。蜻蜓农服的智能喷洒系统，就是线下服务，这样一来就能实现线上线下互动。

"蜻蜓农服"广泛吸引国内外为农服务机构、农业科研院所、农资厂商、农产品平台、文化创意团队的进入和合作。目前，金正大、极飞、无锡汉和、山东永佳等企业已经入驻平台，蜻蜓农服已经囊括了农业规划、农业品牌设计、视频诊断、农业物联网、土壤修复等百余种涉农服务。

为了推广自己的产品和服务，克胜集团实施了"5311"计划，加快建设县级服务中心和镇级服务站，落地推广农业生产性服务。蜻蜓农服依托克胜集团在全国 1200 多个县级经销商，首批确立在 50 个地级市建设 300 个蜻蜓农服服务中心和 1000 个镇级服务站，服务半径覆盖 10000 个村。在江苏盐城，蜻蜓农服与益农信息社开展合作，把服务资源与 1300 多个益农信息网点开展 O2O 对接。蜻蜓

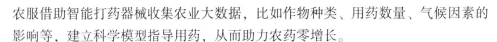

农服借助智能打药器械收集农业大数据，比如作物种类、用药数量、气候因素的影响等，建立科学模型指导用药，从而助力农药零增长。

蜻蜓智慧喷洒，将把农药化肥卖到农民手中转变为喷洒到田里。目前，蜻蜓农服的主要收入除了服务费外，还有增值分成、粮食回购等，如在湖南邵阳县、江苏阜宁县等地试点由蜻蜓农服承担农资、农机服务费用，与农户约定每亩产量，超出部分，与农户分成。另外，蜻蜓农服还开展了农产品营销服务、提供初加工服务的供需对接，对托管服务的粮食提供溯源、包装设计、商标注册、产销对接、储藏运输等服务。

二、为跨区作业收割机提供服务的平台

1. e田科技

农机跨区作业，至少10%左右的费用流进了中间人的手中。目前e田科技的e田靠谱作业平台是一个农机手和种植户的免费交易撮合平台，帮助种植户与农机手完成直接交易对接，省去中间人环节，从而为双方节省费用和时间，实现了农机手和种植户之间信息的高度对称。机手因为减少了盲目跨区转移的时间，提升了作业的效率，找到更多的活，种植户也可以找到更有经验更好的机手，缩减成本和开支。

农户用手机在e田科技的"靠谱作业"APP上输入自家小麦面积和期望价格，发布需求信息，平台根据其地理位置推送到半径20公里内的注册农机手手机上。一般情况下，不到20分钟就会有3个农机手抢单成功。

除靠谱作业外，目前e田科技还有曹操快修、配件商城、新机商城、二手也好、农机快贷等板块。目前国内农机销售、维修企业普遍规模较小、服务网点少、设备简陋，在机械维修、配件供给、售后培训、信息反馈等方面服务能力弱，无法满足广大农机手的需求，尤其在跨区作业中服务能力的"短板"表现得更突出（孔祥智、周振、路玉彬，2015）。e田科技与国内最大的农业装备生产企业——雷沃重工展开合作，为人生地不熟的跨区作业农机手提供快速农机维修服务。曹操快修提供的维修服务，能够根据定位快速维修农机，减少农作物收获旺季因为农机故障带来的损失。"作业宝"板块，则可以使农机手知道每天的作业效率。作业面积的精确计算也解决了农机手和农户因作业面积而发生争执的问题。

除了维修服务外，作为第三方平台，e 田靠谱作业还推出了实名认证+作业保证金模式，为跨区农机顺利作业提供保障。种植户和农机手除了在该平台上实名认证以外，还需要缴纳当次作业金额的 10% 作为保证金。如果农机手抢单后没有按时收割作业，或者种植户虚报收割面积，保证金可以使被爽约的一方获得一定的补偿。如果交易顺利完成，保证金将全部退还。

目前，"靠谱作业"平台上已经有注册种植户 12 万户，农机手 5 万名。2018年，e 田科技把粮食从种植到收获的全程机械化形成套餐产品，组织各地的农机合作社、农机手加入到 e 田"靠谱作业"农机服务队。

与大型农机制造企业合作进行农机整机和零配件销售，是目前 e 田科技的靠谱作业的主要盈利点。另外，每年数亿元的作业保证金也存在巨大的盈利空间。

2. 政府部门主导开发的农机服务平台

（1）地方政府主导开发的"滴滴农机"APP。2017 年，浦江县农业局开发出了"滴滴农机"APP，在农机手和农户注册登记各自信息后，农户可以将种植规模、作业时间、价格意向等需求信息发布出去，平台会显示离他最近的农机手信息，附近农机手可以直接接单。浦江县"滴滴农机"APP 已纳入收割机、插秧机、烘干机、运输拖拉机等各类农机。农村建房需要运砖头、水泥、石块，也可通过"滴滴农机"发布信息。

2016 年，江苏省泗洪县农机局携手江苏大地珍宝信息技术公司和源欣现代农业服务公司开发出"嘀嘀农机"APP，面向社会免费提供农户发布作业需求、农机手竞单，以及农机手发布农机信息、农户竞单和农技咨询等服务。注册该软件的用户可以直观地了解方圆 100 公里以内需要农机服务的农户情况及就近的农机情况。

除订单、接单等基础功能外，泗洪县"嘀嘀农机"还内嵌即时语音聊天通信功能、第三方支付系统、供需双方评价系统，保证接单的有效性和资金支付的安全性，同时为新业务提供对象选择信用等级参考，保证了接单有效性和资金支付安全性，同时为供需双方建立服务质量与信用评级档案。另外，APP 还增设农机快修功能，通过高德地图导航系统为农机手快速定位农机维修点。当机手遇到"疑难杂症"时，可以将问题以视频形式在线向软件后台修理专家咨询，在专家指导下进行修理。

目前，泗洪县"嘀嘀农机"APP 实名注册农户数已达 2200 余人，农机手和农业企业等注册达 700 个，河南、山东、安徽、江西、广东等外省用户逐渐增多，涵盖省级区域稳步扩大，正以泗洪模式辐射带动国内市场。

2018年3月，广东"惠州·滴滴农机"服务平台在惠州市春耕生产现场会上宣布启动。该项目是市农业局主推的"互联网+农机"服务模式，可实现农机手与农户快速业务连接。用户登录注册后便可在主界面发布订单。例如，可选择水稻插秧、无人机植保、马铃薯播种等多个作业项目，价格方面如农机深耕（水稻），为120元一亩。农机主在平台注册后，可根据自身情况接单。

（2）全国农机化生产信息服务平台（以下简称"农机直通车"）。近年来，一些省市县农机部门陆续建立了各种类型的农机信息平台，以指导农机化生产、提供相应服务。但这些区域性平台不同程度地存在覆盖面较窄、兼容性差、数据共享弱、信息服务能力受限等问题。为此，在中央财政支持下，2014年农机管理总站牵头依托北京久其移动商务科技公司技术支持，建设运维全国统一、开放、共享的"农机直通车"，用以提高农机化生产管理与服务的信息化水平，使农机化生产主体和管理部门能够及时、便捷地获取和发布有效的农机作业信息，解决农机作业供需市场信息不对称的问题。

2014年平台建成后，连续两年在河北、山东、河南、安徽、江苏、湖北、新疆7省（区）试点应用，2016年推广至全国。目前，该平台集电子政务、生产管理、应急调度于一体，实现了面对农机管理部门的政务管理，面对农机合作社的信息化应用和面向农户的"嘀嘀农机"三大功能，即搭建了Web端的"全国农机化生产信息服务平台"网站和"农机直通车"手机客户端及微信服务号，实现了电脑端和手机端农机化生产进度信息报送和统计查询、农机作业供需信息发布与智能匹配（农业版"滴滴打车"）、农机合作社信息化管理等功能，使用户能够以最便捷的方式获取信息服务。同时基于手机与车载系统的位置信息，实现作业机具的查找和农机调度等功能。

"农机直通车"建设的目的是打通农机化生产"大数据"，实现管供需智能化对接。一方面，着眼于建立全国性的农机化生产信息报送系统平台，将各地、各级农机化生产、管理数据打通，为各地农机管理部门提供方便的管理工具，方便其掌握辖区机具分布，获得更准确的农机作业数据，在应急状态下合理调度机具，提升农机主管部门的管理水平，使其能够对农机实行动态管理，应急调度更快捷，同时也可避免各地重复建设农机化生产管理平台；另一方面，利用互联网把分散在各地的农户、作业市场和机手连接起来，为农机手、农民提供农业版的"滴滴打车"（滴滴麦收），实现农机手和农户的就近智能化配对，搭建起农机作业对接信息沟通平台，在一定程度上解决农户"找机难"和农机手"找活难"问题，实现农机作业的快捷有序流动，农机手避免了盲目跨区作业出现"找不到活"现象。农机手只需点击"找农活"栏目，屏幕上立刻显示农户发布的作业地点、面积和价格，这样农机手就可以提前计算收益。种粮大户往年在麦收时节都要多方打电话甚至亲自上门联系机械。手机上安装了"农机直通车"APP后，只需把农作物的收割面积、地理位置等信息发布到手机APP上，很快就有农机手与之联系。作为平台的三大系统之一，合作社信息化管理系统的主要功能包括形象展示、内部通信、业务订单管理、账目管理及供需信息发布5个部分。随着1.3万余家合作社陆续入驻和应用"农机直通车"平台，有效推进了农机合作社信息化管理进程，提高了生产效率，减少了人力资源投入，降低了运营成本。此外，平台还为农机合作社免费提供模块化的内部信息化管理服务，包括合作社人员管理，资产管理，作业、维修、销售订单管理，供需信息发布等，利用手机定位技术实现作业农机的位置监控和生产调度，以提高合作社的信息化管理水平。平台还设立了24小时服务热线，为用户提供及时的信息化咨询服务。通过这套系统，农机管理部门可实时对农机进行北斗定位和拍照，采集的数据通过互联网传回后台，实现手机—北斗终端—电脑三者互联。

一些地区的政府部门出台了补贴政策鼓励农户安装北斗系统。截至目前，已有来自33个省（区、市）及农垦、兵团的39万余个用户在平台成功注册。

三、互联网与农技推广的深度结合

1. "农医生"APP

农技推广是农业生产的重要组成部分，而信息技术是提高农技推广效率的重要手段。

由中农问科技（北京）有限公司开发的手机APP"农医生"将移动互联与农业相结合，为农技服务提供载体。"农医生"会聚国内各类农业专家、种植户、涉农企业等农业从业者，为农业从业者提供一个新的交流平台。通过问答形式，讨论并解决种植难题，交流管理和销售经验等，满足农民学习、购买、销售等需求。"农医生"APP平台致力于建立农技专家与农户关系为纽带的云端农业问诊模式，帮助农户打通信息获取渠道、降低农业技术获取成本。

"农医生"将移动互联与农业相结合，为农技服务提供载体。农民在种植过程中遇到问题时，只要上传作物图片，描述病情，系统就会引导用户提供更详细的信息，包括作物生长环境、温度、天气、用药、发病部位等。五分钟后，农户就可以获得平台专家的解答。通过搜索病虫草害图谱功能，农户还能查看更多类似的问题，便于参考和学习。农医生还提供产品查真伪功能，用户在输入相关农药登记证号后，该产品的详细信息立即显示在页面上，农技员就可以在线回答或者跟踪解决种植问题。

截至 2017 年 2 月，"农医生"注册用户达 2000 多万人，注册农技专家 100 万人，累计解决农业问题 300 多万个，直接受益农户超过 1 亿人。自推出以来，其快速、专业、免费解决农作物和花卉种植户在种植过程中遇到各类难题的模式受到用户普遍好评。

目前，平台新增了病虫草害图谱、农资产品查真伪、查找附近农资店功能。农医生开设的"附近农资店"的功能，将前台问答与农户附近的农资零售店产品信息打通，能够让农民快速、准确地找到合适农药产品。另外，农医生开设的"查真伪"功能，可以让农民通过扫二维码、条形码的方式辨识农药的真伪，防止上当受骗。

2017 年 2 月，三亚市农业科技服务 110 与"农医生"战略合作，以向农民提供更加快捷方便的技术服务。农民通过他所信赖的农技员邀请码就可以与农技员直接联系。农户可以在"农医生"上提出问题，或直接向三亚农技 110 中心求助。在"问诊"过程中，农技 110 和"农医生"的专家可能会列出农作物所需的农药或其他农资，这都可以直接在"农医生"APP 上下单。农户可以在各服务站点自取已购农资，达到一定数量可以送货上门。在推广"农医生"手机 APP 的同时也拓宽了农技 110 的农资销售渠道，让农户获得更多便利。

2. "云种养"平台

"云种养"成立于 2014 年 8 月，其移动互联 APP 于同年 12 月上线，是一款互联网+农业技术服务平台，专注于农业问诊，以解决农业科技服务中准确率低、推广难、传播慢等问题。它以农业科技咨询服务作为切入点，核心功能是"快速提问"。"云种养"APP 分为农户端和专家端两个版本，连接全国农业专家与生产者，采用一对一问诊模式，通过上万个农业权威、资深专家，在线免费为农业从业人员解决种植和养殖过程中的疑难问题。农户遇到种养问题，可以通过农户端将咨询内容发送到平台上，咨询内容可以发送文字描述问题，也可以更直观地上传图片，"云种养"通过后台数据库匹配将问题推送给对应领域的农业专家，专家端用户即会收到提示，在 2 分钟内为农户进行解答，针对专家的建议农户还可以追问继续交流，并对进行解答的专家进行评价。现在农民在农医生平台上每天的提问数在 1000 个以上，每个问题的回答有 6~8 个，基本上半分钟左右产生一条问答。不少农技专家每天泡在上面回答问题，并关注病虫害发生情况、向其他专家学习。有一个昵称叫"毕姥爷"的农技专家曾创下在线回答 13 个小时的纪录。

农业从业人员在云种养农技问诊小程序中不但可以自己提问题，还可以快速浏览其他相关问题，在问题详情右下角有分享功能，具有普及知识性质，可以将其准确发送给需要或者亟待解决问题的朋友。农技问诊小程序另一个特色功能是拍照识别，遇到不认识的种植物，可通过拍摄照片或从相册选图来查询名称，5 秒之内给出答案，有效识别率达到 93% 以上。

"云种养" APP 平台至今累计注册专家 3 万余名，解答问题的专家主要来自全国农技推广站及下属农技推广系统、中国农业大学等农业高等院校、中国农科院等科研机构、省市县级农科单位、基层一线农技员、农企中的农技负责人、有农技知识的农资经销商、有丰富实践经验的种养大户。作物种类分为养殖类的蔬菜、土肥植保、粮食作物、水果、花卉苗木、经济作物、中草药七大品类和养殖类的牲畜、家禽、水产、特种养殖四大品类。目前，"云种养"提供的咨询服务已经深入产前、产中和产后农业生产的全过程，涉及产前的品种选定、农业生产资料购买、农业规划；产中的动物疫病防治、植物田间管理；产后的收获、储藏、加工、运输和销售指导、认证、品牌等。

至于盈利模式，"云种养"新版 APP 上线后，目前已拓展出农技问诊、农业教育、农业生产、农友社交四个板块，盈利点包括农业教育、国际游学、农业金融等方面。农业教育采用与中国农业大学合作的形式开办培训班，学员参加为期一年的线下培训，学习农业理论知识及实践操作。另外，"云种养"还为农户、农业事业单位人员等人群组织安排国际游学团，赴以色列、荷兰等农业发达国家参观学习，根据国外项目报价收取一定比例服务费。在农业金融方面，"云种养"作为信息平台，在收集审核农户的申请资料后对用户的信用等级进行评分，然后对接给资金方，"云种养"收取贷款金额的 1% 作为服务费。目前，"云种养"的金融贷款服务已和乐钱、农信互联等平台达成合作，完成约 1500 万元的交易额。

目前，连接农民与农业专家的产品不止"云种养" APP，类似的农业问答模式产品还包括"我会种""农业大师"等。

3. 农科专家 APP

由杨凌职业技术学院开发的农科专家 APP 整合了陕西杨凌及全国丰富的农科教资源，通过撮合农户和专家，实现"农户与专家零距离沟通"，帮助广大农户解决种养殖问题。

目前农科专家有上万余名农民用户，1 千多名农业专家教授，每天问答300~500 条，帮助广大农民用户解决了各种各样的种植、养殖问题。通过农户与专家间的互动，农科专家 APP 解决了农业种植养殖过程中农户获取技术服务难、找寻专家难的现实问题，同时也发挥了农业专家在生产过程中的指导价值，进而降低农户对农业科技的获取成本。

农科专家 APP 中的"农活帮"板块是一个农活（耕种管收）服务共享协作平台，以植保（尤其是无人机飞防）和人工为切入点。农活帮由三大部分组成——农户端、帮手端和云后台。帮手端用户，通常由农业服务公司、合作社以及拥有农机的农民组成，需要经过平台身份认证才可以接单。农户需要在农户端下单，介绍作业类型、农机类型、报价等信息，农活帮则会提供农事方案并配置资源，农户只需在作业完成后进行验收。

"农活帮"的优势在于，它的股东无锡汉和航空是中国第一家农药喷洒无人机企业，为"农活帮"提供了强大的技术支持，而且"农活帮"非常注重作物从种植到收获的全链条服务，包括修枝、疏花疏果、套袋等。目前，"农活帮"分为"人才需求"和"人力供应"两个板块，还能为农民工找工作提供信息，求职者还能一对一向用工企业咨询。

"农活帮"的盈利模式主要通过机械销售以及租赁获益，同时会向服务对象收取一定的解决方案以及作业服务费。"农活帮"的业务范围目前已扩展至黑龙江、湖南、河南、山东、江苏等 8 个省市。平台的活跃人数为 1.5 万人，通过复制区域合伙人的方式，在农闲时发展用户，平台用户还将继续增加。

四、总结及启示

1. 生产性服务业发展"最初靠政府、最终靠市场"

首先，从经营者的角度说，农业共享经济平台的开发主体以商业性服务机构为主。

目前农业共享经济的平台大体可以分为以下类型：

第一类，涉农企业和农业专业合作社嫁接互联网。这类平台在农机或农资中往往已经形成具有一定影响力的产品品牌和渠道优势，希望通过借助互联网扩展线上销售渠道。面临消费市场需求的转变，单一卖产品的农资企业生意越来越不好做，结合农技服务更有利于农资产品的销售。为此，传统农资企业纷纷转型，在卖产品的同时还出售服务和解决方案，把服务直接延伸到农户，从单纯的农药生产商转为集产销与全程田管于一体的服务商。

第二类，农业院校在农技服务与互联网的深度结合中扮演了重要角色。

第三类，政府部门主导开发的"嘀嘀农机"服务平台在农机跨区作业、农机"机器换人"、农机监管等领域发挥了巨大作用。

除了政府部门主导的"嘀嘀农机"服务平台外，其他几类平台的开发主体基本都是商业性服务机构。这充分说明，"互联网+农业"不只是农业融合互联网，实现去中间化、提升机械作业效率，而且是互联网和社会资本融合驱动农业发展，实现农业跨越式发展的重要途径。

另外需要注意的是，市县农机部门主导开发的农机信息平台，如果要解决信息服务能力弱等问题，必须和企业进行合作。一个很有说服力的例子是浦江县开发农机 APP 的过程，浦江县 2017 年上半年发布浙江省首款滴滴农机 APP，但是因为平台提供的服务信息过于单一，在实际运行中出现了推广难问题。浦江县农机管理总站认为，要改变这一困局，首先要找到一款深受大众喜欢的 APP，然后把农机服务信息载入其中。为此，浦江县农机部门选择与小够社区 APP 开发运营商合作。

小够社区 APP 是一款面向三四线城市居民的 O2O 生活服务平台型 APP，提供当地的信息交流和生活服务，包括拼车、房屋租赁、人才招聘、二手商品和点评外卖等常见的生活服务类功能。目前浙江省已有 400 多个城市的居民使用小够。平台的主要盈利来自广告的收入、农产品交易的返佣和其他增值服务，通过加盟和城市合伙人的形式进行城市拓展。浦江县农机部门与小够社区 APP 开发运营商合作，在小够社区 APP 中增加农机服务板块，并把原来在滴滴农机 APP 里面的农机大户信息移到新 APP 上，使农机服务信息发布面扩大了 100 倍。随着小够社区 APP 的快速推广，平台上的农机社会化服务信息也快速传播。

目前小够社区 APP 已在浙江省多县市推广，各县市的 APP 上都已植入农机服务板块。该项服务不需成本支出，各地农机部门都可方便运用。

2. 综合性农业服务平台的属性正在得到强化

为了降低运营成本，提供无人机共享服务的平台公司一般选择从无人机植保服务切入，整合上游资源，为农户提供农资经营、销售服务。以农飞客为例，该公司与巴斯夫、杜邦、茶科所合作，引进技术、产品资源。在水稻上，和先正达、杜邦、威远、世科姆合作，以获得农药生产企业在药剂、技术上的支持。另外，植保无人机平台公司通常还围绕植保技术服务，制订药剂+配方综合的植保方案。

无人机植保和农资电商结合是平台企业的普遍做法。在无人机植保服务快速扩张市场占有量的过程中，农资电商也获取了足够的利润回报，两大业务板块相互支撑，形成了良性的业务循环。

一个优秀的植保技术团队是药剂+配方综合植保方案的重要支撑力量，为此，企业必须建立专家库团队，整合各地区的专家，纳入植保技术专家库。国内现有的植保无人机平台除了致力于在农户和飞行作业队之间进行供需信息的匹配外，还建立了知识库、专家库，在植保飞行作业的计划和执行过程中为农户、飞行作业队提供专家指导意见和建议，通过种、药、肥、机、技、金融及互联网等资源的整合，不仅盘活了整个飞防服务市场，也在一定程度上解决了农村农药市场存在的问题。

一个很具典型意义的例子，2017年6月，农田管家收购灌网科技，将灌网科技旗下的灌溉网和水肥网及全部团队纳入农田管家水肥事业部。植保飞防和灌溉施肥都是农业服务的重要环节，农田管家收购灌网科技，目的是要将覆盖超过全国8个省份的农资销售网络与灌网科技的专家库资源以及农技推广与培训基础相结合，响应政府"一控、两减"的目标，将农资经营、飞防服务、种植户等资源进行整合，通过水肥一体化技术降低化肥的施用量和劳动力投入，提升作物品质。

同时，商业性农业服务平台目前已经正在以统防统治为突破口，逐步延伸至"育秧、旋耕、机插、肥水、机收、烘干、存储、销售"等水稻生产环节的全程服务，防治对象由水稻、小麦、玉米等粮食作物病虫向棉花、果树、蔬菜、甘蔗等经济作物病虫延伸，并通过"互联网+农业"大数据平台，分析用户种植信息，为农户提供全方位的农业生产安全预警及大数据指导种植等标准化农业服务，其综合性农业服务平台的属性正在得到强化。

3. 乡村组织的合作必不可少

没有组织形式的变化，互联网及移动互联网的技术创新难以产生共享经济的商业模式。在小农普遍存在的情况下，如何实现农业生产性服务的规模化是发展农业共享经济的关键。在农地细碎化的情况下，B2C 模式下企业通常依托包括农资经销商、农村专业合作社以及农村基层组织等在内的乡村组织解决这一问题。

和农资经销商合作是农业共享服务，特别是飞防服务落地的重要一环。农村地区无论散户还是合作社，都要向农资经销商购买农药和农具，农资经销商还承担着农药的仓储和物流、病虫害的检测等，因此，农资经销商了解当地农户的状况和农田分布。飞防服务平台的介入，优化了农资供应链，而农资经销商的加盟则将散户的需求整合起来，帮助实现无人机发展所需的土地规模。比较有代表性的是农活帮和农田管家。农活帮的业务在线下落地时，针对土地规模小的农户或不会使用智能手机的农户，选择与农资零售商合作，推出了代办员模式，依靠代办员整合需求端，集中对接作业。区域合伙人可以帮助农户下单，并直接通过电话联系业务。农田管家飞防服务由省级分公司和村镇合伙人来完成，即省级公司由农田管家自建，负责省区政策制定、市场推广等，村镇合伙人则主要是乡村农资经销商和有土地托管业务的农村专业合作社。

充分利用村级政权资源，是从事土地托管业务的农业合作社和企业拓展业务的重要策略。因地块分散等原因，大规模的土地托管需要做大量的沟通和协调工作，农村集体经济组织因拥有村庄的完备信息和丰富的地方性资源而成为降低双方交易成本的现成主体。云种养的地推人员进入一个县域后，往往借助村干部的人脉资源，在农村广场舞、露天电影、村委会等活动上做宣传。在湖南省中具有规模的统防统治机构，几乎都是通过建立村级服务站来构建服务网络。服务站的站长大多由村干部担任，需要协助解决从宣传发动、合同签订、面积核定、费用收取、农药配送、组建机防队伍到防治责任、费用结算等诸多具体问题。统防统治机构一般按照 10 元/亩来收取服务费，另加 5~8 元/亩的风险奖励金付给村级服务站作为报酬。

第五节　共享经济下农业的发展机遇

发展农业生产性服务业，是将普通农户引入现代农业发展轨道、推进服务规模经营、促进农业增效和农民增收的重要途径，同时也是建设现代农业的重要组成部分，对于培育农业农村经济新业态，构建现代农业产业体系、生产体系、经营体系具有重要意义。农户共享生产性服务的意义远远胜于单纯消费服务和产品的共享。

以"互联网+"为标志的农业共享经济是信息化与现代农业深度融合的重要表现，其对传统农业的改造提升主要表现为：

一、减少了信息传递成本，提升了农业资源的配置效率，降低了农业服务业的运营成本

农业共享经济进一步降低了生产成本与交易成本，使供需在更低的价格水平上实现均衡，扩大市场范围。共享经济的最本质特征就是通过去中介化在最大限度上节约成本。移动互联网、大数据、云计算等新一代信息技术的发展缩短了农业服务业供需双方之间的距离，消除了农业服务供需双方的信息不对称，避免了由此可能导致的农业服务业中的逆向选择和道德风险，同时省去一系列增加成本的中间环节，降低了农业服务业的交易成本。通过现代信息技术的引入，减少了农业生产机械、农药、化肥等农业生产资料的投入，并使分散的农村、农业资源的配置更加有效。数据、信息资源成为重要的生产要素，农业服务业效率得到大幅提升，大大降低了运营成本。

农机社会化服务也是中国实现农业机械化的最佳选择。在劳动力越来越缺乏的广大农村中，共享农机 APP 的推广使用无疑大大节省了人力、物力，大幅提高了植保的效率，提高了耕作效率，加速了农业机械化的推广速度，在一定程度上破解了经营土地规模不足、农机资本与土地要素比例失调的问题，发挥了大农机的技术优势，提高了土地产出。

二、协同生产理念得以低成本、超越地域范围付诸实践，政府购买植保服务也有了更多选择

作为一种能够跨越时空的服务型工具，互联网技术的逐步渗透，为农业服务业的分工协作创造了良好的条件。在互联网的链接下，现有的农业生产资源、信息资源、科技资源、人力资源、服务资源等得到了有机的整合，冲破了地域限

制，以多样化的形式为农业产业发展服务。"农机直通车"平台自 2014 年上线以来，已有 33 个省（区、市）及农垦、兵团的 40 万左右用户成功注册，使用范围基本覆盖全国，有力打破了区域农机化生产信息平台的服务壁垒，促进了跨区机具的有序流动。管理平台所具有的农机资源可视化和动态管理功能，使作业数据更准确，应急调度更快捷。区域内的农机作业情况，能一目了然地呈现在农机管理大厅屏幕上，农机管理部门不但可以实时监控本省农机在各地的分布情况以及机手信息，还能与其他地区农机管理部门实现大数据共享，在极端天气情况下进行应急调度。

农业共享经济平台不仅拥有强大的跨区调度能力，同时也为专业的飞防组织提高服务能力提供了更多机会。首先，平台所属的飞防队拥有在不同地区对不同作物进行大规模作业的经验；其次，企业专家库的建立，使互联网企业有能力提出相对完整的作物植保技术解决方案，来提升其植保服务能力。

目前，专业的互联网农业综合服务平台正在形成较强的品牌影响力，比一般农村专业合作社更容易取得政府和种植大户等群体的信赖。

2016 年，浙江农飞客联合浙江柑橘研究所开展柑橘木虱的防治，取得了比较好的效果，同时也是国内首次开创了在柑橘上的无人机飞防作业，防治面积达 10000 亩，得到浙江省植保站和果农的认可；农飞客和西湖农业局开展合作，利用无人机对西湖龙井进行无人机统防统治，防治面积 1000 亩左右；在河南，和当地植保站人员开展了对花生的全程飞防试验，还在棉花、玉米和猕猴桃的病虫害防治上进行了飞防探索，取得了丰富的基础数据。

2017 年 4 月，面对河南省安阳市 100 多万亩小麦的病虫害防治任务，两大全国性的飞防服务组织标普农业和农飞客，紧急调度 400 多架植保无人机，10 天左右的时间作业完毕。2017 年春天，受气候与条锈病等影响，山东省小麦条锈病发生早、扩散快，全省 92 个县（市、区）麦田见病面积近 3000 万亩，呈多发重发趋势，为历史同期罕见。病害发生后，5 月 12 日，北京农田管家科技有限责任公司接到来自病害重灾区菏泽、济宁等地的订单后，线上运营团队当即开始协调飞防组织，短短几个小时就调度包括江苏、东北、安徽、河南、湖北以及山东本地近百架无人机，并在 13 日前后陆续抵达作业地点。

除了农户和专业合作社客户外，来自政府的订单目前占据了农田管家喷洒面积的一半。

三、加快了农机作业的时间，减少了机械闲置率，提高了农机手的服务回报，农业生产性服务业正成为农村创业的重要领域

近年来新兴的农村经营主体与农业服务依旧带有浓厚的传统属性，并且区域性与季节性很强，大多属于集中作业模式，作业范围有限，资源闲置情况严重。无论是代耕代种还是统防统治的农业服务，农机手与飞防手们都面临着订单量不足或者盲目找订单的窘境。另外，因为跨区服务信息不对称、缺乏完善的飞防作业评判标准以及契约精神的缺失，① 飞防手丢单的情况经常发生，费用结算时发生纠纷的情况也屡见不鲜。

缺乏专业人才也是制约农机服务业发展的一大瓶颈，土地托管过程中涉及打药、施肥等专业性很强的问题，这不仅需要服务团队有科学种田的技能、较强的责任心和服务意识，还应具备经营管理能力，熟悉相关政策法律法规，把推进土地托管服务与新技术、新机具推广紧密结合。

农业共享经济推动了农业生产向规模化、产业化、组织化、标准化和集约化发展，为培育现代职业农民提供了契机。农业机械化使农业生产条件得到改善，劳动强度下降，农业生产不再是"面朝黄土背朝天"，对于破解农业"用工难、用工贵"，以及"谁来种地、怎么种地"这些难题，具有十分重要的意义。部分有实力、有技术的农业经营者购买了大型农业生产设备，发展成为农机社会化服务的提供者，并涌现出了一批专业化植保飞防队，无人机操作人员经过 10 天左右的专业培训即可掌握要领，执行喷洒作业。防手收入稳定，为农村青年就业创业提供了很好的机会。

总之，互联网变革了传统的信息传递方式，带来新型业态，创新了农业服务内涵，同时还打破了行业壁垒，实现了农业第一、第二、第三产业间的跨界融合，为造就一批有文化的新农人创造了条件。

---

① 服务组织与农户合同约定的承包面积，主要依据包产到户时的登记面积，普遍存在超过实际面积的情况。据调查，平均超过面积 10%左右，严重的超过 50%，无形中大大增加了服务组织的防治成本。

四、农业服务的品质得到提升，农业技术推广方式有了新的选择

农业技术指导服务不足是影响农业发展的重要因素，也是农药滥用、假药横行的重要原因。从农户获取农业技术方面来说，存在下述问题：第一，获取信息渠道狭窄，只能寄希望于基层农技部门；第二，不能及时获得有用的信息。连接农民与农业专家的农科专家等平台降低了农业技术推广的成本，为解决农业技术推广的"最后一公里"问题提供了新的选择。

农医生 APP 等农技服务与互联网深度结合的服务平台，将植保专家、农技专家和农资店"土专家"等资源整合起来，通过农户与专家间的良性互动，实现问答开放，为小农户、家庭农场和种植专业合作社提供即时在线服务，解决了在农业种植养殖过程中农户获取技术服务难、找寻专家难的切实问题，同时也发挥了农业专家在生产过程中的指导价值，进而降低了农户获取农业科技的成本，让农业技术推广的"最后一公里"的问题在手指滑动中得以解决。

目前，农村劳动力不足，农忙时节劳动力缺口较大，提升农机社会化服务的整体水平可以有效解决这些问题，而且农机快速、高效的特点，还能大幅度降低不利天气对农事的影响，有效保障农业生产的进度及质量，促进农业稳收、农民增收。

同时，一些农业高科技公司依托互联网技术搭建了包括种、药、肥、机、技等在内的"一站式"种植服务平台，平台上会留存服务对象的详细种植记录，为给农户提供全方位的农业生产安全预警及大数据指导植保等标准化农业服务提供了保障。另外，随着线上和线下交易渠道得到整合，农药供应链上的中间环节得到压缩简化。我国农药流通层级过多，有 2700 家农药供应商、60000 个市县经销商、800000 个乡村零售商，这一方面造成终端农药价格偏高、假劣农药坑农害农，另一方面导致产销脱节，技术服务难以到位。无人机植保和农资电商结合在一定程度上解决了这些问题。

五、使我国农业机械化的内涵和工作内容发生了深刻变化，有利于建立更加专业化的机械服务市场

农业机械化是否会以服务形式实现，关键取决于拥有机械的农户是否能被激

励成为农机手，为其他农户提供服务（蔡键、刘文勇，2018）。实践证明，"互联网+"促进了农业生产性服务的专业化分工、降低了交易成本、优化了农业资源配置、提高了劳动生产率等，为农技推广、病虫害统防统治提供了更有效的手段，对建立现代化农业服务体系具有重要作用，对农业机械化发展、农业技术扩散将起到非常重要的引领性和支撑性作用，这正成为打破小农经济制约我国农业农村现代化枷锁的利器。

农业共享经济服务平台提升了农机社会化服务的整体水平，使小规模经营条件下的大马力机械化快速发展，提高了农机具的利用率，增强了农业生产综合服务能力，推动了农业生产向规模化、产业化、组织化、标准化和集约化发展，一定程度上破解了经营土地规模不足、农机资本与土地要素比例失调的问题，发挥了大农机的技术优势。

农业生产对劳动力的依赖性很强，而随着农业机械的推广应用，这种局面正在得到改变。农户通过加入农机社会化服务组织或有偿使用农机社会化服务组织的服务，缓解了在农业生产中购买大型设备或使用频率较少农机具的资金压力，促进了土地规模经营，提高了农机具的利用率，增强了农业生产综合服务能力，推动了农业生产向规模化、产业化、组织化、标准化和集约化发展，为培育现代职业农民提供了契机。

共享经济理念下的农业生产性服务业本身集聚了资本、技术和管理等现代农业要素，本身就是高度市场化的社会化大生产，是"专业的人做专业的事"，是农业生产专业化和分工协作的深化发展。

小农机械化以服务外包的形式实现，"互联网+"进一步推动了农业机械化的快速发展。农业共享经济通过随机调剂盘活农业机械存量，实现小规模经营条件下的大马力机械化模式，通过农业服务规模化在某种程度上弥补了农业经营方式的不足，提高了农机手的组织化程度和服务数量与质量，为农业现代化的实现提供了强有力的技术支持（李瑾、郭美荣，2018）。农业生产性服务方式和机制的发展和创新，避免了农民对农业机械的重复投资所造成的经济效率损失。

六、为农机管理部门的工作提供了便利

传统的农机作业管理对人力依赖大，成本高效率低，作业面积测量不准，难以监控农机作业质量等。在互联网环境下，诞生了农业全程机械化云服务平台。

从行业的角度看，依托农机信息化管理系统所生成的"大数据"有着重要意义。农机的地理位置、行驶状态、速度、方向、基站信息等数据被显示在系统中并在地图上生成相应的记录。"农机直通车"平台极大地方便了主管部门及时掌握、了解农机化生产进度。基层农机管理人员可通过"农机直通车（管理版）"手机客户端，在生产现场随时开展农机化生产信息报送统计工作。对农机主管部门来说，北斗农机管家的应用解决了享受购置补贴政策农机的监管、区域内农机作业信息的收集以及作业补贴的数据核实等问题。

作业面积是政府补贴发放的关键数据，但作业面积的核实一直是补贴发放面临的难题。以前只能由各合作社自己申报，再由农机中心按 10%的比例进行抽查，以核实数据是否真实。成都市郫都区春耕地面积在 5 万亩左右，如果有 1 万亩申报秸秆还田补贴，那么就要抽查 1000 亩，这 1000 亩又分散在全区，这个工作量可想而知。如果秸秆还田粉碎机全部安装上北斗系统，每一台机器的作业面积通过北斗系统自动上传到平台，一目了然。这样一来，乡村干部禁止秸秆焚烧有了更好的工作方式。以前禁烧时，为防止收割留茬过高，干部们需要盯住每一台农机，现在镇村干部一改过去对农机和农民的严防死守，只要抓住农机合作社这个"龙头"就行了。

传统的农机使用调度大多是采用人工手写登记，在登记过程中常会出现重复登记等问题。鉴于此，为了全面提高农业全程机械化程度、提高农机智能化水平，很多省市的农业相关部门开发了智慧农机管理平台。在各地的"滴滴农机"管理系统中，通过 GPS、CIS 等卫星定位技术手段，能够实时掌握农机位置、作业进展情况。这一平台是基于互联网和手机、平板客户端，构筑以农机综合信息化服务网络和农机综合监管网络两大服务网络，可对农机作业进行实时监管，服务于各级农机管理部门、合作社、维修网点和农机手。农机管理部门的工作人员在 PC 端、移动端登录"智慧农机管理系统"，便能做好农机的注册登记、转入、转出、变更登记、拍照补发等远程化操作。

"智慧农机管理系统"所具有的农机购置补贴、监理办证、农机培训等业务的统一数字化管理功能，极大提高了相关部门的办事效率和透明度。近年来，国家试图通过作业补助在全国适宜地区大力推广深松技术，按照传统方式，农机管理总站一般通过清点秧盘数量来测算机插亩数，但这样费时又费力，且精准度也不够，作业深度与作业面积人工核查工作量大、成本高，落实作业补助的廉政风险多，成为摆在基层农机管理部门面前的难题。各地农机部门的智慧农机管理平台开发了专门针对深松整地作业的服务系统，采用卫星定位、无线通信技术和深松机具状态检测传感技术，实现对农机深松作业过程、面积、深度实施准确检测，监测数据能实时传输到农机驾驶室的主机显示器及当地农机部门深松智能监测系统中，实现对农机深松作业面积、作业标准全面智能化监控，大大提高了对农机作业深度及面积掌握的精准度和实时性。

第六节　需要解决的问题

农业共享经济在带来经济效益的同时，也影响了农业的传统发展模式，正在成为助力农业供给侧结构性改革、农业现代化建设的重要推手。对实现我国农业现代化和农业经济提质增效具有重要的促进作用。

共享经济是一个涉及面广、内涵丰富且逐步完善的领域，这一理念嵌入农业专业化服务是农业生产性服务的重要实践形式之一。尽管共享经济在许多行业得到了快速发展，但由于农业生产和农产品的特殊性，将共享经济理念广泛运用于农业发展仍然是机遇和挑战并存。农业共享经济是一个全新的系统工程，目前尚在探索中，许多问题需在实践中不断完善。本节将主要从农业生产性服务业的组织载体、农业生产经营体系、农村信息传播能力和技术平台等方面分析制约农业共享经济发展的现实约束。

一、农业专业化服务项目缺少统一质量标准，影响农业生产性服务的合理定价

在实践操作中，由于农业服务某些标准尚不清晰，且缺乏有效的第三方仲裁，使供需双方之间可能出现"扯皮现象"。如插秧服务中，一旦出现秧苗倒伏问题，究竟是服务公司的"插"出了问题，还是农户的"管"出了问题，交易双方难以划定责任。无人机植保行业由于缺乏完善的飞防作业评判标准，费用结算时也容易产生纠纷。

另外，农业社会化服务的质量和效果要等待较长时间才能观察到，且和生产经营环境以及其他主体行为紧密相关，容易产生严重的道德风险。一次性交易或

定价无法通过一个完全合约将交易双方的权利、责任、收益界定得清清楚楚。因此，农业生产经营的有机性、长期性等特点决定了一次性交易或定价无法完成对农业社会化服务的合理定价。

二、农业的规模化、组织化程度较低，影响大型农机作业

农业现代化是资本、技术、管理等现代要素对传统农业的改造过程，但以小农模式经营的传统农业改造必须与现代要素实现有机连接才能完成（冀名峰，2018）。经营适度规模化、生产全程机械化，是当前和今后一个时期我国农业现代化发展的主攻方向，e田科技等的专业标准化、现代化和社会化服务，只有具备一定规模的种植面积才可以参与，但目前分散的农户与规模化服务如何对接仍然是农业共享经济面临的一大问题。

在中国人多地少的资源条件限制下，经营主体众多，小农经营的土地面积规模普遍偏小。现实中各地的土地流转效果并不明显，在农业生产环节，虽然耕地流转率达到了33%，户均土地面积和地块平均面积也有所增大，但土地细碎化现象仍然没有得到根本改变，多数是农户之间的零星流转，小规模农户仍然占绝对主导地位。家庭农场、农民合作社、农业现代企业等适度规模经营主体刚刚起步，在农业生产中所占比重还很低。中国农业的规模化、组织化和产业化程度总体上仍较低，而且在相当长的时期内，这种小农经营方式很难得到改变。

目前，各地普遍存在托管土地规模小、零碎分散等问题，影响了机械化耕作，特别是给大型复式农机作业带来不便，机械频繁转场也增加了成本，丘陵地区这一问题更加严重。同时，分散化经营导致的种植品种、收割时间的差异也使机械服务需求进一步细碎化，很难形成规模与聚集效应。

在利益最大化的考量下，农机手们必然只吸纳相对成规模的、有足够利益空间的需求。在农田管家平台上，150亩起下单，需求端主要是农资经销商、农业合作社和种植大户。公司对乡村合伙人的要求是拥有5000亩以上连片土地的组织能力。

三、农业基础设施条件与现代农机建设不配套

基础设施是农业生产的根本保障，也是农业机械化发展的先决条件。一些地

区农业基础设施薄弱，与农机作业相配套的水利设施、道路交通等基础设施十分落后，满足不了大型农业机械作业的需要。

首先，乡村机耕路网建设与现代农机不配套，导致一些地区大型农机难以下田作业，成为困扰农业规模化经营的现实问题。

目前由于农业共享经济的发展，使各种大型农业机械有机会在土地托管中得到更广泛的使用。一般大型联合收割机宽度在 5 米左右，大中拖拉机行驶的路面宽度最起码要有 2.5~3 米，但不少地方已修建二三十年的乡村机耕路，大多是按小型拖拉机设计的，宽度还不足 2 米，有的机耕路旁已经被一些村民种上了庄稼，已经不适应连片大生产的需要。

其次，近年来以跨区作业为主要特征的农机社会化服务在地域上主要集中在平原地区，土地托管更适宜在平原地区、粮食主产区推广。受地理、交通因素的限制，许多山区丘陵地带成为农机化服务的盲区。这些地区是我国农业机械化的薄弱地区，也是制约农业机械化水平提升的关键地带。

一些地区能推广土地全托管，非常重要的原因是土地平展，适合机械化，灌溉也很方便。山东济宁和菏泽的一些村庄之所以能实行土地全托管，是因为政府曾在各地建设高标准农田。高标准农田中有现代化的农业水利设施，既能保证及时灌溉和排水，还能保证农田拥有良好的机耕道路，使农机拥有良好的作业环境。

四、产后加工、储藏、销售等环节的共享服务发展不充分

农业生产性服务业与小农户的主要连接机制是农业生产托管，反映出来的是农业生产组织方式的一次升级。农业生产托管是农户和其他经营主体在不流转土地经营权的情况下，将农业生产中的耕、种、防、收等全部或部分作业环节（包括农资供应、烘干仓储等耕种防收的附加服务）委托给服务组织完成的一种经营方式，是农业生产性服务业连接小农户、实现小农农业现代化最主要、最有效的形式。近年来，农业生产性服务在产前、产中服务环节中已经有一定的发展，但产后加工、储藏、销售等环节损耗严重、效率不高，已经成为农业发展的"软肋"。

共享经济在中国的热度急剧上升，但农业领域共享经济目前主要局限于农机和农药等农业的产前和产中服务等方面，在加工、储藏等领域仍有待发展。

五、对植保无人机行业的管理亟待加强

虽然市场前景广阔，发展潜力无限，但从目前我国农业植保无人机的发展现状看，国内的植保无人机生产标准和服务体系尚未成熟，还存在大量亟待解决的问题。

一方面是植保无人机在农业领域的价值得到越来越大的发挥与肯定，巨大的市场潜力等待着去开发；另一方面是植保无人机市场的混乱与不规范。缺乏行业标准约束，门槛太低，导致恶性竞争加剧，这些是问题的主要根源。

另外，国内尚无一家无人机生产企业建立完整的农业植保无人机服务体系。国内数百家植保无人机生产企业，由于产能和技术问题，加之规模化产量都很小，所以都聚焦在产品生产和市场销售上，很少有企业认真研究农业植保的服务模式。另外，植保作业需要无人机、植物、药剂、喷洒等多方面专业知识齐备的复合型人才，形成专业的航空植保服务链条，而非单纯掌握无人机飞行技巧。飞手培训管理、田间作业计划性和时效性、售后服务的保障能力仍然是制约这个行业快速发展的重要因素。截至目前，尚未有一家植保无人机企业完成整套服务体系的建设。这也是影响无人机植保市场推广的主要因素之一。

第七节　总结与建议

农业服务业在推进农业现代化进程中具有举足轻重的战略地位，是建立农民增收长效机制和农村城镇化的客观需求。当前，我国正处于从传统农业向现代农业转变的关键时期，在实现农业农村现代化的战略背景下，如何抓住信息化契机，利用互联网带来的组织管理上的扁平化、网络化、多元化特征，以及技术应用上的平台化、精准化、集成化模式，创新农业服务业模式，更好地服务于现代农业发展，是新时期面临的重要课题。

网络信息技术打破了传统的"政府—产业—从业者—消费者"的结构。以数字化、网络化、智能化构建的信息平台替代中介环节，使资源供给途径更加多元，出现了从业个体、线上平台企业、线下资源拥有者、信息基础设施拥有者等

共存的多元局面。共享经济推动了信息化和农业生产性服务业的融合发展，通过农业生产社会化服务细分的方式，打造了具有影响力和竞争力的现代农业共享服务平台，匹配专业的人做专业的事，农业服务更加专业化。

以"互联网+"为标志的共享经济已经被写进政府工作报告和五年计划中，并得到了政府的倡导和支持。然而，作为新的经济形态，共享经济不仅挑战现有的商业模式和经济秩序，而且在制度安排和政策法规方面也给政府和社会带来了一系列必须应对的挑战。本章揭示了农业发展中实践共享经济理念的具体经验及存在的问题，为有关部门推进这项工作提供直观的实践依据，以下内容将结合中国农村和农业的现实情况，提出几点政策建议，以期推动农业共享经济的进一步发展。

一、加强农业生产性服务业薄弱环节建设

目前农业生产性服务业主要集中在农业生产的产前和产中阶段，因此，更加重视农业生产的"后半段"，在产后的收储加工、运输销售、品牌推广等涉及将农产品变成商品、实现商品使用价值的关键环节做好服务。

应扶持建立适应薄弱地区的农业机械服务主体。实践经验表明，薄弱地区的农业机械化问题无法通过外地大型农机跨区作业的形式来解决，必须建立本土化的农业机械服务主体。这就需要以扶持本地农机大户与农机合作社为抓手，提升他们的服务能力。

二、进一步建立农业社会化服务供给的协同配合模式

农业社会化服务供给模式的运行是一项系统工程，涉及多方力量和多个领域，要做好规划，同时加强各项改革和建立社会化服务供给模式的协同配合，使其良性互动，整体推进。各地农业管理部门平台应从全国农机深松作业管理系统入手，逐步接入农机车载数据终端所采集的数据，实现农机作业动态监测、作业质量管理等功能，进一步提升农机化生产与工作效率。

推进建立农机化行业信息化标准，不断完善农机 APP 平台各项功能，提升用户使用黏度，使"农机直通车"成为全国农机化领域不可或缺的工作平台和服务工具。

加大对全国范围内农技员的互联网化引导，鼓励农业互联网企业参与建立完备的农技员培训和服务体系。

三、进行各种方式的组织创新，克服"小生产"的不利影响

从组织制度安排来讲，破解将小农生产引入现代农业发展轨道的"最后一公里"问题，需要培育、完善面向小农户提供农业社会化服务的专业化组织和小农自组织。只要作业地块的面积足够大，即使产权地块比较分散、狭小，农户仍然可以通过共享的方式在一定程度上获得使用机械技术的规模经济。应坚持行政推动与市场机制相结合，坚持依靠村级集体经济组织，大力推进适度规模经营。不同地块作物种植结构和种植技术的趋同可以在不改变农户家庭土地细碎程度和产权地块面积的情况下增加作业地块面积，有助于不同地块共享规模经济，提高农户使用机械技术的便利性（吴明凤、李容、杨宇，2017）。

四、加强财政金融联动支持，完善农机保险方案设计

加快推进落实农村地区互联网基础设施建设，推进农机信息化建设，探讨吸收社会资本参与，特别要加大对"互联网+农技服务"平台的支持力度，给予一些经营性服务组织专项的打药补贴或者服务补贴，并通过补贴调动一批当地种粮大户和有思想有技术的年轻人投入农业现代化建设中。

鼓励金融机构创新金融产品和服务方式，因地制宜推行农机抵押贷款、信用贷款、综合保险和融资租赁等业务，以政策性信贷或担保的方式加大对农机服务组织的信贷支持力度。

完善农机保险方案设计，除了将拖拉机、联合收割机、粮食烘干机及设施农业装备等纳入保险费用的补贴范围外，还应将手扶拖拉机、手扶插秧机、茶叶加工机械等机损险列入投保范围，使农机保险真正成为化解农机作业安全风险的保障。

五、促进农业服务共享平台的充分竞争

在不同的供给模式下，政府在社会化服务中扮演的角色不尽相同。但无论何

种模式，政府在提供规则与环境，保障部分投资后，应主要通过民间服务组织为农户提供服务，更多地由市场决定农业生产性服务资源的配置。

实践经验表明，市场竞争是服务从业者改进技术、改善经营管理，使服务与需求相适应，优化农业生产性服务业发展的重要途径。因此，要支持并鼓励企业建立跨区域的农机服务供需信息平台，充分促进服务资源的自由流动，打破农业生产性服务业地域上的分割、垄断。

推进专业化服务项目的有序开展，一方面，需要对各类服务项目制定更为详细的操作规程和质量标准。当前应指导无人机行业协会牵头尽早出台农业植保无人机的行业准入标准，尽快实现植保无人机技术或功能的标准化，通过技术标准规范促进行业技术提升。另一方面，需构建第三方仲裁机构，并定期将仲裁信息同时向合作社和服务公司公布，使违约行为不仅受到制裁，而且名誉受损，从而有效规范市场交易秩序。

第五章

中国住宿共享市场发展情况调查研究：
基于平台、房东与用户的全域视角

第一节　引　言

一、共享住宿的概念与特征

1. 基本概念

共享住宿是指以互联网平台为依托，整合、分享大量分散的闲置房屋、房间及其设施等资源，满足多样化住宿需求的经济活动的总称。共享住宿通过网络平台把闲置的住宅或住宅的闲置时间充分利用，做到最大限度地利用资源，减少浪费。共享住宿要想成为潮流必须借助互联网和大数据等现代信息技术，其实质上是把空余的房屋资源线上化、碎片化，完成按天交易，同时降低房东与房客搜寻的难度。但是，对"高私密性、高价值"的闲置物品的共享，只能在物质条件较为富足、共享精神逐渐普及的新经济环境下才能实现。

2. 主要特征

与传统酒店相比，共享住宿有三个主要特征，一是供给主体多元化。目前参与住房共享供给的主体既有个人房东，也有二房东，还包括开发商、酒店等，而传统酒店业的供给主体主要是酒店开发商和专业酒店管理公司。二是服务内容多样化。共享住宿房源具备大部分传统酒店无法提供的居家生活环境和设施，从而更能满足入住者多样化需求，包括洗衣、做饭、聚餐、休憩、导游、接送等，而大多数传统酒店客房只能满足休息、卫生、用餐、办公等需求。三是用户体验社交化。在短租平台上，用户得到的不仅是简单的住房服务，还包括具有人情味的归属感。房东与房客可以建立更加密切的社交联系，分享各自的生活体验、旅行见闻等，使用户的住宿体验更加本土化，更好地促进陌生人之间的相互信任并增加见识。

二、共享住宿的主要类型

1. B2C（Business to Customer）模式

平台企业通过收购、租赁等方式大量收集分散的房源，按照统一标准进行装修装饰、配置基本生活设施，并提供相对标准化的线下服务。即在线短租平台从地产开发商、房屋中介、酒店式公寓等批量获取房源并进行统一装修和标准化管理，这种模式房源个性化风格较弱。该模式的优势是平台与消费者直接对接，能保证高品质、有质量的房源，而且管理服务容易标准化，节约沟通时间，提高预订效率；缺点是无社交属性，延展性弱，线下运营成本高。B2C经营模式以途家网、一呆短租等企业为代表，盈利点是平台与商家五五分成或四六分成。运行模式见图5-1。

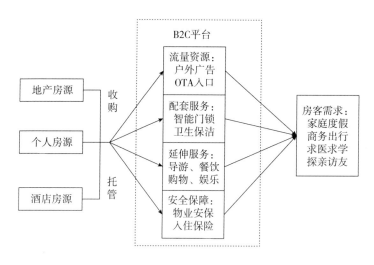

图5-1　共享住宿 B2C 模式

2. C2C（Customer to Customer）模式

它是个人房屋所有者与房客之间通过平台进行直连，并完成预定、入住、评价等过程。平台自身不拥有房源，主要提供信息发布、身份认证、交易撮合、安全保障等相关服务。这种模式减少了信息传递、搜索和交易的中间环节，将碎片化的住房资源进行整合，满足房客的多样化需求，实现了住宿产品和服务的大规模、高效率供给。该模式的优势是轻运营成本，延展性强，便于快速扩张，盈利水平高；缺点是对于信用体系不完善，房源质量不高的发展中国家可能水土不服。该模式以木鸟短租、小猪短租、爱彼迎等企业为代表，盈利点是交易佣金和服务费。运行模式见图5-2，C2C模式相对于B2C减少了运营成本，但也相应增加了市场教育成本。

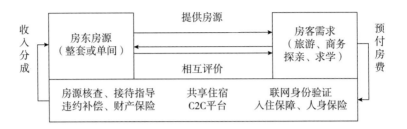

图 5-2 共享住宿 C2C 模式

3. C2B2C 模式

它是个人房屋持有者将闲置房屋在一定时间内托管给二房东或短租平台，二房东或短租平台将房源进行统一装修改造、统一运营出租、统一保洁维修，房源所有者不与房客接触。该模式的优点是房源质量有保障，房源掌握在二房东（小B）和平台手里，可控性强，管理方便，而且有较大的拓展性。缺点是线下运营成本高，房源拓展速度较慢，而且规模化发展有一定的局限性，只能专注于一个细分市场。该模式以自如、住百家为代表，盈利点是租金差价。

第二节　短租行业发展分析

一、在线短租行业发展过程

1. 在线短租行业发展成熟度模型（AMC）

中国共享住宿行业，即在线短租行业发展过程可用 AMC 模型来刻画，见图 5-3。

2. 在线短租行业发展阶段分析

（1）市场探索期（2010~2012 年）。2010 年在线短租概念在中国开始兴起，鼓励有效利用空余房源，降低房屋空置成本，提高房屋收益。2011 年是中国在线短租市场的启动之年，当年爱日租、游天下、住哪儿、木鸟短租、蚂蚁短租、小猪短租等平台纷纷成立，并开始上线运营。蚂蚁短租的模式为 C2C，自己只做

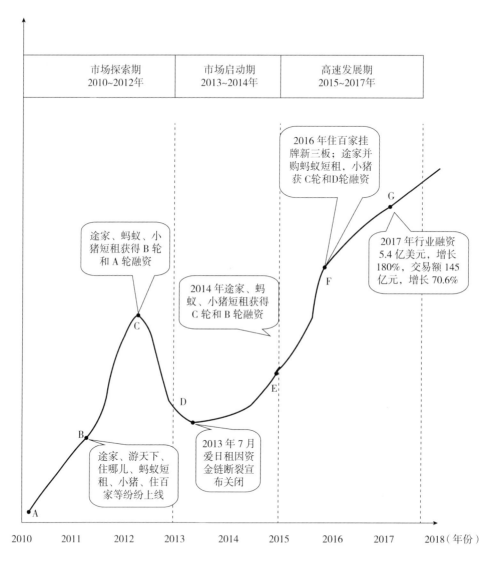

图 5-3　中国共享住宿行业成熟度模型（AMC）

平台，收取交易佣金，租房由房东和租客双方对接；途家则是 B2C 模式，大量酒店式公寓和分时度假公寓入驻途家网。如果说蚂蚁短租是淘宝网，途家就是京东商城。受限于熟人关系网络、不完善的信用体系和支付手段等因素，那时行业发展规模较小，2012 年仅成交 5.5 亿元。

（2）市场启动期（2013~2014年）。2013年是在线短租行业发展的黄金之年，在线短租交易迅猛增加，市场进入了一个全新发展阶段。2013年，游天下、蚂蚁短租、途家网和小猪短租共拥有40万套房源，覆盖300多座城市。同年，爱日租在搜索网站投放大量的广告，但对流程优化、客户服务等内功修炼却不扎实，这种短期烧钱的模式在市场尚处于启动期，用户成熟度还不够，智能手机和支付手段还未普及的情况下无法快速获得订单，从而使资金难以为继。由于游天下、途家、赶集网、蚂蚁短租、小猪短租等竞争对手快速加入竞争，2013年7月爱日租正式宣布关闭。爱日租宣布倒闭后，前后十余家同类平台陆续退出非标短租市场。爱日租的倒闭并不意味着中国共享住宿行业没有发展空间，而是需要保持耐心、培育市场、教育用户，不能急功近利。事实上，2013年是共享住宿发展的转折之年，交易金额比2012年增长76.4%，达到9.7亿元。2014年途家、小猪短租分别获得C轮融资、B轮融资，全行业交易金额达到19.2亿元，同比增长97.9%。在此阶段，中国在线短租平台的商业模式和发展策略日渐清晰，行业出现了以途家（B2C）和蚂蚁短租（C2C）为代表的龙头企业。

（3）高速发展期（2015~2017年）。2015年7月，国务院常务会议明确提出放宽在线度假租赁、旅游租车等"互联网+"新业态的准入和经营许可。同年11月，国务院发布指导意见，提出积极发展客栈民宿、短租公寓等细分业态，并将在多维度给予政策支持，推动生活性服务业便利化、精细化、品质化发展。在国家政策和平台服务的双重作用下，2015年成为中国共享住宿市场的"爆破点"，交易金额达到42.6亿元，同比增长121.9%，是发展最快的年份。

2015年，共享住宿初创企业数量出现新高峰，包括朋友家、一家民宿、趣住啊、第六感、沙发旅行、Xbed等新进入者扎推上线，同年Airbnb也正式进入中国市场。可以说，2015年是在线短租平台新增数量最多的年份。不仅企业数量迅速增加，而且平台交易金额也大幅攀升。从市场增长情况来看，从2015年起，在线短租平台普遍呈现出了成倍甚至数倍的市场增长态势，整体市场从起步期步入快速扩张期。以小猪短租为例，2015~2017年，其交易规模增长了12倍，2017年单个房客最高累计消费达到2015年的4倍；"一家民宿"2015年营业额实现了100%的增长。2015年，中国在线短租新增20多家大小不一的平台企业，当年累计融资金额接近5亿美元，融资次数超过10次，远超之前累计融资数量。

随着在线短租日益被城市居民接受，同时平台的管理、保障、服务机制也逐渐健全，行业进入了高速发展阶段。

2016 年是住宿分享市场的"分水岭"，共享概念深入人心。在线短租平台的服务开始向品质服务进阶，用户满意度和客户黏性越来越高，共享住宿行业交易规模达到 87.8 亿元，比 2015 年增长 106%。通过在线短租自由行日渐成为居民出行的重要方式。2016 年，途家收购蚂蚁短租和携程公寓民宿平台之后，不断获得资本认可的各在线短租平台竞争进入下半场。2017 年是中国共享住宿行业井喷式增长的一年，交易金额约 145 亿元。2017 年 3 月 22 日，Airbnb 正式宣布启用平台中文名——爱彼迎；4 月 12 日，美团点评对外宣布，旗下住宿分享平台榛果民宿 APP 正式上线，率先布局一线城市和部分热门旅游城市。4 月 26 日，小猪短租宣布正式进军商旅市场。2017 年下半年，在线短租平台迎来一波集中融资潮。10 月初，途家传出融资消息，间隔不到一个月的时间，木鸟短租和小猪短租分别宣布新一轮融资。2017 年全年短租行业融资共 13 次，超过 2015 年的 11 次，可见资本更加看好短租行业发展，并加大了投入。在政策和资本的共同推动下，中国共享住宿行业发展迎来了历史最好机遇。

二、2017 年短租行业发展现状

1. 整体情况

（1）2017 年我国共享住宿市场交易规模保持较快增长。主要短租平台的订单成倍增长，全年交易金额达到 145 亿元，比上年增长 65.1%；参与者人数约为 7800 万人，其中房客约 7600 万人，比上年增长 130%。预计到 2020 年，我国共享住宿市场交易规模有望达到 500 亿元，共享房源将超过 600 万套，房客数将超过 1 亿人。2017 年主要共享住宿平台的国内房源数量约 300 万套，比上年增长 51.9%，共享住宿行业融资金额约为 5.4 亿美元，比上年增长约 140.7%。职业房东年平均收入约 22 万元，个人房东年平均收入约 9 万元。2017 年在线短租行业年度发展数据见表 5-1。

表 5-1　2017 年在线短租行业发展主要数据一览

序号	项　目	2016 年	2017 年	同比增长
1	市场交易规模	87.8 亿元	145 亿元	65.1%
2	租房客户数量	3300 万	7600 万	130%
3	服务人员数量	200 万	200 万	—
4	国内房源数量	300 万套	197.5 万套	51.9%
5	平台融资规模	13 亿元	5.4 亿美元	140.7%
6	个人房东收入	9 万元	7.8 万元	15.4%
7	职业房东收入	22 万元	18 万元	22.2%
8	18~30 岁的用户比例	70%	70%	—
9	整体满意度	89.3%	94%	5.2%

资料来源：作者根据 2016 年和 2017 年共享住宿发展报告和公开资料整理。

（2）短租平台在服务流程和安全保障方面加大投入。各平台在信息验真、在线交易、入住保障、安全保险、信用记录和双向评价等方面取得显著成效，基本覆盖了选房、交易、入住、退房、评价的全流程。同时，积极保障交易安全、信息安全、财产安全、隐私安全等，提供"住得更安全"的住宿支撑服务。

在身份验证方面，主要平台会对房源进行实地探访、现场拍照，还会对房东本人的照片、手机号、身份证、银行卡进行人工审核。在支付结算方面，绝大多数平台都采取安全可靠的线上交易，使用第三方支付系统，房费一般由平台代管，退租确认无误后再支付给房东。在入住保障方面，平台对房客可能遇到的虚假房源、无法入住、乱收费等情况设有应急预案，对房东可能遇到的房客违约取消订单等情况，平台会合理扣除房客的部分预付款作为违约金补偿给房东。在保险安全方面，主流平台均为交易双方提供赔付基金或人身、财产保险等保障。在信用记录方面，各大平台一方面建立了基于自身交易信息的评价系统，通过双向打分、网络评价等机制，将信用记录与房源排名、优先权益挂钩；另一方面平台还与第三方信用机构合作，根据信用水平为用户提供免押金、快速审核等服务。在隐私保护方面，设计了严格的保护政策，对于任何第三方要求提取用户有关信息的要求，均设有严格的书面审查和限制披露机制。在智能设施方面，平台积极通过智能硬件设备提高安全性。一方面应用新一代智能门锁嵌入智能芯片，用于识别人脸，并与身份信息在云端进行核对，确保入住人与预订人的统一；另一方面在室内安装智能烟感器、水电与燃气探测器等设备。此外，在网络安全方面，平台还实施了严格的数据加密制度，用人工智能技术对数据进行调取、分析和预警监控等。

（3）中国共享住宿正在加速向二、三线重点城市拓展。共享住宿领域正在逐渐形成以一线城市为中心向外辐射的市场拓展趋势。一线城市虽仍占比重较大但增速已趋于稳定，而新一线与二、三线城市房源和订单增速不断上扬。数据显示，天津同比创下700%的订单增量，重庆为520%，长沙、昆明等城市增速也远超北上广。整体用户入住天数，新一线与二线城市占比44.6%，紧逼一线城市的47.3%。以小猪平台为例，一线城市和成都、重庆、西安等二线城市依然是共享住宿的主流市场。排名前十位城市的房东、房源占全国总量的比重分别达到48.9%、47.6%。从订单增长来看，一些热门的二、三线城市共享住宿呈现爆发式增长，如宁波增幅达750%、湖州增幅为680%、呼和浩特增幅超过600%。

（4）共享住宿已成为中国出境游客重要的住宿选择。2017年中国公民出境旅游突破1.3亿人次，国际旅游支出达1152.9亿美元，保持世界第一大出境旅游客源国地位。45%的出境游客表示曾居住过境外的民宿、家庭旅馆或度假租赁房屋。观光和休闲度假游客更倾向于选择共享住宿，选择共享住宿的比例高达68%。面对巨大的出境游住宿市场需求，瞄准出境游主要目的地，小猪、途家、住百家、一家民宿等平台通过自己拓展、企业并购、战略合作等多种形式，积极拓展海外房源、布局海外市场。

2. 房东画像

根据对主要平台房东的调查，参与共享住宿的房东具有年轻化、高学历等特点，女性房东成为主力军。调查数据显示，房东平均年龄为33岁，大部分集中在28~38岁；70%左右的房东拥有本科以上学历；中国女性房东占比大约6成，占比超过全球平均水平；西安、重庆、青岛、成都等地区女性房东数量增速最快。

3. 用户特征

共享住宿的活跃主体以"80后"和"90后"等千禧一代用户为主。我国千禧一代总计约有4亿人，他们更愿意选择个性化的住宿服务，也更加愿意共享自己的住房。榛果民宿、Airbnb（爱彼迎）、小猪平台上千禧一代用户占比分别约为85%、83%、77%。根据对主要平台房客的调查，18~30岁的房客占全部房客的比例超过70%，大约半数的房客入住频率为每年1~2次，单身房客占比约

70%。从职业来看，学生占比约 28%，上班族占比约 27%，自由职业者占比约 17%。从收入水平来看，月收入 5000 元以下的房客占比 50%，月收入 5000～10000 元的房客占比 35%。短租客平均入住时间为 1～7 天的占 63.5%，8～15 天占 20.4%，16～30 天占 12.1%，1 个月以上占 4%。

4. APP 用户满意度

根据速途研究院 2017 年的调查，部分主流短租 APP 用户满意度整体评分较高。其中，木鸟短租、小猪短租评分最高，为 9.8 分；蚂蚁短租、途家网和一家民宿的评分均为 9.7 分；Airbnb、自在客和住百家也都在 9 分以上，而游天下短租满意度只有 8.5 分（见图 5-4）。从数据来看，主流短租 APP 的用户满意度较上年均有较大幅度的提高。由于在线短租市场竞争越来越激烈，消费者的选择较多，因此各短租平台也竭尽全力地提升用户体验，以提高市场黏性。

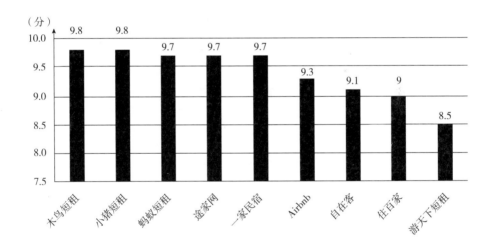

图 5-4 主流短租 APP 用户满意度排行榜

资料来源：速途研究院（sootooinstitute）。

三、短租行业发展存在的问题与挑战

共享住宿虽然升温提速了，但仍然任重道远。作为一种全新的住宿新业态，不能像共享单车一样简单模仿与跟风。车辆的安全问题相对要简单很多，毕竟用户使用时间比较短，也有相应的 GPS 定位，出现问题用户也可以很快地寻求帮助。而共享住房显然环境就会复杂很多，其中安全问题和卫生问题是两大关键制约。

1. 法律法规制度不完善

具体经营方面，相对传统酒店，在线短租在监管方面更为复杂和困难。除了涉及公安、消防、旅游等部门外，还与物业公司、房产、社区、警务等部门存在密切联系，而且分散的房东难以统一规范管理，这些因素进一步加剧了在线短租行业在监管方面的困境。虽然国务院办公厅 2015 年 11 月印发了《关于加快发展生活性服务业促进消费结构升级的指导意见》，将住宿类的分享型经济划归为非标准住宿业态，但相关配套法律法规尚未出台。乡村民宿和周边农家乐的合规性在很多省份已经有了突破，但是城市住房短租的合规性仍然需要解决。

法律地位的模糊，给共享住宿的行业管理带来了诸如该不该管、谁来管、如何管、管什么等一系列难题，这些难题也在一定程度上给行业发展带来了不确定性。在监管手段方面，现有的行业监管手段还不能完全适应共享住宿新业态的特点与发展要求，存在着重线下、轻线上问题。同时，如何在监管中引入大数据、人工智能等技术手段也是一个挑战。此外，如何确定共享住宿的课税对象、计税依据、税基税率、缴税程序以及发票开具，也是监管实践迫切需要解决的问题。

2. 平台监管机制缺失

在线短租网站通常只是信息发布平台，对房主和房客的身份审核并不能完全确保双方的安全。而且，短租平台和房东有可能以自身的经济效益为第一价值取向，隐瞒房客的负面评价。当这种自利价值取向成为行业普遍现象时，将可能产生不惜以牺牲房客利益为代价的不规范行为。由于信息不对称、平台审查有漏洞，使在线短租存在着过度美化房源信息以吸引消费者的倾向。我国不少短租房屋是所谓的"二房东"所有，其短租行为持续时间较短，若存在非法转租的情况，不易被原房主和监管部门发现，这极易给消费者带来损失。一方面，在配套法律法规不完善的情况下，短租平台能够监测把控的范围有限，缺少足够的制约手段，平台监管显得略微尴尬；另一方面，尽管共享经济自身的声誉机制和显示机制解决了交易双方信息不对称的困境，然而现实中依然存在一些"暗箱操作"和刷分行为。

3. 财产与人身安全问题

共享住宿的治安、消防、卫生、服务等诸多方面的管理缺乏必要监管。房东和租客的人身、财产安全能否获得足够的保障也存在较大的问题。目前，虽然多数住宿共享平台都通过手机支付、二代身份证等实名认证方式加强了对事前的安全保障，主流平台还建立了财产、人身安全保障方案，身份识别以及房东与房客的保险等系统，但整个行业作为一个整体其管理体系还不健全。财产安全问题可以通过保险基金解决，人身安全、隐私安全和公共安全问题则尚未建立有效的解决机制，这是制约房东分享住宿最主要的因素，是行业发展亟须解决的痛点。

4. 信用体系不完备

我国长期以来并未形成健全的诚信体系，在很大程度上还是"熟人社会"，对陌生人则较为排斥。尤其是在线短租涉及人身和财产安全这些切身利益，使无论是房东还是消费者都心存芥蒂，这也是传统酒店住宿者仍坚守着原来的住宿消费习惯的深层次原因之一。

在实际操作中，房东时常会把一套房源挂在不同的短租平台上，租赁日期得不到实时更新，消费者到了该城市入住的时候发现房子租给了其他住户；同时，房东还可能美化房源，房源描述与事实不符，提供存在安全隐患的房屋进行出租等。入住者选择仅看芝麻信用分是不够的，用户入住以后破坏房屋或家具、在房间吸毒、带多人入住、拿走房屋内物品等行为层出不穷。实名社交网络的缺失使基于社交网络建立的信用体系变得不能完全实现。同时，征信数据在各个平台相互割裂的现状也削弱了对共享经济参与者的约束力。

5. 共享消费习惯需要培育

目前，共享住宿尚未成为我国大众普遍接受的消费习惯。究其原因，首先，我国住宿共享经济的消费主体为大学生、背包客、上班族，经济能力相对较弱。其次，虽然国内不乏 B2C 式平台，但客人只与平台建立必要的信息沟通和联系，无法建立人与人之间的感情连接，从而影响用户黏度。

受长期以来消费习惯的影响，人们往往把酒店旅馆作为出行住宿的主要选择，对共享住宿认知度低，也缺乏体验。很多房客对共享平台上房源的真假、服务质量的好坏以及住宿是否安全等心存疑虑。另外，很多拥有闲置房源的居民由于对共享住宿缺乏了解，加之把房屋作为个人专属的隐私空间等考虑，即使闲置也不愿意提供给陌生人使用。中国传统的熟人社会也造成陌生人之间社会信任的缺失，这是影响共享住宿市场培育的另一个重要因素。

6. 行业服务标准化亟须提速

共享住宿属于非标准化的住宿产品，其特点是房源类型多样、地域分布十分广泛、以个体经营为主。上述特点一方面有助于满足个性化的入住需求，另一方面也极大地增加了服务流程、质量控制等标准化、规范化难度。由于共享平台主要是在线上撮合房东与房客的交易，线下的住宿服务主要由分散的房东个人承担，房东很少经过专业的服务培训，导致服务水平参差不齐、服务质量缺乏保障，加快行业服务标准化刻不容缓。但是，共享住宿不能简单地套用酒店旅馆业的标准与服务规范，而是要根据共享住宿"千变万化"的特性，来推动实名认证、信用评价、预定入住、支付结算、安全卫生、房屋保养、服务培训等整个服务流程的标准化、规范化。目前主要平台已经基本形成了内部的服务标准和规范，但这些标准和规范不统一、不完善，需要各大平台共同努力，研制行业性的服务标准。

第三节　在线短租平台调查

一、头部企业商业模式比较

1. 商业模式画布

在线短租平台商业模式可用图 5-5 所示的商业模式画布来分析。

2. 三大平台商业模式比较

房和车是共享经济中最大的两个品类，也最有可能出现超级独角兽公司。根据国家信息中心研究报告，从交易金额、APP 使用量、品牌影响力、成长性等方面衡量，目前中国共享住宿平台已形成途家、小猪短租、Airbnb（爱彼迎）三足鼎立的局面，截止到 2018 年 7 月，三家头部企业的估值分别为 15 亿美元、10 亿美元和 315 亿美元，成为独角兽公司，CR3 市场份额超过 60%。按照这三家平台的发展势头，未来的市场份额将进一步扩大，有望超过 70%，从而形成垄断竞争市场结构。三家头部短租平台在中国都取得了较好的成绩，但其商业模式存在显著差异，具体比较见表 5-2。

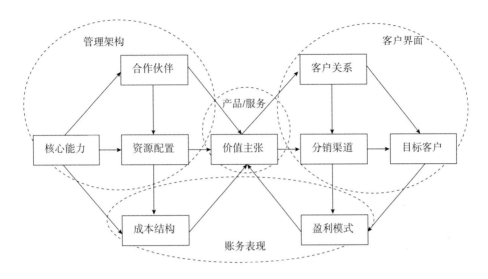

图 5-5　在线短租平台商业模式分析模型

表 5-2　途家、小猪短租、爱彼迎在线短租平台的商业模式比较

序号	核心要素	途家	小猪短租	爱彼迎
1	价值主张	提供旅途中高品质的家，提供标准化服务	打造有人情味住宿，倡导居住自由主义	拓展人际交流、提升客户旅游体验
2	目标客户	喜欢旅游和高品质住宿的度假、商务客户	爱自由、交友、注重性价比的各类客户	爱好交友和不同国家旅游体验的客户
3	分销渠道	携程网+APP+合作者	OTA+APP+飞猪流量	官网+APP+在线广告
4	客户关系	房屋托管+管家服务；接机、7×24h 热线	管家服务+消费信贷上门拍照+房东培训	完成房东与房客匹配推荐，指导房东运营
5	关键业务	房源获取+管家+托管	房源筛选、线上营销、线下运营管理	互联网产品开发、用户社区管理、线上运营
6	关键资源/核心能力	开发商房源、经营团队和多元销售渠道	社交化平台、安全保障机制、高管团队	全球性个人房源+资本+平台体验+安全机制
7	合作伙伴	大开发商、携程、58 同城、芝麻信用	58 同城、网易、安可达、百度、阿里飞猪	酒店预定平台、社交媒体、政府、航空公司

续表

序号	核心要素	途家	小猪短租	爱彼迎
8	成本结构	房源拓展成本、装修成本、线下运营成本	人力成本、平台运行成本、保险成本	研发成本、管理成本、营销成本、保险成本
9	收入来源/盈利模式	交易佣金+托管费+租金收益五五分成	向房东收 10%的佣金	佣金+境外游客本地增值服务费 8%+广告收入

（1）途家商业模式。途家的价值主张是旅途中高品质住宿服务和标准化酒店式管理，强调对房源管理的可控性，客户定位于休闲旅游、商务出差的中高端消费者，注重为消费者提供高质量的入住服务和消费体验。分销渠道除了官方网站、手机 APP、口碑传播外，还包括百度搜索、置换入住、伙伴合作（如携程网、旅行社、全球上市公司、大型金融机构、各大航空公司、媒体）、分公司展示等，从而使途家的客户流量剧增，入住率远超同类酒店。途家维护客户关系的关键手段是高品质服务和高性价比的享受，对于客户提供 24 小时热线、接机、特色布置、物品代购等服务，对于房东提供托管服务、管家服务等，因此，途家供给和需求两端的客户维护都取得了相当不错的效果，满意度非常高。

途家模式的关键业务是机构房源获取、数据信息管理以及管家、托管三个方面，这三个方面都安排有非常专业的顶级团队进行管理。到目前为止，途家具备三方面的核心竞争力：一是 B2C 模式限期储备了大量的短租房源，而且不用掏钱就可控制房源；二是信息全面对称的信任体系，做到线上体验一致、线下体验一致、线上线下打通；三是和携程合作获得先发优势，携程网在途家创业初期就给了途家几千万的会员资源，这是巨大的先发优势，足以保证途家模式有较大的流量。随着大鱼自助游加盟途家，途家对国内外的优质短租平台都进行了收编，这些平台包括蚂蚁短租、去哪儿民宿、大鱼自助游、携程民宿、艺龙民宿、58 同城等，另外还同微信酒店和芝麻信用等平台进行合作，使途家民宿矩阵日益完善。

途家商业模式的成本结构主要包括线下房源拓展成本、统一装修成本、线上线下运营成本（平台运行成本、人力成本、布草成本、水电成本、推广成本等），其收入来源主要包括托管分成（五五分成）、管家服务费①和交易佣金。

---

① 途家的管家服务费是指合作物业空置期内，由途家管家提供的室内清洁整理和房屋保养费用。

（2）小猪商业模式。小猪的经营模式是真正的C2C，价值主张为居住自由主义，就是房客按照自己居住的意愿，选择自己喜欢的房子、自己认可的房东，因此小猪房源覆盖更多的城市、更多的区域、更多的房型、更多有意思的人。其目标客户是想体验家的感觉，但需要价格实惠的外出旅行和过渡性住房需求人群（出差、求职、求学、就医、聚会等），客户以企业白领和学生为主，需要个性化、体现社交功能的民宿。小猪的营销渠道主要是手机APP、在线旅游网站，但在营销策略上会利用电视节目推广"网红"民宿，提高小猪品牌价值和APP下载量，同时利用事件营销的社交媒体的影响力，实现流量到交易的转化。小猪短租维护客户关系的手段非常丰富，客户黏性高。对房东提供的服务包括专业拍照、管家服务和运营培训等，对用户提供消费信贷、先住后付等贴心服务。

小猪的关键业务是提供符合标准的房源和能体现人情味的房东，构建信任平台，线上和线下运营相结合。线下运营主要包括上门拍照、安装智能门锁、房东运营培训、管家服务、房源淘汰、构建保险机制、客户标准化服务流程管理等。其核心资源（能力）主要包括安全保障机制、社交化平台、经营团队等方面。小猪实行双向实名制，无论是小猪房东还是房客都要先经过实名制认证；与芝麻信用合作，引入第三方信用平台来量化双方的信用等级；鼓励双向点评，帮助双方建立信誉屏障，同时还赠送租客价值10万元的意外保险，赠送房东每单最高88万元的财产险。小猪致力打造具备更优质体验的双边平台，让房东和客户都通过平台获得极高的社交体验，使平台真正成为人与人之间情感的纽带。小猪短租，创始人陈驰和王连涛是来自于赶集网、蚂蚁短租的高管，团队的其他成员也大多数来自于蚂蚁短租，因此从成立之初就决定了小猪团队具有丰富的运营经验，同时创业团队信念坚定、相互信任、团结一致、善于创新、善于反思、勇于革命，经营团队的这些特质也是小猪成功的关键资源。

小猪短租与众多公司进行了深度合作，包括58同城、Booking Holdings Inc.旗下的Agoda（安可达）、阿里飞猪、百度LBS平台、无屏电视领域极米等，还与智能门锁、3D打印等公司开展了战略合作。这些战略合作公司的加入不仅为小猪带来技术支持和流量入口，而且也为小猪的品牌提供更坚实的保障。小猪的主要成本结构包括平台运行费、线下运营人力成本、保险费用、车辆折旧费等，主要收入是向房东收入10%的交易佣金，房东发布信息不需要缴纳费用。这种只向房东收取交易佣金的模式有利于培育市场，让更多的人参与进来。

（3）Airbnb 商业模式。Airbnb 的理念是"家"，通过在线平台彻底打破线下狭窄、固定的人际关系。用户可以通过 Airbnb 平台结识世界各地不同的人，获得与其他社交不同的体验，但价格必须低廉，入住必须安全、方便。其价值在于提供安全、有保障的住房信息，使租房方便快捷。对于房东来说，Airbnb 意味着额外的收入、灵活的工作时间、简易的支付程序及房屋保障计划。Airbnb 国际市场的目标客户是年轻穷游一族、沙发客，中国市场的目标客户定位为出境游、留学人士和部分有一定经济能力且愿意尝试个性化服务的年轻人。新的目标市场为商务差旅市场，此类用户以企业员工、差旅经理为主，倾向于享受和家里一样的舒适和便利设施。由于 Airbnb 创办时间早，房源多、品牌号召力强，因此主要营销渠道为线上销售，包括官网和 APP 软件以及在线广告。Airbnb 在线营销非常积极，其广告内容可以通过广泛的联属网站和主要搜索引擎的搜索结果找到。在客户关系方面，Airbnb 利用社交媒体、视频网站等建立分享平台，维护客户关系。Airbnb 经营房东社群，让他们彼此分享经验，增进大家的服务能力，并从中挖掘新产品和服务。同时，通过高性能网站，提供快速、可靠、安全、美好的客户体验，对房东和房客进行评价和审查等。如通过社交筛选方式，优先把可能具有某种社交联系的房东推荐给房客，增加租赁双方的亲切感。

Airbnb 的关键业务包括产品开发与管理、市场营销和客户获取、顾客支持、企业文化几个方面。Airbnb 的核心资源（能力）较多，具有品牌优势、强大的技术开发平台及数据处理能力，以及房源、资本、安全机制和用户体验等优势。Airbnb 的房源覆盖全球 34000 个城市，450 万套房源，仅在巴黎就有 6 万套房源。融资已进入 F 轮，总融资金额近 50 亿美元。Airbnb 为房源规定的物件提供高达100 万美元的保险，而且对房东列出了应尽的义务，利用 Facebook 来评价和信任对方。Airbnb 的合作伙伴非常多，除了签约摄影师、外部社区外，很多合作伙伴都是行业巨头。差旅行业包括美国运通商旅（GBT）、荷兰 BCD Travel 、法国的嘉信力（CWT）达美酒店以及各国航空公司、酒店预订平台等。此外，Airbnb还同世界各地政府、协会和社群开展战略合作。

Airbnb 的成本主要包括顶级程序员的人力成本、服务器空间和许可的软件、付费广告和公关成本、全球各大区域的营销成本，以及财产和人身保险成本等。收入来源以佣金为主，向房东收取交易金额的 3% 作为附加服务费，向房客收取房费的 6%~12% 作为佣金，另外，还有部分增值服务费和广告收入。由于网站向租住双方收取手续费比例上的差异，房东只需要交纳低得多的费用就可以享受网站带来的各项安全便利，因此在获利并不对等的情况下，线下交易也就没有那么容易达成了。截止到 2017 年，Airbnb 公司已经全面盈利，中国市场也开始盈利。

二、主要平台调查分析

1. 分析模型（三四矩阵）

根据主要短租平台市场地位（平台活跃用户、房源数量、品牌影响力等）和平台实力（融资能力、运营能力与发展潜力等）两个维度，目前中国在线短租平台可分成三个梯队，见图 5-6。

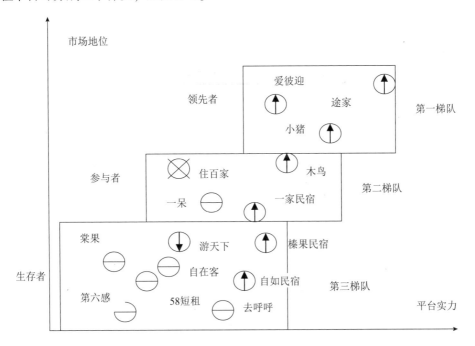

图 5-6　中国在线短租平台竞争位势（三四矩阵）

2. 关键要素比较

现将各平台分为三个梯队，分别对其关键要素进行比较分析（见表 5-3～表 5-5）。统计数字截止到 2018 年 7 月。

表 5-3 第一梯队（三家独角兽）

序号	核心要素	途家	小猪短租	爱彼迎
1	上线时间	2011 年 12 月	2012 年 8 月	2008 年 8 月
2	客户定位	全球商务和旅游	年轻人自由行	全球个人旅游、商务
3	经营模式	B2C+ C2C 混合业态	C2C 重线下运营	C2C 轻线下运营
4	竞争策略	标准化+走中高端路线+个性民宿	满足用户社交体验；专业摄影、管家服务	跨界营销、个性化体验、低价格、房东学院
5	活跃用户	每月活跃用户 125 万人	每月活跃用户 38 万人	每月活跃用户 62.4 万人
6	用户画像	偏于成熟，来自发达地区，本科学历多	平均 29 岁，女性过半，有不少 70 后	80 后、90 后占 83%，女性用户较多
7	在线房源	国内 40 万套+海外 25 万套	国内 30 万套+，国外 5 万套+，每天增加 500~1500 套	全球 450 万套+，其中在华房源 15 万套+
8	房屋来源	个人、开发商、商户	个人房东+职业房东	个人整套或单间
9	覆盖地区	国内 345 个城市 + 海外 1037 个城市	国内 400 个城市+海外 225 个城市	全球 34000 个城市
10	累积融资	4 亿人民币+7 亿美元	2.7 亿美元	49.5 亿美元
11	合作资源	9 合 1	阿里、Booking	全球差旅巨头、腾讯
12	收费比例	托管房源比例分成	房东收益 10%	房东 3%+租客 6%~10%
13	交易总额	55 亿元（2016 年）	25 亿元（2017 年）	17 亿美元（2016 年）
14	利润情况	早已全面盈利	2018 年盈亏基本平衡	2017 年中国地区盈利
15	目前估值	15+亿美元	10+亿美元	310 亿美元

资料来源：作者根据公开资料整理。

表 5-4 第二梯队（房源 20 万套+）

序号	核心要素	木鸟短租	一呆网	住百家	一家民宿
1	上线时间	2012 年 5 月	2008 年 2 月	2012 年 3 月	2015 年 7 月
2	客户定位	国内家庭游整租	国内中高端商旅	华人海外旅游	华人海外家庭游
3	经营模式	C2C	B2C	C2B2C	C2C

续表

序号	核心要素	木鸟短租	一呆网	住百家	一家民宿
4	竞争策略	房源可靠、特色房屋、四木评价、地主之谊，中长租	专注中产度假，提供高品质服务，价格便宜	"一站式"海外旅游服务、差价转租、标准化服务	中文服务、价格实惠、房源审核、"一站式"服务
5	融资情况	3轮共2亿多元	战略融资4亿元	3轮共8.32亿元	3轮融资
6	房源数量	国内40万套，国外20万套	25万套+	30万套+	20万套+
7	房屋来源	个人住房和小B，主打2房1厅	开发商公寓、自主房源，各类户型	个人房源	大量华裔房源，占2/3
8	覆盖地区	400城+45国	229城，主要国内	800城+70国	200城+50国
9	合作资源	京东小白信用芝麻信用	各大地产公司	海航、娱乐明星	飞猪、小猪
10	活跃用户	25万+/月	10万+/月	不详	20万+/月
11	交易总额	20亿元	不详	12亿元	不详
12	净利润	2017年基本持平	2013年已盈利	2017年亏8660万元	
13	经营状态	业务蒸蒸日上	低调稳健发展	中止新三板挂牌	处于上升阶段

资料来源：作者根据公开资料整理。

表5-5　第三梯队（大型集团旗下的短租业务）

序号	核心要素	榛果民宿	游天下	自如民俗+自如驿
1	上线时间	2017年4月	2011年11月	2016年7月
2	客户定位	美团用户+独立用户	搜房网用户，全球度假游客	租住自如的用户，出差、旅游
3	运营模式	C2C	B2C+C2C	C2B2C+C2C
4	竞争策略	"一站式"生活服务、管家、身份证开门	提供管家、托管服务、房东评选、交换房	管家服务、举办交友活动

续表

序号	核心要素	榛果民宿	游天下	自如民俗+自如驿
5	融资情况	无	不详	首轮融资 40 亿元
6	房源数量	15 万套，每月增加 1 万套	15 万套+	3 万套
7	房屋来源	小 B 为主，整套	地产商+个人房东	长租公寓+个人房东
8	覆盖地区	8 个重点城市，其他 200 多个城市	300 个市城+热门海外城市	27 个城市
9	所属公司	美团	搜房网	链家地产
10	用户数量	注册 3000 万	每月活跃用户超过 10 万	不详
11	用户画像	大量 95 后，大学学历	人群分散	20~29 岁占 70%，未婚
12	消费特征	≥400 元/人	不详	不详
13	交易总额	2 亿元（2017 年）	不详	不详
14	经营情况	订单暴增，但未盈利	不景气	发展快，但尚未盈利

资料来源：作者根据公开资料整理。

三、行业竞争格局分析

1. 领先者分析

2018 年，尽管民宿领域至今仍是一片蓝海，但市场格局已然确定，基本形成了以途家、小猪短租和爱彼迎三家平台为领先者的第一梯队。从规模上看，途家拥有国内房源 40 多万套，海外房源 25 万套；小猪拥有国内房源 30 多万套，海外房源 5 万套；爱彼迎拥有国内房源 15 万套，海外房源超过 435 万套。从交易额上看，2016 年 Airbnb 为 17 亿美元（约 105 亿元），途家为 55 亿元，2017 年小猪为 25 亿元。从这些数据综合来看，在中国市场，显然兼并了蚂蚁短租、去哪儿等平台后的途家国内市场份额和交易金额都排名第一，遥遥领先于其他竞争对手。截止到 2018 年 7 月，小猪短租在国内的市场份额大约为途家的 1/2，爱彼迎中国地区的市场份额大约为小猪短租的 1/2。未来随着小猪短租和爱彼迎（中国）的高速增长，途家在国内的市场份额会逐渐减少，大约稳定在小猪的 1.5 倍，而小猪的市场份额大约为爱彼迎（中国）的 1.5 倍。到 2020 年，中国市场主要玩家（途家、小猪、爱彼迎）的市场份额将占整个市场份额的70%以上，这些领先者相互竞争，在短租领域中形成寡头垄断的市场格局。

同为C2C的小猪与Airbnb的商业模式最为接近，目标市场重叠部分较大。但小猪有大量的35岁以上的客户，80后、90后的比重比Airbnb小得多，这种客户定位保证了小猪短租客源的丰富性，且具备较高的消费能力。从房源上看，小猪短租有部分小B房东，而且大多数房屋是整套而不是单间，适合旅游、商务、求学、求医、求职等各类短租需求，因此客户增速比Airbnb快得多，在竞争中也处于有利地位。同时，由于只面向房东收取10%的佣金，在与阿里合作后推出"先住后付"的服务，为快速导入客户提供了平台支持和价格实惠。在深耕线下，并提供精细化、标准化管理的基础上，小猪无论是供给端还是需求端都有非常好的口碑，客户增量保持超常规速度的增长。小猪被资本市场非常看好，说明小猪的发展战略、竞争策略、企业管理、经营模式等各方面已经具备相当的实力，在与途家、Airbnb等平台企业的竞争中具有独特的优势。相比途家，小猪是轻资产模式，扩张速度快；而且房东与租客直接联系，具有较强的社交功能，顺应了共享经济潮流，符合社会发展趋势，客户黏性高。只要小猪进一步完善服务流程，加强细节管理，其在C2C市场将保持最强的竞争力。与Airbnb相比，由于小猪具备极强的本土化优势，熟悉中国用户消费习惯，更能通过有效的营销策略和精细的服务赢得市场，加上资本市场的助力，Airbnb在中国市场是无法与小猪竞争的。

在全球范围内，途家的交易额尽管只有Airbnb的一半左右，但显然在B2C和C2C两种模式同步经营的战略推动下，未来途家与Airbnb竞争最为激烈。虽然业内人士一直把途家称作是"中国的Airbnb"，但是主打C2C模式的Airbnb与途家还是有很大区别的，途家是集B2C和C2C两种模式于一体，但以B2C为主。途家通过大力整合蚂蚁短租、携程民宿、去哪儿民宿等国内在线短租资源，完成境内短租交易平台的大整合。同时，在四个级别的市场中打造了完善的经营体系，推出"途家们"战略延伸产业链，不断推动产品创新等战略，并且打造了住宿分享行业中最有影响力的生态品牌。放眼整个全球共享住宿市场，途家是唯一一家规模、存量相对靠近Airbnb，可以与之一搏的对手，它在国内房源市场的优势明显，在中国民宿领域拥有近40%的市场份额，且依附于携程的背景也有所助力。Airbnb虽然在全球范围的房源超过400万套，但中国内地的房源数量仅为15万套。由于Airbnb本土化一直广为诟病，使得途家在市场竞争中大有机会。

2. 参与者分析

在线短租行业的参与者已经具有一定的品牌知名度和市场地位，但在市场份额和企业实力两方面还无法与领先者竞争。目前，处于共享住宿行业第二梯队的参与者主要包括木鸟短租、一呆网、住百家和一家民宿。其中，木鸟短租的国内房源达到40万套，远超小猪的30万套，但在品牌影响力、资本实力、运营能力和成长潜力等方面与小猪短租还是有较大差距。一呆网是第二梯队中专注于为中高端商务旅游用户提供高品质服务的短租平台，采取的经营模式是B2C，目前房源超过25万套，具备一定的竞争力。但由于途家的强势行业地位，一呆网要快速扩大房源和客户绝非易事，随着旅游地产市场的增速放缓，一呆网的发展空间受到一定的限制，必须做好垂直细分市场的服务，才能保持当前的市场地位。

参与者中还有两家专注于华人海外旅游住宿的大型在线短租平台，住百家和一家民宿。住百家的经营模式是C2B2C，而一家民宿则是C2C。住百家对分散在全球各地的个人房源线下审核，按照标准化流程进行管理，差价转租，还为游客提供各项旅游服务。竞争策略主要是品控和服务，品控是对房源的严格审核、服务是对游客的贴心服务。用户无须与房东接触，且能享受24小时全天候中文服务。住百家初期独特的"Airbnb+凯撒旅游"商业模式为其在竞争中构建了稳固的护城河，获得了大量的用户口碑。但由于C2B2C模式在供需两端都需要大量的投入，导致住百家烧钱速度太快，毛利过低，资金链难以为继。2018年6月被爆出住百家拖欠员工薪水的事件后，住百家的品牌影响力和运营能力已逐渐衰弱，由于高管陆续离职、财报迟迟不披露等原因，2018年7月9日住百家被摘牌。住百家在海外面临Airbnb的竞争，在国内也需要面对一家民宿、途家等短租平台的竞争，其差价经营模式难以适应短租行业的发展，加之经营团队不稳定，住百家的业务发展走下坡路是必然，可能很快就会退出参与者行列。一家民宿是近3年来发展较快的在线短租平台之一，通过寻找全球华裔房东迅速拓展了大量的海外房源，也方便了中国人出境旅游与房东的沟通，这与Airbnb和住百家都不太一样。而且在国内市场与飞猪和小猪合作，使一家民宿保持了稳定的增长。一家民宿仅用3年就拥有了覆盖200个城市、50个国家的20万套房源，这是其他竞争者难以做到的。通过进一步发掘非华裔房东房源，一家民宿还能进一步巩固市场地位，保持较快的发展速度。这种差异化的竞争战略避开了强大的竞争对手Airbnb和途家。在住百家摘牌后，中国游客境外游市场保持高位增长的情况，在资本的推动下，一家民宿的交易规模、品牌影响力、发展潜力都将保持稳健增长，成为第二梯队的核心平台。

3. 生存者分析

除了第一、第二梯队以外，在线短租平台还有20多家。这些众多的小平台大致可以分为三类：一是背靠大型企业集团的短租平台，包括自如民宿、游天下、去呼呼、榛果民宿等。二是来自具有互联网、房地产或酒店管理背景的合伙人创办的创业公司，主要包括自在客、趣住啊、依依短租、路客等。三是定位为特殊目标客户的小型创业公司，如定位为低价住宿的青芒果、定位为C2B2C模式但轻资产运营的易民宿、定位为国内闲置休闲度假别墅的趣墅、定位为高端别墅度假的第六感别墅度假等。共享住宿行业的众多创业公司和背靠大型企业集团的平台公司目前的房源规模和交易规模都比较有限，但由于它们各有各的资源和目标客户，既是对第一、第二梯队的市场补充，也对第一、第二梯队的平台构成一定的竞争。但在中国旅游市场爆发性增长的大背景下，生存者们仍然面临非常难得的发展机遇，考验的是经营模式与融资能力、团队能力、管理能力的匹配性。

背靠著名互联网公司或者房地产企业集团的短租平台生存问题已经解决，目前正在快速导入流量、增加房源，探索适合自己的管理模式，努力进入第二梯队、竞争第一梯队。以美团旗下的榛果民宿为代表。榛果民宿入局仅一年，就已将共享短租市场搅动得暗潮汹涌。截止到2018年5月，榛果民宿已覆盖国内200多个城市，房源15万套，交易规模快速攀升，每月订单保持200%的增速。搜房网旗下的游天下目前房源超过15万套，房源主要来自开发商，也有少量的个人房源。游天下受制于房源扩张速度，其发展势头远不如小猪短租、蚂蚁短租和榛果民宿，但由于有搜房网的客户流量，企业生存没有大的威胁。链家旗下的自如民宿只是租赁市场的一个子业务，目前自如民宿和自如驿的房源数不高（3万套），自如经营的重心在长租市场，这些长租客户成为自如民宿客户的重要来源。总之，背靠互联网和房地产中介公司的在线短租平台自带客户流量，它们具有强大的发展能力，成为短租市场中重要的搅局者。

共享住宿的生存者们将会经历一个大浪淘沙的过程，2~3年后还能坚持的短租平台会摸清市场的发展规律、提高人员配置、廓清盈利模式，锻炼出较强的生存能力。

四、行业研判结论

1. 分析模型

对行业的研判可以从产品发展、市场发展、行业竞争、行业监管、企业管理五个方面进行趋势研判，见图5-7。

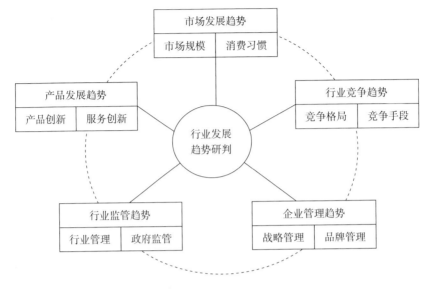

图 5-7　行业趋势分析模型

2. 趋势研判

（1）共享住宿消费习惯正在快速形成，市场规模呈爆发性增长态势。我国中产阶级不断壮大，2020 年有望达到 4 亿人，这一人群受过高等教育的比例高，喜欢通过网络和智能手机进行在线交易。尤其是 80 后、90 后对共享住宿的理念和服务忠诚度越来越高。随着消费观念的转变，更多的房东和房客愿意尝试住宿共享，体验非标民宿的个性化服务。在千禧一代的带动下，70 后和 60 后人群也逐渐加入共享行列，从而不管是供给端还是需求端都出现了井喷式增长，行业发展在头部企业的带动下呈现爆发性增长态势。未来五年，整体市场规模（包括房源数、用户数、交易额等）有望保持 50%以上的年均增长速度，平台盈利模式多样化。预计 2020 年市场交易规模就能达到 500 亿元，共享房源超过 600 万套，房客超过 1 亿人。

但是，相对于我国几千万套的闲置住房和 4 亿多人的中产阶级群体，共享住宿 500 亿元的交易额仅占酒店住宿交易额的 6%，市场渗透率仍显得过低（参照美国市场渗透率 25%）。可以预见，随着政策法规的不断完善和旅游消费的逐步升级，我国共享住宿市场规模发展的空间巨大。

（2）民宿产业链在互联网中不断延伸，产品创新和服务创新层出不穷。由于民宿产品的非标化，其产品形式将不断得到丰富，服务内容也会向产业链两端延伸，包括订机票、接送、吃喝玩乐等一条龙服务。共享住宿打造一个全新产业链图谱将是未来的发展趋势。目前，已有部分共享住宿平台正在积极探索"民宿+美食""民宿+主题活动"等模式。未来，"民宿+"将与农业农村深度融合，进一步与农副产品加工营销、农村民俗文化与节事活动、农事体验等融合，为消费者提供深度体验。"民宿+"将与旅游深度融合，平台将充分利用民宿的区位优势和资源优势，与周边的旅游资源融合发展，共建旅游度假乃至旅居目的地。"民宿+"将与特色增值服务融合，平台将充分利用其积累的用户消费行为、选择偏好等大数据资源挖掘相关社交、健康、养老、房车露营和文创产业等增值领域，开发"私人定制"类的业务和主题产品。

服务创新是共享住宿发展的必然趋势，不仅包括对用户的服务创新，而且将会加大对房东服务的创新。最近几年，各大短租平台针对房东的服务除了基本的安全保障、洗涤保洁、管家服务等外，还创新了多种服务形式。例如，小猪短租、途家等在线短租平台可以提供开具发票服务，解决了商务用户的后顾之忧。2018年小猪短租推出了全新业务品牌"揽租公社"，为房东提供涵盖设计、软装、保洁、商城、物联网设备、智能化管理等环节的经营解决方案，最大限度地降低经营门槛。住百家对旗下房源采取3D实景拍照，去呼呼等平台推出智能门锁，可以通过手机APP、密码、门卡等多种方式打开房门，智能遥控器可将门锁信息传到数据后台，实现轻松管理房客入住。只有不断地进行产品创新、服务创新和管理创新，在线短租平台才能在激烈的市场竞争中脱颖而出。未来人脸识别、人工智能将大量运用到共享住宿行业中来，无论对房客还是房东的服务都将日益完善，实现共创、共享、共赢的良性循环。

（3）共享住宿虽处蓝海但竞争加剧，竞争手段多样化成为主流趋势。随着新竞争者的不断加入，共享住宿行业竞争加剧，行业内部的并购重组步伐将会加快。由于行业门槛相对较低、入口效应强、市场潜力大，在线旅行社、互联网企业、房地产中介、地产开发商、独立投资人等抢滩布局共享住宿市场。如腾讯QQ与长隆企鹅酒店跨界合作推出了QQfamily主题套房，网易严选推出了网易严选酒店，链家地产也推出了民宿产品"自如驿"和自如民宿，美团推出了榛果民宿。部分传统房地产企业也推出了泊寓、草莓社区、壹栈等新型住宿产品。

在线短租的发展趋势是房东和用户将会集中会聚到用户数量最大、房源数量最多、服务范围更广的头部平台中，形成头部企业占领大部分市场的现象，市场集中度进一步提高。我国共享住宿这一蓝海市场将会很快进入红海市场，短租平台也将进入更加激烈的市场争夺战中。途家、Airbnb、小猪短租等头部玩家们会进一步加强企业服务与运营，平台间的竞争将从"有没有"进入到"好不好"阶段。争夺房东和客户需要提高服务成本，并进行差异化竞争。头部企业竞争的另一种途径是进行战略联盟和合并。途家合并了蚂蚁短租、去哪儿和大鱼自助游平台，并与携程民宿、艺龙民宿合并，共享房源，使途家的竞争力和影响力得到快速上升。可以预见，在由蓝海过渡到红海市场的过程中，在线短租行业并购重组步伐将加快，行业集中度越来越高。但对于共享民宿行业来说，一家独大的局面不会出现，行业竞争最终会形成三足鼎立的局面，专注于垂直细分市场的企业仍能获得较大的生存空间。

（4）共享住宿管理标准化步伐将加快，行业监管政策将日趋完善。管理的标准化和规范化是提升行业整体发展质量的必然要求。平台企业已经在推进服务标准化方面做了大量探索，针对实名认证、预定入住、预付支付、安全卫生、隐私保护、商业保险、争议处理等重点流程和环节，初步建立了各自的服务标准体系，为进一步形成行业性服务标准奠定了良好的基础。除了企业的标准化实践外，行业性标准的制定和落地也正在抓紧落实。2017 年 10 月 1 日，民宿国标落地，将民宿分为金宿和银宿两个等级，迈出了民宿标准化的第一步。2018 年 5 月 15 日，中国共享住宿领域首个行业交流与研究平台——共享住宿专业委员会在国家信息中心分享经济研究中心成立，同时宣布启动共享住宿行业标准的制定工作，进一步提升行业服务品质与标准，规范运营管理，加强行业自律。可以预见，短租行业将在内外合力下更加规范化运营，民宿的整体品质也将随之得到大幅提升。但是，共享住宿不会把所有的服务都像酒店管理一样标准化，房东经营、服务等许多内容仍将保留非标准化，以满足消费者个性化需求。

只靠平台肯定无法完成庞大的信息安全、服务流程的覆盖和保障。政府部门也应该成为主导方，加快对行业的监管力度，出台相关的法律法规。行业发展中由于法律不明确带来的政策不确定性，未来会随着认知的提升、实践的成熟，一点一点得到解决。在国家层面，将基本形成鼓励创新、包容审慎的监管取向与政策框架，多部门的协同监管机制将逐步建立。在地方层面，针对共享住宿领域的创新实践，有望在试点示范、行业管理等方面出台地方性政策。譬如，2016 年年底，浙江省率先以地方立法的形式出台了《关于确定民宿范围和条件的指导意见》，该意见明确了"民宿的建筑设施、消防安全、经营管理都需要符合一定的标准，并交由相关部门发放相应的经营许可或准予申报登记"。深圳市 2016 年也出台了《大鹏新区民宿管理办法（试行）》。

（5）短租平台差异化战略将更加明显，品牌将成为用户选择平台的主要因素。一方面，随着在线短租平台竞争越来越激烈，中小平台在技术、流量、房源等方面无法与头部企业抗衡。差异化竞争不仅体现在客户定位上，还将下沉延伸到产品差异化和服务差异化上。也就是说，短租平台的差异化竞争是从客户选择、房源选择到房屋装饰、入住服务等各方面的彻底差异化，从而提高客户黏性，才能在垂直市场中占有一席之地。

另一方面，各在线短租平台需要对线下服务精耕细作，夯实从房源选择到结算支付全过程的管理服务，对房东与客户关注的问题给予极大的重视和回应，解决供需两端的后顾之忧，使品牌成为房东与客户选择的首要因素。品牌价值体现在房源、广告、管理和服务的方方面面，不形成差异化、不重视品牌塑造的企业很快就会被淘汰。

第四节　房东住宿共享意愿调查（供给端分析）

对潜在房东的研究是住宿共享行业研究的薄弱环节。当前参与住宿共享的房东及服务人员不足 200 万，市场成长的空间巨大。房东对行业的认知怎么样？是哪些因素制约当前房东共享住宿？房东有哪些担心与期待？

一、调查问卷设计

围绕上述核心问题，本节设计了 11 个具体问项，问题涉及房东对短租平台品牌认知、房东对在线短租的意愿、房东对短租优势的认知、房东对住宿共享安全的担忧、房东对在线短租风险的认知、房东对客户信用评价的看法、房东进行共享住宿决策考虑的因素、房东选择短租平台考虑的因素、房东选择用户考虑的因素、房东对短租平台服务的期待、房东对行业前景的看法。具体调查内容见表5-6，调查问卷见本章附录。

表5-6 房东住宿共享意愿调查设计

序号	调查题干	选项内容
1	房东对短租平台品牌认知	小猪短租、蚂蚁短租、途家、Airbnb（爱彼迎）等各大在线短租平台的知名度
2	房东对在线短租的意愿	短租态度、原因
3	房东对短租优势的认知	收益性、主动性、及时性、附加性
4	房东对住宿共享安全的担忧	人身与财产安全、隐私安全、资金安全、公共安全
5	房东对在线短租风险的认知	个人风险、公共风险、经营风险、客户信用风险、平台管理风险、法律风险
6	房东对客户信用评价的看法	实名制、黑名单、芝麻分、征信评价等
7	房东住房共享决策考虑的因素	收益性、安全性、私密性、方便性
8	房东选择短租平台考虑的因素	订单资源、客户素质、收费标准、平台服务
9	房东选择用户考虑的因素	职业、年龄、学历、入住人数、性别、地区
10	房东对短租平台服务的期待	订单管理、房东评价、智能设备、房东服务
11	房东对行业前景的看法	行业发展判断

二、调查过程

本次调查共发放问卷250份，其中纸质问卷242份，均是面对面调查，网络问卷8份。调查时间为2018年7月20日至8月20日，调查地点不仅包括杭州西湖、湘湖、钱塘江边景区，还包括图书馆、办公楼、居民小区等。

三、描述性统计

被访问者男性占41.6%，女性占58.4%。

被调查者的地区分布是杭州市民占43.6%，浙江省其他地级市占5.2%；省外占51.2%，包括北京、上海、广州、深圳、广东、福建、广西、江西、陕西、湖南、湖北、安徽、重庆、云南、江苏、山东、河北、澳门、东北等都有分布。

被调查者年龄分布为18~25岁占46.40%，25~30岁占26.00%，30~35岁占6%，35~40岁占6.40%，40~50岁占8.80%，50岁以上占6.40%，具体见图5-8。

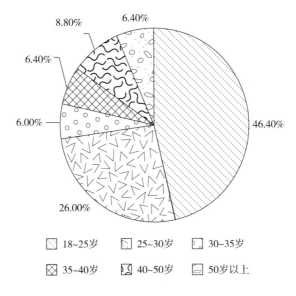

图 5-8　被调查者年龄分布

被调查者学历分布为大学占 57.60%，大专占 23.60%，高中占 7.60%，研究生及以上占 7.60%，初中及以下占 3.60%（见图 5-9）。

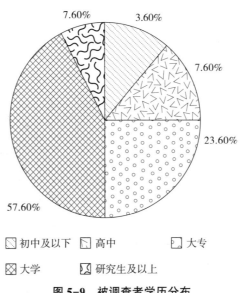

图 5-9　被调查者学历分布

四、数据整理与分析

1. 58 短租、蚂蚁短租、Airbnb（爱彼迎）、小猪短租知名度居前四位

调查显示，信息网站 58 同城的短租业务受众面最大，知名度最高，其次分别是蚂蚁短租、Airbnb（爱彼迎）、小猪短租，紧随其后的是途家（见图 5-10）。由于蚂蚁短租已并入途家，因而途家的客户流量和知名度实际上排名第一，这与行业研究中的数据相吻合。另外，自如品牌由于户外广告（尤其是地铁口）很多，在年轻人群中的知名度迅速上升。早期进入短租市场的"一家民宿"和"游天下"也有一定的知名度。榛果民宿虽然背靠美团，但对于普通居民，其知名度还太低。除上述短租平台外，其他在线短租品牌基本上没什么知名度。值得注意的是，仍然有近 1/4 的被访者没听说过在线短租，表明共享住宿还处在快速发展中，行业还有很大的上升空间，随着行业的快速发展，这一人群的比例将越来越少。

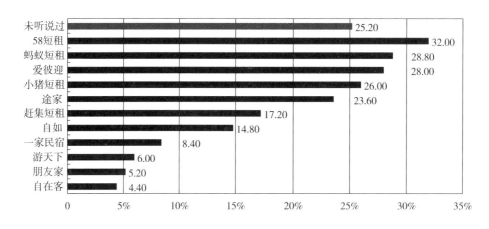

图 5-10 在线短租平台知名度百分比

2. 房东对住宿共享持积极态度

调查显示，如果自己有多余的房源肯定会共享、会去尝试在短租平台上共享的人群分别占 19.20% 和 44.40%，合计占比 63.60%。这一数据表明，随着共享经济对城镇居民的不断渗透，住宿共享已深入人心。完全不考虑将多余的房屋进行住宿共享的人群只占 19.20%，具体见图 5-11。尤其是，认为"共享经济是社

会发展趋势"的人群比例最多，这至少表明从房东的个人意愿来说，对住宿共享是持积极态度的，房东愿意尝试住宿共享这种新经济模式。

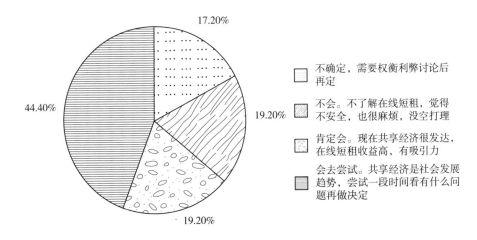

图 5-11　房东愿意将闲置房屋进行住宿共享的意愿

3. 在线短租的最大优势是可以选择客户且租金收入高

调查显示，在线短租与中介出租相比具有很多的优势，这些优势包括可以选择客户、租金收入高、结算及时、可以扩大交友范围、锻炼管理才能，还可以获得免费保险等。其中，在线短租最核心的优势是可以选择客户（47.20%）且可以获得更高的租金（46.00%）。正因为在线短租具有主动性和收益性两大核心优势，很多房东都具有把闲置的房屋进行共享的意愿。在年轻人群体中，能交到更多的朋友或遇到更多有趣的人也是一个重要的原因（37.60%）（见图5-12）。

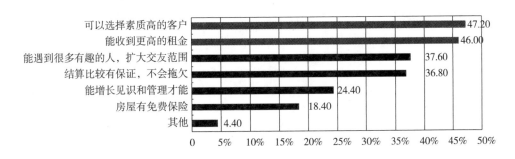

图 5-12　房东选择在线短租而不是中介出租的原因

4. 进行住宿共享，房东最担心的安全问题是财产安全

调查显示，98.40%的被访者担心住宿共享过程中的财产安全，如财物失窃、财物损坏、房屋破坏、消防安全等。这表明财产安全是每个房东都关心的根本问题。令人意外的是，相较于人身安全，房东更担心公共安全（如在房屋内吸毒、犯罪、卖淫等）（74.00%）。在各大平台普遍推出免费财产险的情况下，如何化解公共安全已成为行业发展所面临的重要障碍。另外，房东对个人隐私安全也给予较高程度的关注（58.00%），见图5-13。正是出于对财产安全、公共安全和隐私安全的高度担心，许多房东放弃了共享住宿的念头。

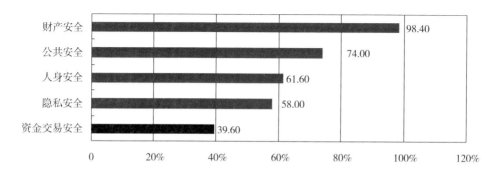

图5-13 房东对住宿共享安全的担心

5. 房东认为将房屋进行共享的最大风险是房客把家里搞乱、破坏设施

调查显示，72.40%的被访者认为，将房屋共享会担心房客把家里搞乱、损坏设施，这一比例甚至高于房东对人身和财产安全的担忧（64.80%）。另外，消防安全和犯罪活动、泄露个人隐私以及出了问题难以得到法律的支持等方面也是房东面临的主要风险（见图5-14）。这表明，房东进行住宿共享由意愿变成行动还需要权衡各项风险因素，政府与短租平台如不能很好地降低上述风险，住宿共享的行业发展还是存在一定的障碍。

6. 建立实名制，使每次交易行为可以追踪是客户信用评价的关键手段

调查显示，65.60%的被访者认为，应建立实名制，使每宗交易行为都可以记录和追溯，才能使双方都遵守规则，通过不断淘汰不讲信用的参与者，从而筛选出素质较高的用户和房东留在平台。同时，建立全国性住房租赁信用资料库和查询制度（13.60%）、在线短租平台根据客户行为开发信用评价模型，设立黑名单（8.00%）、利用现有的支付宝芝麻信用评分（7.60%）也得到部分支持，具体占比见图5-15，这些手段对短租参与者的信用评价具有一定的补充作用。

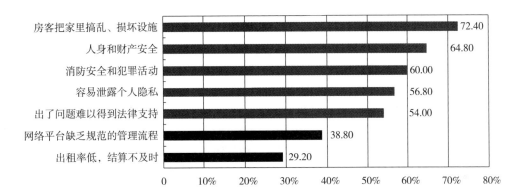

图5-14　将房屋放在短租平台上进行共享的主要风险

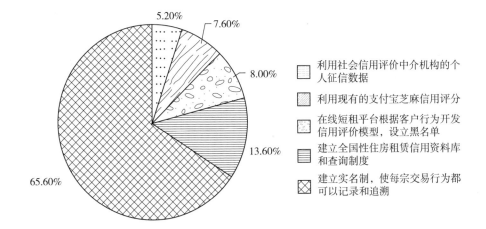

图5-15　房东认为对客户进行信用评价最有效的手段

7. 安全性、隐私性、及时性是房东住房共享考虑的关键因素

调查显示，安全是否有保障、个人隐私是否能得到保护、结算和纠纷解决是否迅速是房东是否愿意共享住宿的关键因素，选择的比例分别为78.50%、64.00%和54.00%，见图5-16。平台在以上三个方面的竞争优势决定着企业能否快速获得市场认可，提高市场占有率。另外，管理是否方便以及能否保证较高的租金收入也是房东决策考虑的重要因素。值得注意的是，能否交到较多的朋友并不是中国房东考虑的主要因素，这与Airbnb提倡的通过住宿共享进行社交的

理念不太一致。管理的方便性容易被忽视，中国的房东希望在保洁、服务等方面能得到短租平台的帮助，减少房东的时间投入。总之，中国房东进行住宿共享首先考虑的是安全性，其次是个人隐私，然后是结算和纠纷解决的及时性。中国大多数房东进行短租的主要目的是挣钱，而不是交友。而且出于保护隐私的考虑，整套房屋出租的比例很高，很少房东愿意与租客一起合住。

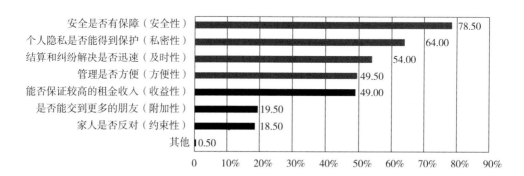

图 5-16　影响房东愿意进行住宿共享的关键因素

8. 客户素质和平台管理规范性是房东选择短租平台考虑的关键因素

调查显示，在问项"作为房东，您选择把房子挂到哪家短租平台主要考虑哪些因素？"中，选择"平台客源素质"的比例高居第一（68.40%），其次是"是否有规范的管理流程"（53.60%），见图 5-17。房东对平台服务态度和质量、平台操作与房屋管理是否方便、订单数量是否有保障、结算是否及时、平台收费高低等因素也比较关注。这表明，平台之间的竞争最关键的是要吸引并筛选高素质的客户，并加强管理流程的规范性，进一步提高高素质用户黏性。平台收费高低并未成为房东选择平台的主要因素，表明平台之间的竞争更多的是要做好用户体验，吸引更多的优质客户，而不是打价格战。平台还需要在服务态度和质量方面进行提升，并在平台操作方面更简洁、更容易，在房屋管理方面使房东更省心。总之，平台还有许多工作要做，对外需要加强目标客户定位和客户筛选；对内需要加强流程管理与服务质量。平台不仅要吸引优质客户，提高用户体验，还需要加强对房东的优质服务，提高房东的体验和黏性。

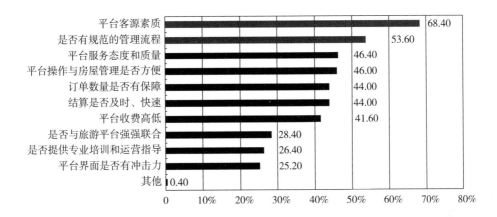

图5-17　房东选择平台进行短租考虑的因素

9. 入住人数与客户职业是房东最关注的因素

调查显示，71.20%的房东在选择客户时会关注入住人数，同时对客户的职业也给予了高度关注（70.00%）（见图5-18）。首先，因为入住人数的多少涉及洗漱用品数量与网络评分，超过规定的入住人数要么拒绝接受，要么适当地增加费用。无论如何处理，房东对客户入住人数都会给予特别的重视。其次，通过客户职业可以推测客户的素质，前面的调查表明房东十分在意客户素质，担心自己的房子被客户搞乱、损坏。另外，客户的年龄和性别也受到较多房东的重视，在选择客户时会给予关注。这主要是因为房东希望与自己年龄相近的客户入住，有利于相互理解和沟通。

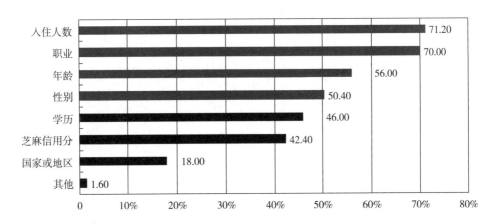

图5-18　房东选择客户会关注的主要因素

10. 做好安全防范依然是短租平台的头等大事

调查显示，尽管房东对平台有多方面的诉求，但最核心的仍是安全诉求。49.50%的被访者希望平台提供安全智能设备，如智能门锁、安防设备、人脸识别，从技术上提高安全系数和管理的方便性；同时，有45.50%的被访者希望平台加大安全防范和运营技能方面的培训。也就是说，一方面在硬件上提高安全性，另一方面在人的能力方面提高安全性。为更好地服务客户，房东在运营方面希望得到平台的培训。另外，房东还有其他方面的期望，主要涉及增加订单（经济性）、灵活支付（及时性）、托管服务（方便性）和装修指导（附加性）等方面（见图5-19）。

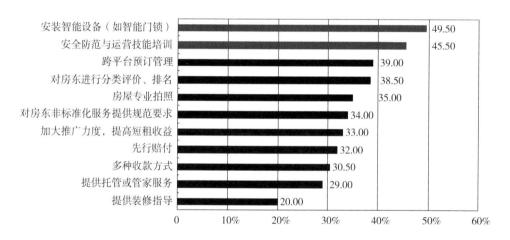

图 5-19　短租平台需要对房东加强的服务工作

11. 房东比较看好住宿共享行业的未来发展前景

调查显示，认为"住宿共享就是一阵风"和"住宿共享发展前景不明朗"的人群分别占6.80%和18.40%，合计只有约1/4。也就是说，约75%的房东看好住宿共享行业的发展前景（见图5-20）。进一步的调查表明，63.60%的被访者表示愿意尝试进行住宿共享。总的来说，中国住宿共享行业发展前景非常乐观，未来参与提供住宿共享的潜在房东数量十分庞大。

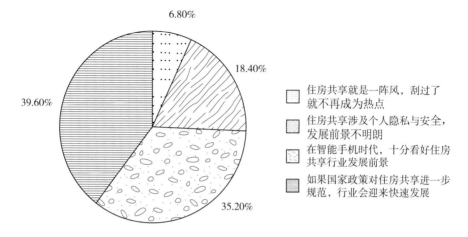

图 5-20   房东对住宿共享行业发展前景的看法

五、管理建议

（1）平台需要加大推广力度，让更多的房东了解在线短租。短租市场的供给量仍然偏低，房东总人数不到 200 万，与我国闲置的住宅和酒店式公寓总量相比差距十分巨大。平台需要加大定向推广力度、实施精准营销和关系营销，通过网络、口碑、户外广告等多种途径让潜在房东了解在线短租，并积极尝试住宿共享。

（2）平台需要建立住宿共享网络实名制交易规则。在住宿共享平台，使用网名，利用芝麻信用分来判断客户信用远远不够。只有当交易双方都进行身份验证，进行实名制交易和评价时，才能真正约束双方的交易行为。在实名制下，每个行为主体的交易行为都有记录，也可以追溯、调查，从而约束双方按照网络平台的规则进行交易，不仅可提高交易效率，也会促进体验感的提升。平台在实名认证的同时，可以和芝麻信用、微博、微信等账号进行绑定。平台对房源要进行实地考察，对房源、房东、房客质量都要进行严格把关。

（3）短租平台需要同时提升用户体验和房东体验。短租平台为了吸引客户，往往在需求端做足功夫，不仅价格优惠，而且为客户提供了多种额外的服务，从而培养客户的消费习惯，这在平台发展初期对培育市场十分有利。但在平台快速成长过程中，供给端房东的满意度成为平台竞争房源的关键因素。因此，短租平台需要不断加强内部流程管理、提高服务质量，为房东创造更大的方便（包括交易方便、管理方便、纠纷解决方便），使房东更愿意把房源留在自己的平台，房源的增多又会提高客户的选择性、增强满意度，形成良性循环。

（4）平台需要制定统一的运营管理标准，提高服务水平的一致性。民宿的非标程度很高，服务水平参差不齐，平台需要对线下房源进行统一指导，使房源在安全、环境、卫生方面达到平台的标准才可以上线运营，提高房源准入门槛。

（5）政府和行业组织需要出台规范，促进行业健康发展。目前，对于房东来说，短租行业的痛点是安全和信任问题。其中财产安全、人身安全、公共安全是重中之重。政府需要在公共安全领域出台法律规范，使危害公共安全的违法犯罪活动能够及时得到处理。对于财产安全管理，行业组织必须联合起来要求各个平台缴纳财产险，形成行业统一规范，让房东放心出租。针对人身安全问题，应该建立合理的赔付制度，并安装智能设备实现一键报警，保证问题能得到及时处理。

第五节　在线短租用户体验调查（需求端研究）

一、调查设计

1. 用户体验评价模型

仅从用户体验属性层面分析，短租用户体验包含三个主要维度，即功能体验、感官体验和情感体验。功能体验主要通过地段位置、房屋空间、室内设施和使用安全等房屋"硬件"来体现；感官体验主要来自于室内装修、卫生清洁和环境体验等房屋"软件"；情感体验一方面是通过房东（或管家）服务来实现，另一方面仍是通过房屋软硬件带来的整体愉悦感与价格比较来实现，即性价比。

基于上述分析，在线短租平台的用户体验评价模型包括三个一级维度、九个二级维度，具体见表5-7。

表 5-7　在线短租平台用户体验评价模型

序号	短租用户体验维度	解释	二级维度（因素）
1	功能体验	通过产品和服务满足用户居住功能性需求	房子（空间、采光、通风、布局等）
			地段（交通、配套、观景等）
			设施（生活、娱乐、停车等）
			安全（人身、财产、隐私等）
2	感官体验	通过产品和服务满足用户感官舒适性需求	环境（小区、楼道、周边等）
			装修（硬装、软装、新旧程度等）
			卫生（设施卫生、用品卫生）
3	情感体验	通过产品和服务满足用户心情愉悦需求	房东服务（态度、速度、性格、增值等）
			性价比（价格、愉悦感、舒适度等）

2. 调查表格设计

为调查在线短租平台用户体验及其在不同平台之间的差异，并研究当前短租用户主要有哪些方面不满意，本节根据表 5-7 所示的评价模型设计了相应的调查表格，见表 5-8。

表 5-8　短租用户体验网络留言评论调查

城市	序号	房东服务特征	用户体验二级维度（因素）								不满意的主要项目
			房子	地段	设施	安全	环境	装修	卫生	性价比	

二、调查方法与调查过程

1. 样本数量

本次调查采取配额抽样法，总样本数量为 300 个，其中小猪、途家和 Airbnb 各 100 个；三家平台均选择 10 个城市作为研究对象，每个城市样本数 10 个。

2. 样本选取

短租用户在体验后的网络留言基本是真实感受，可作为评价用户体验的基础数据。由于许多用户在体验后不进行评价，因此平台上有许多短租房评论数量非常少，所获得的信息十分有限。为比较全面地评价短租用户的真实体验，选择评论超过 20 条的留言作为调查对象。

同时，为进行平台之间的比较研究，每个平台上选取相同的 10 个典型城市进行调查，这 10 个城市的短租房数量和用户留言都比较多，且涵盖了中国的一线城市、新一线城市、二线城市和三线城市。一线城市样本包括北京、上海、广州、深圳；新一线城市样本包括成都、重庆、杭州；二线城市样本包括厦门、青岛，三线代表城市是三亚。具体见表 5-9。

表 5-9 途家、小猪和 Airbnb 三大平台用户体验样本选择

城市级别	样本城市	样本数量（个）		
		途家	小猪	Airbnb
一线城市	北京	10	10	10
	上海	10	10	10
	深圳	10	10	10
	广州	10	10	10
新一线城市	杭州	10	10	10
	成都	10	10	10
	重庆	10	10	10
二线城市	青岛	10	10	10
	厦门	10	10	10
三线城市	三亚	10	10	10
小计	10 个	100 个	100 个	100 个

3. 调查过程

首先，在途家、小猪和 Airbnb 三个平台进行注册，选择入住时间、区域、房源类型。其次，在可选择房源网络留言中尽量不选择评分为满分（5 分）的留言，这些样本难以有效观察目前短租市场服务存在的问题。选择留言（评论）

数量超过 20 条的不同类型房源，做到一房、二房、三房、合租和别墅均有合理分布。最后，根据表 5-8 重点调查用户体验满意和不满意的具体项目描述。

三、数据统计与分析

由于评价在线短租入住满意度的指标多，直接通过问卷调查不仅找不到有效调查对象，而且调查也不及时。如果利用在线短租平台的满意度数据，由于竞争和宣传的需要，短租平台的用户满意度数据大多不真实。为更科学、更有效地评价三大独角兽公司在中国大陆地区用户体验满意度，本节通过计算用户的不满意项目来调查用户满意度。

在用户评论留言中，我们发现一个有趣的现象，即对满意方面的描述往往非常抽象，字数也少。例如，对房东的评论基本上是"很好、很 nice、态度好、热情、细心、周到、贴心、回复及时、有文艺范、有人情味"等描述性用语。对房屋的描述经常是"市中心、位置极佳、一线海景、房子大、老小区、欧式风格、豪华、温馨、方便、便利、齐全、完备、陈旧、安静、闹中取静、干净、整洁、性价比高、不错、实惠、满意、舒服、愉快"等抽象性词汇。而对不满意因素或项目进行评论时则十分具体，会明确指出什么地方做得不到位，如"位置不好找、家具有灰尘、施工噪声大、电视看不了、窗帘不遮光、打扫不及时、床单有破洞、Wi-Fi 信号不够强、花洒出水小、没有调味料、小床比较硬、厕所有异味、家里有蟑螂"等。因此，调查用户的不满意度可能更加真实。

进一步调查，我们发现用户对房子、地段、设施、安全、环境、装修、卫生、性价比和房东服务九个子维度的不满意因素的各种评论最终聚焦于 65 个主要评价项目。在线短租用户体验各子维度不满意的具体评价项目及统计数据见表 5-10。

表 5-10 途家、小猪、Airbnb 三大平台用户不满意评价统计

序号	评价维度	不满意项目	不满意项目数（个）			合计
			途家	小猪	Airbnb	
1	房子	结构有缺陷	3	1	4	8
2		未干湿分离	4	0	4	8
3		墙面损坏	1	0	1	2
4		采光通风差	7	4	13	24
5		局部空间小	14	22	33	69
6	地段	有点偏	6	8	3	17
7		不好找	5	2	4	11
8		不方便	5	7	2	14
9		停车难	4	5	1	10
10	设施	电梯、楼梯	6	7	4	17
11		网络信号	8	10	15	33
12		空调设备	26	16	28	70
13		电视	7	8	4	19
14		冰箱	2	0	2	4
15		灯、灯光	9	9	13	31
16		沙发及用品	2	1	5	8
17		餐桌、茶几	1	0	1	2
18		洗漱用品	8	15	13	36
19		热水器	16	14	28	58
20		地漏	2	0	2	4
21		漏水、排水	9	9	7	25
22		淋浴	10	6	12	28
23		台盆、水池	8	2	2	12
24		马桶	5	4	1	10
25		纸巾、手纸	6	7	10	23
26		拖鞋	5	1	1	7
27		梳子	1	2	3	6
28		洗衣机	6	6	2	14
29		晾衣设施	4	2	1	7

续表

序号	评价维度	不满意项目	不满意项目数（个）			合计
			途家	小猪	Airbnb	
30	设施	厨房厨具	7	6	4	17
31		厨房用品	2	5	5	12
32		床及用品	14	26	20	60
33		床头柜	1	0	0	1
34		衣柜	1	0	0	1
35		其他设备	10	10	15	35
36		门窗	12	11	12	35
37		停水、停电	3	3	4	10
38		垃圾桶、袋	2	2	2	6
39	安全	害怕	3	0	2	5
40		焦虑	1	0	0	1
41		盘问	3	0	0	3
42		不放心	0	2	6	8
43	环境	窗帘不遮光	4	8	10	22
44		有噪声	20	23	42	85
45		有异味	20	10	19	49
46		门外放垃圾	1	1	0	2
47		楼道环境差	4	0	7	11
48	装修	不吸引人	10	1	1	12
49		感觉老旧	13	5	5	23
50		设计缺陷	8	7	10	25
51	卫生	打扫不干净	14	12	19	45
52		设施脏	16	13	21	50
53		用品脏	9	7	10	26
54		蜘蛛网	2	0	0	2
55		有蚊虫	13	8	14	35
56		有蟑螂、老鼠	11	6	16	33
57		有杂物	1	0	0	1
58		打扫不及时	2	5	7	14

续表

序号	评价维度	不满意项目	不满意项目数（个）			合计
			途家	小猪	Airbnb	
59	性价比	一般	2	0	3	5
60		不高	2	4	4	10
61	房东服务	态度不好	4	3	0	7
62		回应不及时	2	0	0	2
63		报复客户	1	0	0	1
64		管理不满意	15	15	12	42
65		不周到细致	3	5	4	12
66	合计		65	426	366	493	—
67	不满意率		—	6.55%	5.63%	7.58%	—

1. 在线短租用户体验满意度因素分析

总体来说，头部平台企业的安全措施都做得很好，用户普遍感到非常安全。而且，上线房源的地段都比较好，紧邻商圈、旅游景点、高校、医院、地铁等。另外，从用户不满意评价的具体项目上看，对房屋空间小、网络信号、空调设备、灯光、洗漱用品、热水器、床及用品、门窗、其他设备（投影仪、排风扇、吹风机）等设施不满意较多。在环境方面，用户反映最强烈的是有噪声或不隔音，其次是有异味（房间有异味、厕所返味等）。在装修方面，最大的问题是设计缺陷，比如没有插头、插线板线短、木质楼梯等。在卫生方面，对打扫得不干净、室内设施清洁度不够，以及蟑螂、老鼠、蚊虫等非常不满意。在房东服务方面，主要是对房东制定的交易规则和接待安排不满意。

具体来看，在65个评价项目中，不满意排名前10的依次是噪声、空调、房屋空间、床、热水器、房间异味、打扫不干净、洗漱用品、门窗、蚊虫蟑螂。除房屋空间难以改变外，以下因素需要引起房东高度重视。

（1）噪声（或隔音）问题成为民宿体验最差的因素有点出乎意料。经进一步调查发现，施工噪声、娱乐噪声、飞机噪声、夜市噪声成为噪声的主要来源，即使使用双层中空玻璃也难以有效隔音。同时，房间内的门窗隔音效果差也是重要原因，对于长期住户来说，室内不太隔音慢慢地就能适应，但对于短租客户来说，隔音效果差将成为影响睡眠的关键因素。

（2）空调问题成为影响休息质量的第二大因素。经进一步调查发现，空调问题主要表现为部分房间没有空调、制冷效果差、设备老化、往房间滴水、对着头吹、空调噪声大等。用户的第三大不满意因素是房屋空间小，主要表现为整个房屋空间狭小、压抑，或者卫生间狭小，或者卧室空间小等。导致这些问题的主要原因在于房屋本身的固有缺陷以及改造不力。

（3）床及用品排在不满意因素第四位令人感到意外。事实上，房东都十分重视对床及用品的打造，尽力提高用户睡眠质量。但是，由于用户睡眠习惯差异太大，对床及用品的要求各异，床的大小、软硬、材质、床单质量、花色、款式、卫生、床垫材料、气味等各方面都会影响用户体验。不是房东不给力，无奈客户认床没脾气。

（4）热水器是导致客户不满意的重要因素，需要引起重视。主要表现为民宿中电热水器使用较多，多人入住时洗澡需要等待，很不方便。燃气热水器则由于品牌、规格太多，质量各异，而且很多客户不会调节热水器，从而导致忽冷忽热、熄火、不出热水、不易调节等问题层出不穷，极大地影响了用户心情，降低了入住体验。

（5）房间异味是一个不太容易引起房东重视的因素。主要表现为有烟味、臭味、厕所异味、海水味、怪味等，一进门就给客户不好的印象，有些味道实在令人难以忍受。由于大部分房东没有居住在共享住房中，对这些异味体会不深，往往不会及时采取有效措施消除异味，需要等客户反馈后才来处理。但有些客户不愿意麻烦房东，会选择减少入住时间，但给差评。

（6）卫生打扫不干净也成为影响客户体验的重要因素。无论是途家还是小猪短租共享平台，都对共享住宿的卫生十分重视，布草和卫生很多时候都是平台专业管理，但由于民宿房间大、各类设施多，打扫时间短，从而导致有很多卫生死角、家具、冰箱、厨房、地毯等打扫不干净。有时是由于打扫不及时导致客户入住显得凌乱、仓促，尤其是春节期间民宿的卫生更难以保证。

（7）洗漱用品成为导致客户不满意的重要因素实在不应该。目前，客户对洗漱用品的抱怨主要包括不提供牙膏、毛巾、浴巾，以及洗漱用品质量差等。房东认为在平台上已经标明了提供哪些服务，客户自己应该看清楚。但实际上，由于客户选房会筛选很多家，因此对这些细节的关注并不会太仔细，重点关注房子地段、房间与床数量、装修情况、价格以及留言评论等。但入住时往往与酒店相比较，从而产生心理落差。

（8）门窗问题成为影响客户不满意的重要因素需要引起房东和平台重视。

客户反映的门窗问题主要包括有的卫生间没有门、门关不了、门不好关、门锁坏了、没有窗户、窗户关不紧、窗户不好关、没有纱窗、窗户漏水、门窗不隔音等。门窗问题不仅影响安全，还影响空气质量和客户睡眠。房东需要定期对门窗进行检查，及时发现问题并处理，这样才能提高用户入住体验。

（9）蚊虫、蟑螂、老鼠也是导致客户不满意的重要因素。如果把蚊虫因素与蟑螂老鼠合并计算，那么它将排在客户不满意因素的第四位。尤其是蟑螂、老鼠令客户感到恶心、害怕。蚊虫、蟑螂、老鼠等问题专业保洁人员往往不关注，需要房东自己采取切实有效的措施。而往往房东认为有专门的人对房子进行保洁就万事大吉，从而放松了对蚊虫、蟑螂、老鼠的处理。

以上问题在民宿中表现得非常突出，民宿要与酒店争抢市场，需要房东和平台共同努力，采取切实可行的措施来提高用户入住体验。

可喜的是，房东服务总体上很热情、贴心、周到、细致，有的还提供额外服务，比如帮客户寄回落下的物品，免费送水果、零食，提供啤酒饮料，来回接送等。但是，有些房东制定的管理方式、管理漏洞仍令客户感到不愉快、不舒服。主要表现为图片与房子不符、提前退房不退钱、规定用电不超过 20 度、开空调单独收费、自付电费、收取开火费 80 元、家里堆放较多私人物品、床单堆在楼道、经常更换房间、未经客户同意进入房间、入住手续复杂、门卡数量少、出入不方便、汽车被锁、半夜敲门、安排异性合住、合住者深夜洗澡、客厅装监控、停水不通告、房顶漏水、煤气未缴费等。

2. 用户体验满意度在不同平台之间的差异

根据表 5-10 的数据，可以计算小猪用户满意度为 94.37%，排名第一；其次是途家，满意度为 93.45%；最后是 Airbnb（中国），满意度是 92.42%。根据表 5-10 的统计数据，可以进一步分析途家、小猪和 Airbnb（中国）三大平台用户满意度之间的差异，见表 5-11。

表 5-11　头部企业用户不满意项目统计

序号	用户体验因素	不满意项目数		
		途家	小猪	Airbnb
1	房子	29	27	55
2	地段	20	22	10

续表

序号	用户体验因素	不满意项目数		
		途家	小猪	Airbnb
3	设施	193	182	216
4	安全	7	2	8
5	环境	49	42	78
6	装修	31	13	16
7	卫生	68	51	87
8	性价比	4	4	7
9	房东服务	25	23	16
10	合计	426	366	493

从表5-11大致可以看出，在9个二级维度中，小猪在装修、设施、环境、卫生、安全5个方面处于领先地位；Airbnb（中国）则在地段和房东服务方面具有明显的优势。途家由于采用B2C和C2C混合经营模式，各项评价指标比较平均，在房屋筛选、室内设施、入住环境、房东服务等方面与小猪短租几乎处于同一水平；但装修、卫生、房东服务等方面宣传得并不那么好，用户体验中获得的不满意评价较多。

酒店式公寓的装修标准化模式较为普遍，与纯粹的民宿相比，缺乏新鲜感，感官体验相比较低。而且，酒店式公寓的服务提供者不是房东本人，而是由前台人员专门管理，好处是用户能获得专业服务，但缺点是工作人员的态度和热情因人而异，人情味也没有房东亲自服务那么浓。从评论留言中可以明显感觉到，房东亲自经营和服务的用户好评率更高。令人感到不解的是，途家的卫生评分也不如小猪。这可能是统计方法的问题，本节是根据不满意项目的数量计算，一组客户一次入住可能遇到多个不满意项目。但是，从评论留言来看，途家尽管提供管家服务，卫生方面也尽量做到标准化，但这种所谓的标准化对于面积较小的酒店或酒店式公寓还可以做到，对于较大户型的民宿则较难，原因在于民宿的入住和离开时间比较随意，很多时候没有足够的时间打扫大面积户型。所以会出现打扫不彻底、留有卫生死角的情况，尤其是厨房设施的打扫需要花更长的时间，难以做到及时打扫。而且，留言评论中用户多次提到的蚊虫、蟑螂、老鼠等问题在途家的标准化中就没有引起重视。总之，表5-11所列的用户不满意项目统计基本反映了当前头部企业用户满意度，采取混合经营模式的途家在提高用户体验感方面难度更大，需要付出更大的努力。

Airbnb（中国）的劣势在于房源筛选方面远逊色于中国本土"领头羊"，包括房屋空间、装修、设施等各方面均需要改进，另外在卫生方面与途家和小猪也有较大差距。从用户留言评论调查来看，房源筛选和卫生保洁是住宿共享平台竞争的基础，Airbnb如果不加快本土化步伐来适应中国市场竞争，其在国际上通行的业务模式和强势地位难以在中国快速复制。

3. 用户体验满意度在不同城市之间的差异

中国十大城市在线短租用户体验满意度差异见表5-12。

表5-12　中国十大城市在线短租用户体验满意度统计

序号	城市	用户不满意项目数			合计	不满意百分比（%）	用户满意度（%）
		途家	小猪	Airbnb			
1	北京	44	25	69	138	7.08	92.92
2	上海	32	21	65	118	6.05	93.95
3	深圳	45	40	32	117	6.00	94.00
4	广州	47	32	58	137	7.03	92.97
5	杭州	57	55	42	154	7.90	92.10
6	成都	42	31	46	119	6.10	93.90
7	重庆	31	52	72	155	7.95	92.05
8	青岛	57	35	38	130	6.67	93.33
9	厦门	36	39	36	111	5.69	94.31
10	三亚	35	38	35	108	5.54	94.46

从表5-12可以看出，总体上中国十大城市在线短租用户满意度均超过90%。但在不同的城市间有些差异，用户满意度最高的是三亚、厦门，其次是深圳、上海和成都，重庆、杭州的满意度相对较低。三亚和厦门民宿的优势在于位置非常好、景色美、服务好、接待专业、价格低，所以总体满意度最高。重庆民宿在设施与环境方面与其他城市相比有一定差距，杭州民宿在地段、卫生、房东服务等

方面做得还不够好。

4. 用户体验满意度在不同维度之间的差异

在线短租用户功能体验、感官体验、情感体验之间的差异见表5-13。

表 5-13　在线短租用户不满意因素评价统计

序号	一级维度	二级维度	不满意项目数	所占比例（%）
1	功能体验	房子	111	8.64
2		地段	52	4.05
3		设施	591	45.99
4		安全	17	1.32
5	感官体验	环境	169	13.15
6		装修	60	4.67
7		卫生	206	16.03
8	情感体验	性价比	15	1.17
9		房东服务	64	4.98
10	合计		1285	100.00

从表5-13可以看出，当前民宿与酒店相比，最大的问题还是设施问题。由于要兼顾做饭、洗衣、娱乐、休闲等各种功能，所配置的设备必然难以完全满足用户的各类差异化需求。其次是卫生问题，尽管途家、小猪都有管家服务或者专业保洁，但由于退房时间不严格、房屋面积较大、设施较多、卫生清理难度高等原因，在卫生方面还难以与酒店抗衡，用户在卫生方面的不满意项目较多。另外，由于无法像酒店一样进行统一规划和管理，环境成为影响用户体验的重要方面，主要体现为窗帘透光、门不隔音、室外噪声、厕所异味等。民宿的优势在于装修千差万别，可以体验不同风格的住宿，有些经典装修还成为用户自家装修模仿的样板。而且，民宿性价比高，房东服务个性化，态度非常好，服务非常及时，在情感体验上能得到与酒店很不一样的体验。

用户情感体验获得高分的关键在于房东提供较多的增值服务，以及高性价比。个人房东相对于小B房东和房屋管家更具亲和力，也更热心、细心、耐心、及时，具有人情味，而且主客之间的沟通交流更频繁，用户获得的情感体验更佳。从入住到离开都能得到较好的额外服务，包括来回接送、提前为客人开空调、赠送水果或饮品、提供详细的旅游攻略和公交卡、陪客人购买海鲜、免费帮忙寄回客人落下的物品、下雨时提供雨具、生病时帮忙买药，几乎做到不厌其烦、有求必应。房东不仅提供基本的住宿服务，还分享知识、创造感动，用户出门在外获得了家的温暖，使住宿成为旅途体验最好的一环，给用户带来了许多美好的回忆，提高了行业吸引力，也进一步推动了住宿共享用户数量的快速增长。超高的性价比是民宿吸引用户的另一关键因素。从价格上来说，无论是途家，还是小猪和 Airbnb，其每晚的房费大致只有同面积酒店的 50%～60%，对于多人入住的家庭旅游和朋友聚会都是非常划算的，很多大户型民宿既有档次又有足够的空间让客人体验愉快的时光。从网络评论留言来看，几乎所有用户对民宿的性价比持满意评价，觉得价格实惠，性价比高。可以说，高性价比是用户获得愉快体验的主要方面，也是民宿与酒店竞争最重要的砝码。

四、研究结论

1. 中国主要城市住宿共享体验满意度很高

共享住宿发展到今天，头部企业用户满意度均超过 90%。从整体上看，民宿与酒店相比，虽然设施配置有所逊色，但在满足客户个性化需求和服务方面具有显著优势，而且民宿价格几乎只有同等级酒店的 50%～60%，从而大大提升了客户满意度。调查表明，民宿用户常常有惊喜、感动、意外、舒适、太爽、愉悦、划算等心理体验，而这些体验是入住酒店难以获得的。超高的用户体验提高了用户黏性，并迅速在朋友圈中扩散，使头部企业活跃用户数量得到爆发性增长，推动行业快速发展。

2. 短租用户在隔音和空调方面的体验最差

虽然民宿的服务能力在不断提升，但目前用户在隔音和空调方面的体验最差。隔音不好主要来自两个方面：一是室外噪声；二是设备噪声和室内声音干扰。室外噪声与房屋所处地段有关，同时装修噪声也是重要因素。设备噪声包括空调声音、冰箱噪声，室内干扰包括楼梯响声、门窗隔音差等。室外噪声难以消除，室内噪声需要引起房东和平台重视，通过提高装修标准来减少噪声对客户睡眠的干扰。同时，空调问题没有引起房东重视，部分房间未装空调、已有设备老化等问题比较多，极大地降低了用户体验。房东应加大设备投入，及时更新、修理空调设备，这对消除用户不满意具有重要作用。

3. 民宿的最大短板是设施不能满足用户个性化需求

除了空调设备尚不能完全满足用户需求外，其他设备、设施也不同程度地存在一些问题。由于设备设施需要较大的投入，房东在满足用户基本入住需求时忽视了细节，提供的设备设施与用户个性化需求相比还有一定的差距。尤其是床及用品、热水器、洗漱用品等核心设备设施需要改进。民宿价格偏低不能成为降低设备设施配置的借口。这些基本设备设施价格都不高，如果真正想做好民宿服务，不仅要在服务态度上下功夫，更需要在服务设施上增加投入。民宿房东需要根据用户反馈的意见和建议及时做出响应，更新设备设施、提高用户入住体验。

4. 小猪用户体验满意度在行业中排名第一

调查结果显示，小猪用户体验满意度为 94.37%，在行业中居于榜首。尽管此次只调查了三家独角兽平台，其他短租平台没有纳入调查范围，但根据 2017年由南方日报、南方+客户端、艾媒咨询联合发布的《2017—2018 年中国共享经济行业全景调查报告》，小猪短租在共享住宿平台中综合竞争力排名第一，分数为 89.9 分。因此综合来看，小猪用户体验排名第一实至名归。由于小猪平台实施用户第一战略，对房东进行了专业培训，房屋装修、设施配置、客户接待、客户服务等方面的能力大幅度提高，极大地减少了客户的不满意。同时，小猪推出"超棒房东"计划，为房客甄选出真实可信、经验丰富、用户反馈优秀的优质房东，以增进用户的良好体验。

5. 住宿共享情感体验强于感官体验和功能体验

研究表明，在短租用户体验三个维度中，情感体验最好，感官体验次之，最差的是功能体验。民宿最大的优势就在于能遇见不同的房东，分享自己的知识和见闻，提供个性化的服务，而且价格实惠，适合各类人群入住。情感体验获得高分表明中国住宿共享正在朝着正确的方向发展，符合共享经济发展的本质要求。同时，由于每家民宿的装修风格、室内设施各不相同，温馨、舒适、豪华、田园等各种类型的房子让用户在旅途中获得极佳的住宿体验，尤其是复式住宅、一线海景房、别墅等类型的住宿给用户带来了许多不同以往的入住体验。但由于民宿的卫生环境比酒店稍差，因此感官体验总体上比情感体验低。另外，民宿提供的服务设施种类繁多，但是缺少专业化管理与维护，导致设备老化快、维护不及时等问题，在一定程度上降低了用户的功能体验。

附　录

房东住房共享意愿调查问卷

您好！我是浙江理工大学全球共享经济研究院的调查员，本问卷仅用于学术研究，所填信息保证不会泄露，请放心填写，谢谢您的支持！

问卷编号：＿＿＿＿＿＿＿

一、背景资料

您的性别：

A. 男　　　　　　B. 女

您的年龄：

A. 18~25 岁　　　B. 25~30 岁　　　C. 30~35 岁　　　D. 35~40 岁

E. 40~50 岁　　　F. 50 岁以上

您的学历：

A. 初中及以下　　B. 高中　　　　　C. 大专　　　　　D. 大学

E. 研究生及以上

您所居住的城市：＿＿＿＿＿＿＿

二、调查内容

Q1. 您听说或使用过以下哪个在线短租平台？（多选）

A. 小猪短租　　　B. 蚂蚁短租　　　C. 途家　　　　　D. Airbnb（爱彼迎）

E. 木鸟短租　　　F. 住百家　　　　G. 自如　　　　　H. 榛果民宿

I. 游天下　　　　J. 赶集短租　　　K. 58 短租　　　　L. 棠果

M. 自在客　　　　N. 一家民宿　　　O. 朋友家　　　　P. 都没听说过或使用过

Q2. 如果您有多余的房子或房间，您会选择在短租平台上进行共享吗？（单选）

A. 肯定会。现在共享经济很发达，在线短租收益高，有吸引力

B. 不会。不了解在线短租，觉得不安全，也很麻烦，没空打理

C. 会去尝试。共享经济是社会发展趋势，尝试一段时间看有什么问题再做

决定

D. 不确定，需要权衡利弊讨论后再定

Q3. 您认为在线短租与中介出租相比，主要优势是什么？（多选）

A. 能收到更高的租金　　　　　B. 能增长见识和管理才能

C. 房屋有免费保险　　　　　　D. 能遇到很多有趣的人，扩大交友范围

E. 结算比较有保证，不会拖欠　F. 可以选择素质高的客户

G. 其他

Q4. 对于住房共享的安全问题，作为房东您最担心的是什么？（多选）

A. 人身安全

B. 财产安全（财物失窃、财物损坏、房屋破坏、消防安全等）

C. 隐私安全

D. 资金交易安全

E. 房客进行违法犯罪活动（公共安全）

Q5. 如果您的房子或房间在短租平台上共享，您认为主要风险是什么？（多选）

A. 人身和财产安全（个人风险）

B. 容易泄露个人隐私（个人风险）

C. 房客把家里搞乱、损坏设施（信用风险）

D. 消防安全、犯罪活动（公共风险）

E. 出租率低，结算不及时（经营风险）

F. 网络平台缺乏规范的管理流程和高质量的服务（管理风险）

G. 行业监管不健全，出了问题难以得到法律支持（法律风险）

H. 其他

Q6. 作为房东，您觉得如何对客户进行信用评价更有效？（单选）

A. 建立实名制，使每宗交易行为都可以记录和追溯

B. 在线短租平台根据客户行为开发信用评价模型，设立黑名单

C. 利用现有的支付宝芝麻信用评分

D. 利用社会信用评价中介机构的个人征信数据

E. 建立全国性住房租赁信用资料库和查询制度

Q7. 影响您愿意进行住房共享的关键因素是什么？（多选）

A. 能否保证较高的租金收入（收益性）

B. 安全是否有保障（安全性）

C. 个人隐私是否能得到保护（私密性）

D. 管理是否方便（方便性）

E. 结算和纠纷解决是否迅速（及时性）

F. 家人是否反对（约束性）

G. 是否能交到更多的朋友，建立友谊、分享见闻与乐趣（附加性）

H. 其他

Q8. 作为房东，您选择把房子挂到哪家短租平台主要考虑哪些因素？（多选）

A. 订单数量是否有保障　　　　B. 是否与旅游平台强强联合

C. 平台界面是否有冲击力　　　D. 平台操作与房屋管理是否方便

E. 平台客源素质　　　　　　　F. 平台收费高低

G. 结算是否及时、快速　　　　H. 是否有规范的管理流程

I. 平台服务态度和质量　　　　J. 是否提供专业培训和运营指导

K. 其他

Q9. 作为房东，您选择客户主要会关注哪些因素？（多选）

A. 职业　　　　B. 年龄　　　C. 学历　　　D. 入住人数

E. 性别　　　　F. 芝麻信用分　G. 国家或地区　H. 其他

Q10. 您觉得短租平台迫切需要对房东加强哪些服务？（多选）

A. 跨平台预订管理　　　　　　B. 多种收款方式

C. 房屋专业拍照　　　　　　　D. 提供装修指导

E. 先行赔付　　　　　　　　　F. 提供托管或管家服务

G. 加大推广力度，提高短租收益　H. 对房东进行分类评价、排名

I. 安全防范与运营技能培训　　J. 对房东非标准化的服务提供规范要求

K. 安装智能设备（如智能门锁、安防设备、人脸识别）

Q11. 您对在线短租进行住房共享的前景持什么看法？（单选）

A. 在智能手机时代，十分看好住房共享行业发展前景

B. 住房共享就是一阵风，刮过了就不再成为热点

C. 住房共享涉及个人隐私与安全，发展前景不明朗

D. 如果国家政策对住房共享进一步规范，行业会迎来快速发展

第六章

基于区块链的共享物流信息平台研究

第一节　引　言

互联网经济的发展，使物流行业逐渐由传统的运营模式向信息化、网络化和智能化的方向发展。尤其是在大数据、云计算、人工智能、区块链等互联网技术的推动下，物流行业的基础设施在不断改善，从顺丰的无人机运送快递到苏宁启用的智慧"苏宁云仓"，这些不仅改善了用户体验而且降低了人工服务成本。但是在高速发展的同时，物流业在资源利用率、协同共有和资源循环发展等方面还存在着缺陷。随着近几年共享经济模式的发展，物流行业通过引进共享价值理念，对过剩物流资源进行整合利用，以互联网方式进行传播，优化了物流资源的配置。结合区块链技术的支撑，实现物流资源在共享过程中创造出隐私、高效、安全的共享价值体系，解决信任危机，从而推动共享物流产业生态模型的发展。本章是在共享经济理论的支撑下，通过对共享物流的研究并借助信息技术来实现共享物流信息平台的搭建，在底层利用区块链技术实现平台去中心化的点对点支付。

一、研究背景

随着互联网信息技术的日益成熟，电子商务事业得到了飞速的发展，在电子商务发展的同时也带动了物流业的快速兴起。从近几年统计出的数据来看，2012 年我国社会物流总额为 177.3 万亿元，同比增长了 9.8%，2014 年相比 2013 年的社会物流总额增加了 7.9%，全年的物流总额达到 213.5 万亿元。随着物流业在国民经济和社会中的作用逐步加强，以及政府部门对物流业的发展政策的不断推动，2017 年物流业的发展步入了一个新的阶段，截至 2017 年 11 月底，全国社会物流总额为 229.2 万亿元，同比增长 6.7%（如图 6-1 所示）。在快速发展的同时，我国社会物流的总费用也处于一个攀升的阶段。2012 年中国社会物流总费用为 9.4 万亿元，同比增长 11.4%，到 2015 年总费用达到 10.8 万亿元，在 2017 年统计出的物流总费用为 12.1 万亿元，相比 2016 年增长 6.7%，从社会物流总费用在 GDP 中所占的比例来看，2017 年整个社会的物流总费用占 GDP 的比率为 14.6%。

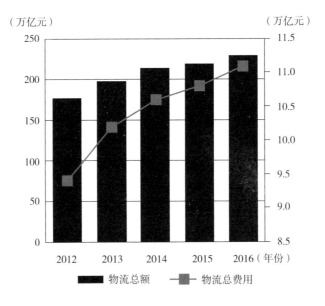

图6-1　2012~2016年中国社会物流总额及总费用

目前的物流企业大部分还延续着传统的运营模式，以人工劳动为主，基础设施简单，信息化程度低，使物流行业在运作过程中信息失衡，各个物流体系不能联通，造成整个物流业资源严重浪费，物流成本居高不下。近几年来，随着Uber及Airbnb为代表的共享经济形态下的实践产物获得了快速的发展，将共享理念引入物流行业成为人们日益关注的焦点，通过共享经济模式在物流业的实践来开启智能物流的新时代。

共享经济是以信息技术为基础，实现产品所有权与使用权的分离，在资源拥有者和资源需求者之间实现使用权共享，利用这种模式实现重复利用过剩资源，提高利用率的目的。根据共享经济的特点，将共享的理念与物流行业相结合推出共享物流，利用共享物流解决物流业的现状。共享物流是指利用信息化手段将社会中暂时存放的物流资源进行整合，实现人与人之间无缝地、直接地和有效率地共享信息和分担资源，提高物流资源的使用效率，降低物流成本，从而创造有利于双方的价值。

共享物流作为物流未来发展的新模式目前在国内外也得到了应用。在我国，中共十八届五中全会提出了五大发展理念——创新、协调、绿色、开放、共享，共享物流与这五大发展理念深度契合。2012年6月，商务部流通司下发《关于推进现代物流技术应用和共同配送的指导意见》，在全国范围内开展共同配送，开创了全国共同配送的新局面并成功以共同配送作为切入点推动全国共享物流的发展；2016 年以来，商务部流通司又以托盘共用为切入点，实现物流设备资源的共享，实现了托盘资源的优化利用，使物流效率得到了极大的提高。在国外，美国仓储管理平台 Flexe 采用共享经济模式，实现仓储资源提供者与需求者之间的信息匹配，为需求方提供仓储空间的同时也为资源拥有者拓展盈利渠道；日本的三大快递企业（雅玛多、佐川急便、日本邮政）宣布联合启用共同配送模式，提高配送效率，共享物流资源。

然而目前共享物流处于起步阶段，在实际应用过程中还存在一些问题，这将成为实现整个社会物流资源优化配置的瓶颈：

（1）没有统一的标准化。共享物流在实现的过程中需要依靠信息资源、人力资源、车辆资源、仓储资源等各类资源的支撑，所涉及的空间位置大，物流环节多，资源类别广。这种特点导致共享物流的运营缺乏集中管理，无法达到标准化的共享模式，使资源的共享过程中供需双方不能进行有效的信息匹配。

（2）缺乏完善的信用体系。信用安全是影响资源实现有效共享的先决条件。长期以来物流行业始终存在信用方面的问题，由于行业门槛低，参与人员多且分布散乱，导致在共享物流的过程中会出现丢包、物资损坏、未按约定的协议实行等现象，这将阻碍物流资源的共享。对于物流平台，通过双方评价的功能对用户信用进行评价参考，由于平台人为因素控制，导致评价系统的参考意义无法达到应有的效果。

（3）法律滞后，缺乏监管。物流作业过程中涉及环节较多，目前的法律制度无法解决整个过程中出现的权责问题，且在执行的过程中审批流程繁多，重复执法、无法实时跟踪与追溯整个物流过程等现象，导致物流资源在实现共享的过程中失去时效性。

本章以共享物流为研究主题，以期解决如何高效地实现共享物流资源、车辆、仓储资源利用率低的问题，同时构建出完善的信用体系。以信息化技术为手段，将传统物流作业环节中所涉及的四流（物流、商流、资金流、信息流）从节点状转化为网状结构，使每个环节进行无缝衔接，提高资源的流动率。利用区块链技术解决交易支付环节的信用问题，构建出共享物流为中心的产业生态圈。

二、研究意义

随着"互联网+"时代的到来，物流已从传统的单一服务功能向现代集成化综合服务进行转变。为加速迈向智能物流新时代，解决物流资源严重浪费、信息失衡导致的物流成本居高不下的问题，本章将以共享物流为理论研究基础，利用互联网、区块链技术构建共享物流信息平台。通过该平台的支撑，重点实现在物流运作过程中仓储和运输资源的共享以及交易支付过程的去中心化等，具体的研究意义如下：

（1）基于区块链的共享物流信息平台研究，从理论创新角度研究区块链技术与共享物流的耦合。通过对区块链技术、信息技术、"互联网+"和智慧共享模式的应用，从用户需求角度，整合物流资源，构建出共享物流信息平台。研究出新模式下物流业的发展方向，以及如何利用共享模式对开创智慧物流时代具有重要的研究意义。

（2）利用信息化手段构建共享物流信息平台，从物流职能角度对平台的运营模式进行分析研究。运输和仓储作为物流的最基本职能之一，是物流作业环节的核心服务项目，同时也是影响物流成本费用最重要的因素。从 2016 年中国社会物流费用数据分析可得，运输和仓储费用占据整个社会物流总费用的 87%。研究分析运输和仓储共享模式，对于降低整个社会物流成本有重要的研究意义。

（3）构建共享物流产业生态圈，有效解决物流信息不平衡、市场需求不协调等问题。借助平台为参与物流作业环节的生产者与消费者提供一体化功能服务，通过去中心化与标准化连接提高物流资源的运转效率，实现物流、信息流、资金流和商流的闭环衔接，营造出良性竞争的循环共享物流环境。

三、研究内容与思路

本章为解决目前我国的物流行业存在着信息流通的不对称性，导致整个物流业的资源不能得到完全释放，社会效益低下的问题，将共享的理念引入物流行业，提出共享物流信息平台的概念，通过对共享物流信息平台的运营模式的分析，实现社会运输、仓储、人员等信息资源的共享，并进一步利用区块链技术将区块链与平台进行结合，从而加快物流信息的流通，降低社会成本，提高资源的利用效率，实现平台运营的信任与安全。在现有学者研究的基础上，本章主要研究目前的发展、相关概念界定、共享物流的内容、信息平台的模式、区块链在共享物流中的应用等几方面。

具体的研究内容如下：

（1）物流业发展现状研究。我国目前的物流业大部分还处于传统的模式，长期以来受信息不对称、资源不共享、系统不协调和不互通的制约，行业运行成本居高不下。突破传统物流行业的发展模式成为现在整个物流行业的关键性问题，通过分析现状提出未来的发展方向。

（2）共享物流的理论研究与相关内容。借助共享经济的发展理念，将共享经济引入物流行业，实现物流资源在社会中的循环共用，包括物流基础设施、装备、技术、信息、配送终端与人力等。通过共享实现优化配置，大幅提高物流系统效率，降低物流服务提供者乃至整个社会的物流成本。利用租赁、循环使用、交换与回收等方式共享物流资源，为物流服务提供者创造资源循环共享价值。

（3）共享物流信息平台的运营模式分析。信息化是共享经济的基础，只有社会资源系统的信息实现了互联互通，才可以充分实现需求者与拥有者的资源共享。本章利用信息化的手段构建出共享物流信息平台，该平台是通过分析物流最重要的两个基本职能，即仓储和运输，推出共享仓储和共享运输两种模式。通过平台将社会中闲置的车辆、仓库、人力等资源集中起来可以使服务需求者与服务提供者之间直接进行信息沟通，提高信息资源利用率，加速社会物流资源的运转。

（4）区块链的应用。通过共享经济—物流—信息技术的结合实现共享物流信息平台。但是传统的信息平台在数据安全性和交易支付的信任上还存在着一定的风险，区块链的引入在一定程度上可以解决这些问题。区块链是基于共识机制建立起来的，由集体维护的分布式共享数据库，它具有非中介化、去中心化、无须信任系统、不可篡改、加密安全、交易留痕并可追溯、透明等特点，降低沟通成本，提高交易效率，快速确立信任关系或在彼此之间未建立信任关系时即达成交易。通过区块链技术改进物流资源共享环节过多的问题，让共享过程透明化，全产业链共享信息成为可能，让行业的信任机制更容易和更可行。

四、研究方法

本章的研究思路是在共享经济的背景下结合物流业的特征，提出共享物流的理念，通过对共享物流的研究构建出共享物流信息平台来实现运输和仓储两种模式。该平台以区块链作为底层技术，面向用户的应用层采用 Java Web 技术，将用户的交易信息写入区块链，区块链采用以太坊应用平台作为基础平台，通过接口实现调用，在服务器端采用 Tomcat 作为系统服务器，在数据存储端使用 MySQL 数据库进行数据的存储，在实现物流信息共享的基础上，利用区块链技术去中心化、防篡改的特点，在区块链技术的支持下，实现平台的去中心化交易支付，解决第三方支付的信用问题。

具体的研究思路及详细方法如图 6-2 所示。

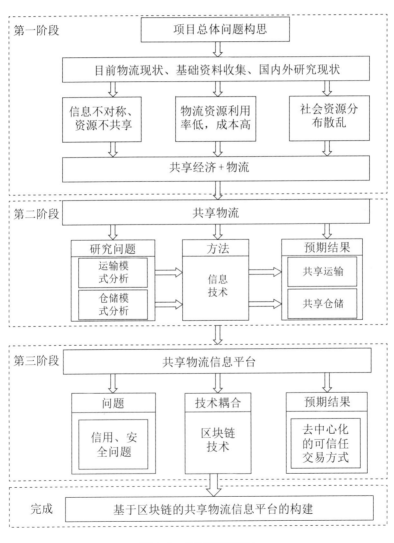

图 6-2 项目研究路线

五、研究创新点

通过对国内外相关文献的分析，目前针对共享物流的研究还处于理论概念的提出阶段。根据研究现状，本章在现有的研究基础上进一步进行了创新，不仅限于理论上的研究，还从技术层面实现了社会物流资源的整合与共享，并与区块链技术进行了耦合。本章的创新点主要体现在以下三个方面：

（1）模式创新。由于在物流的作业环节中运输和仓储是物流的核心服务项目，因此在本章中共享物流信息平台主要是针对运输和仓储这两个物流职能构建的。平台功能分为两种模式：一是共享运输模式，将社会中闲置的车辆资源集中起来，货主和司机之间通过平台进行沟通，在这一环节中不需经过中间商，为双方节省成本消耗，平台的出现可以使司机在返程的途中提前得到货物资源，避免了空车的返程。二是共享仓储模式，资源的供应者将自己现有的仓储资源包括仓库的大小、种类、存储功能、管理设施等一系列信息上传至平台，经过平台的调查审核后，该信息可发布到平台上供需求者选择。

（2）角度创新。突破了以往仅从理论层面对共享物流进行研究的局限。本章根据共享物流的仓储和运输两个运营模式实现共享物流信息平台的构建，从另一个角度实现了对共享物流的研究。利用共享物流信息平台可以将物流运作环节中的物流、商流、信息流、资金流进行无缝衔接，线上获得信息资源和支付交易，线下实现物流资源的共享。

（3）技术创新。近几年兴起的区块链技术是继无线通信、云计算、大数据之后计算机和网络技术的又一颠覆性创新技术。根据区块链的特点，将区块链应用在共享物流中，这是在之前的研究中没有出现过的。将区块链作为信息平台的底层技术，主要是在交易支付过程中实现去中心化。

第二节　研究相关理论

本章在研究过程中，通过国内外学者对相关知识的分析，通过总结归纳提出适应本章的理论依据。首先从共享经济概念、本质进行详细介绍，接着从共享物流的概念、特点、内容等方面进行表述，然后介绍区块链及以太坊、智能合约相关技术。

一、共享经济的概述

1. 共享经济的概念

共享经济也称为协同消费、协同经济或分享经济，指的是对等交换的混合市场模型。利用信息技术向个人提供信息，通过商品和服务过剩能力的共存来实现资源的优化。其中，英国牛津字典对共享经济的定义为，在一个经济体系中，通过免费或收费的方式，将资产或服务在个人间进行共享。随着我国经济的转型升级，共享经济成为未来经济发展的新模式。2016 年《中国分享经济发展报告》显示，2015 年中国共享经济规模约为 1.95 亿元，占据 GDP 的 1.59%，该报告指出，共享经济是利用现代互联网技术的整合，将海量分散化的闲置资源进行分享，达到满足多样化需求的经济活动。共享经济作为目前一种全新的经济形式，以资源整合为核心，以信息技术为手段，以提高资源利用率为目标，实现"供给侧"和"需求侧"两端的变革，有效减少供给和需求之间信息不对称的问题。

相比传统经济，供给方、需求方、共享平台和过剩资源是构成共享经济不可或缺的四要素。供给方是闲置资源的提供者，需求方是资源需求方，过剩资源是双方建立共享机制的必要条件，共享平台是实现共享服务的场所、搭建共享经济的桥梁。在实现共享经济的过程中，共享平台通过对闲置资源的整合，建立供需双方之间的匹配和对接，通过互联网信息技术的支撑为交易建立互信的环境，提供安全的策略保障，以达到社会资源的可持续发展。共享经济要素如图 6-3 所示。

2. 共享经济的本质

共享经济是通过盘活社会闲置资源实现的，强调闲置商品的临时使用权。目前随着共享经济模式的发展，社会中各个行业都在大力发展"共享经济"，从共享充电宝、共享雨伞到共享单车、共享汽车等，以"共享"为名的商品在改变着人们的生活方式。但是这种冠以"共享"的商品本质上都属于租赁经济，企业作为资产的拥有方通过有偿的方式分时租赁给用户，在这一过程中交易的是企业自购的出租品而非闲置资源。共享经济的本质是 C2C，个体利用共享经济的模式，针对自己暂时闲置的资源利用平台进行有偿分享，在这个过程中平台只是双方沟通的桥梁。表 6-1 是对租赁经济和共享经济进行的比较。

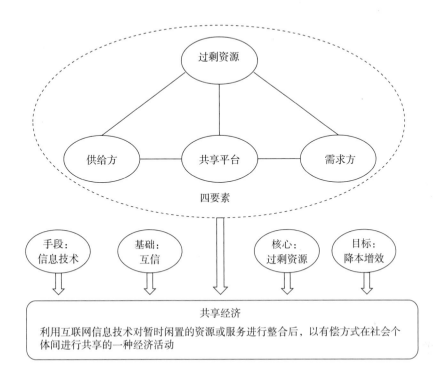

图 6-3　共享经济要素

表 6-1　租赁经济和共享经济的区别

比较因素	租赁经济	共享经济
平台	平台是资源企业拥有方通过自建服务 APP 或流量端口，方便用户对临时租赁的商品进行查找、交易和付费	平台只是用户两端沟通的桥梁，平台的拥有权不属于交易的任何一方，平台对个体的闲置资源进行整合发布，方便用户查找
参与用户	一端是拥有大量资源的，具有商品拥有权的企业；另一端是需要临时租赁某个商品的承租人	是拥有暂时闲置资源的个人，在这个过程中体现的更多是 C2C 的模式

续表

比较因素	租赁经济	共享经济
资产价值	租赁者通过支付租金获得商品的使用权，在租赁过程中商品所有权企业暂时失去租赁期间的使用权，对于整个社会来说没有创造出商品本身更多的价值	对用户来说，一方面满足需求方对资源的使用，另一方面让商品所有者从闲置商品中获得价值。对于商品来说，在商品从闲置到使用期间，创造出了超出本身的价值，盘活了社会的闲置资源
商业模式	租赁经济对于拥有所有权的企业体现的是重资产，通过出租商品临时的使用权获得收益	共享经济是一种轻资产的模式，对整个社会来说资产没有增加，是将个体闲置的资产进行利用，降低了社会成本

二、共享物流的概述

1. 共享物流的概述

共享物流是共享经济下的物流模式创新。由于物流本身具有波动性的特点，企业为了保证物流资源的充足来维持正常运转，需要采取有效的措施来减少物流的波动。共享物流的出现就是为了解决由于季节性、节假日、环境等因素导致的物流波动，促进物流体系之间的联通，避免资源浪费。由于共享物流目前还处于发展的初级阶段，行业内对于共享物流的概念没有形成一个统一的定义，本章结合国内外学者的研究以及类比共享经济的概念将共享物流定义为利用互联网信息技术，将社会中分散化闲置的物流资源进行整合分享，从而满足物流多样性需求的物流活动（见图6-4）。也就是说，共享物流就是在物流体系中，物流资源拥有者通过有偿的方式，将暂时闲置的物流资源或服务利用互联网整合的方式与他人共享资产使用权，加速物流资源的运转，提高资源利用率，降低物流成本的一种物流模式。

2. 共享物流的特点

虽然国内外学者对共享物流未能形成统一的概念，但是结合陈小云、张晓芹、Beinke、张宝珠等学者对共享物流的研究，本章将从以下几方面对共享物流的特点进行阐述。

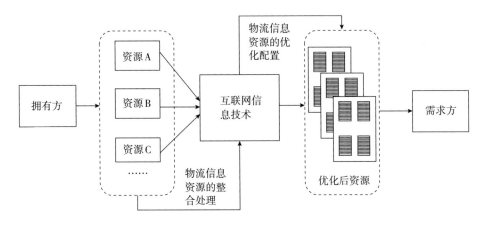

图 6-4　共享物流概念模型

（1）强调闲置资源的使用权。在传统物流中人们重视物流资源的拥有权，然而共享物流通过租赁、交换、循环使用等方式将个体所拥有的闲置资源进行社会化利用，倡导物流资源的使用权，用使用权代替拥有权。物流资源需求者利用共享物流平台暂时性从供应方获得物流资源的使用权，充分利用闲置资源，减少了大量的重复投资，创造了有价值的物流服务形态。

（2）充分利用互联网技术，搭建信息平台。共享物流的发展必须要依托信息平台的支撑，通过互联网信息平台将零散的物流资源进行整合，建立物资拥有者与需求者之间的联系。通过线上线下的融合，有效改变传统物流运营效率低下的现象，提高整个物流行业信息的透明度。目前通过搭建信息平台实现共享物流成为物流业的热点（见表 6-2）。

表 6-2　国内外共享物流信息平台

名称	所在国家	共享服务	平台范围
Storemates	英国	储物空间共享	仓储空间服务平台
Shipster	美国	货物配送	商用物流服务
Flexe	美国	仓储管理	仓储管理平台
罗计物流	中国	卡车运输	货运信息对接平台
速狗快运	中国	运输	P2P 物流信息服务
传化陆鲸	中国	长途货运	物流 O2O 服务平台

（3）弱化供应者与消费者角色概念。通过共享物流打破了传统物流行业供应者与消费者之间的界限，在共享物流模式下物流产品与服务的供应者与消费者的角色之间没有明确的界限，整个物流环节以产消者（产消者是指同时作为生产者和消费者参与生产活动）的角色进行，每个个体既是物流消费者也是供应者。

（4）呈现出去中介化的 P2P 商业运营模式。共享物流模式下的运营，以信息平台为介质，打破传统物流的中间环节，消除物流过程中的中介和渠道等环节，供需双方利用线上线下的融合，直接进行沟通交流。如图 6-5 所示，相比传统中介模式，这种去中介化的 P2P 商业模式更加符合共享经济的精髓，将以往供应链中的节点连接成网状的结构，任意两点之间都可以进行连接，产生分享行为。同时 P 的范畴除了个人，也可以是企业、社会团体等，更能体现出共享经济与互联网给物流行业所带来的颠覆性创新。

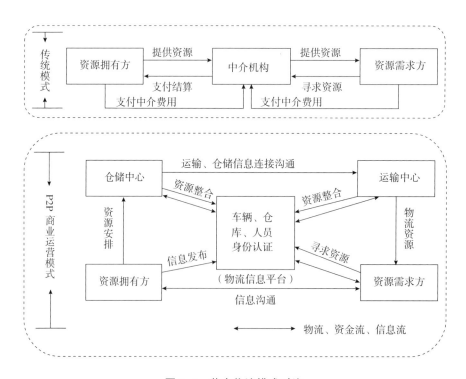

图 6-5　共享物流模式对比

根据共享物流的特点可知，共享物流的进行可以带来巨大的经济与社会价值。通过建立的交易平台，可以将供应方闲置或盈余的资产最大化利用，在共享物流中采用P2P的商业运营模式，促进社会人力资源的可持续发展，形成"大众创业，万众创新"的社会形态，创造一种开放、多元共赢的物流生态圈。但是共享物流作为一种新生物，在发展过程中也存在着一些挑战。一方面由于政策、法规的滞后性，在运营过程中将面临参与者之间不信任与社会保障不完善的挑战；另一方面，由于物流业的特殊性，缺乏统一的标准建设，在运营过程中也将遇到发展的阻碍。

3. 共享物流的分类

物流行业的复杂性决定了共享物流类型的多样性。学者们在对共享物流的研究过程中也从不同的角度对共享物流进行了分类。刘艳霞首先根据共享的对象将共享物流划分为个人物流资源、企业物流资源和社会公共物流资源；从资源类型角度又将其分为货运资源、产品技术资源、基础设施资源和配送资源。徐冠巨将共享物流分为共享配送资源、共享仓储资源、共享物流信息资源、共享物流技术和装备资源。有学者按照共享对象和资源所有者之间的关系将共享物流分为四类，即工商之间、工业和工业之间、商业和商业之间以及第三方物流。王继祥在研究中国物流创新模式的发展趋势后认为，共享物流分为共享物流信息、共享物流技术与设备、共享物流仓储设施、共享终端配送和共享物流人力资源。通过对现有学者的研究进行分析总结，本章认为共享物流总体分为三类，即共享物流资源、共享物流信息和跨界共享。

（1）共享物流资源。共享物流资源是指在物流作业过程中，供应链上下游的物流资源呈现出循环共用的模式。在这个过程中的资源主要是指运输资源、仓储资源、人力资源以及单元化物流包装器具（包括托盘、集装箱、周转箱等）实体资产。其中典型代表是2016年商务部流通司推出的标准托盘循环共用，将供应链上下游物流系统连接起来，通过托盘共用实现货运的交接，避免二次装卸带来的资源浪费。通过商务部流通司对托盘共用的推广，在社会范围内推动了资源共享的实现，有效降低了货物损耗，并推动了物流效率的提升。

（2）共享物流信息。物流资源实现共享的基本条件就是实现信息互通和协调配置。利用网络平台将原本独立的物流信息系统进行连接，实现信息的整合，提高物流企业整体的运作效率。例如，由交通运输部和国家发改委牵头推进的国家交通运输公共信息平台工程就是为了解决长期以来我国物流业发展过程中存在的资源共享难，互联互通难，政企间、部门间、行业间、区域间以及国际均存在"信息孤岛"的问题。通过建设一个国家级的物流信息平台，在同一物流信息标准的基础上，推进各类政府公共服务信息与平台物流信息的有效对接，整合相关物流信息资源，形成开放、共享为特征的物流运行新模式。

（3）跨界共享。物流是支撑其他产业发展的支柱性产业，随着"互联网+物流"的出现，利用信息化手段打破物流边界，实现跨界共享。目前物流业在电商、供应链金融、地产等行业都有触及，打造"物流+"的模式。以"物流+供应链金融"为例，目前多数的物流企业与相关的金融机构建立合作关系，彼此之间共享社会资源，促进数据流、资金流、信息流的相互融合，获取社会商品市场的数据信息，分析信贷需求，进行信用审核，预测物流发展，实现物流产业链一体化。跨界共享的方式在促进物流业发展的同时，给金融行业也带来了巨大的利润，实现了双赢的战略目标。

在本章针对共享物流的研究过程中，将共享物流资源和共享物流信息进行结合作为研究目标。通过构建共享物流信息平台，借助互联网技术将物流资源与物流信息汇集到平台上，打造资源信息一体化的物流模式。

三、区块链技术

1. 区块链

区块链本质上是一个对等网络的分布式账本数据库，由许多对等加点组成，通过共识算法保证数据和交易数据的一致性。一个完整的区块链系统是利用块链式数据结构来验证和存储数据，利用分布式节点共识算法来生成和更新数据，利用密码学的方式保证数据传输和访问的安全，利用自动化脚本代码组成的智能合约来编程和操作数据的一种全新的分布式基础架构与计算范式。在区块链系统中，参与主体交易产生的数据被打包成一个个数据区块，数据区块按照时间顺序排列形成数据区块的链条，所有节点共同参与区块链系统的数据验证、存储和维护。每个区块一般包括区块头和区块体，区块链结构如图6-6所示。

其中区块头对整个区块链起决定作用，封装了当前版本号、前一区块的Hash、根节点的Hash、时间戳、当前区块的目标Hash、随机数等信息（见表6-3）。区块体包括参与主体交易数量和交易过程的详细情况，这些交易通过 Merkle 根节点间接被散列，通过对每笔交易的数字签名来保证每笔交易无法被篡改，保证多

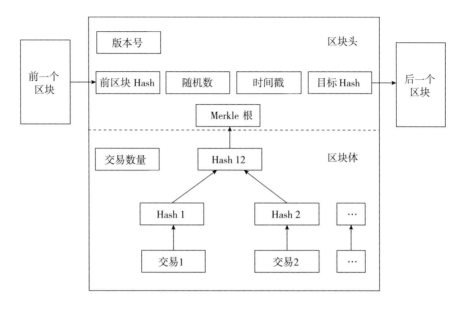

图 6-6　区块链结构

主体间信息共享决策的一致性，实现交易主体身份与交易信息的不可伪造、实现公开透明。

表 6-3　区块头部详情

数据字段	描述	大小（字节）
当前版本号	区域版本号，用于跟踪软件或协议的更新	4
前一区块的 Hash	前一个区块 256 位的 Hash	32
根节点的 Hash	基于一个区块中所有交易的 256 位 Hash	32
时间戳	从 1970-01-01 00：00UTC 开始到现在，以秒为单位的当前时间戳，该区块产生的近似时间	4
随机数	从 0 开始的 32 位随机数，用于工作量证明的计数器	4
当前区块的目标 Hash	压缩格式的当前目标 Hash	4

　　区块链系统的层级结构是构建区块链技术的必要元素。袁勇在论文《区块链

技术发展现状与展望》中将区块链的框架划分为六层，即数据层、网络层、共识层、激励层、合约层和应用层。邵奇峰等学者在《区块链技术：架构及进展》中将区块链平台整体划分为五层，即网络层、共识层、数据层、智能合约层和应用层。通过对区块链层级结构的研究可知，数据层、网络层和共识层是集成区块链技术体系的必要因素，结合区块链技术的服务对象，本章将区块链框架的层级结构分为四层，如图6-7所示，包括数据层、网络层、共识层和应用层。

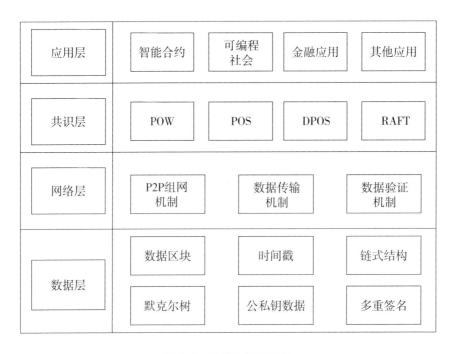

图 6-7　区块链框架层级

（1）数据层。数据层是区块链最底层的技术，主要描述区块链的物理形式。通过封装数据区块、时间戳和 Merkle 树等相关技术，实现数据存储和保证账户交易的安全性。区块链中通过 Merkle 树存储交易数据，将每个交易两两配对进行分组哈希，将哈希值递归形成默克尔树根哈希值，从而校验区块数据的存在性和完整性（验证过程见图6-8）。

账户交易的安全性是通过公私钥数据、多重签名、非对称加密等技术实现，通过多种密码学算法保证交易在去中心化的情况下实现可信的价值传输。

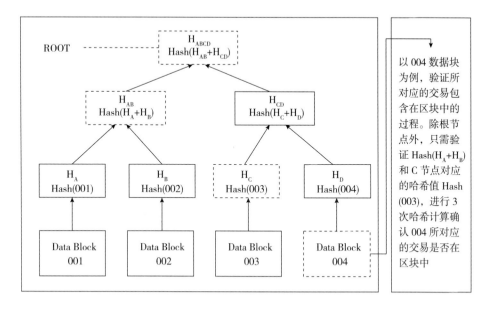

图 6-8   Merkle 哈希树及其验证过程

（2）网络层。网络层主要是利用 P2P 技术实现分布式网络节点的连接和通信。网络层包括点对点组网机制、数据传输机制和数据验证机制，去除中心服务器，每个用户节点通过维护一个共同的区块链结构来保持通信，具有平等、自制、去中心化与健壮性的特点。

（3）共识层。共识层是区块链体系的核心，主要包括共识算法和共识机制。共识层可以实现全网分散的节点在去中心化的区块链网络中针对交易和数据有效达成共识。目前存在的主要的共识算法和共识机制包括适用联盟链和私有链环境的 PBFT（拜占庭容错）协议、针对非拜占庭故障的 RAFT 算法、适合公共链环境的 POW（工作量证明）和 POS（权益证明）等。

（4）应用层。应用层封装了种类丰富的业务应用。比较有代表性的是构建以脚本为基础的智能合约，通过合约将业务规则转化为在区块链平台自动执行的合约，通过应用层在智能合约上添加能够与用户交互的界面，形成去中心化的应用（DApp）。也奠定了未来建立可编程货币、可编程金融甚至是编程社会的基础。

2. 以太坊

以太坊是基于区块链技术的智能合约和去中心化应用平台，内置图灵完备的脚本语言，开发者能够以现有的 JavaScript、C++、Python 等多种语言为模型创建在以太坊虚拟机（EVM）上运行的客户端应用。与区块链点对点网络一样，以太坊区块链数据库由许多连接到网络的节点共同维护和更新，保证了以太坊的容错能力，使存储在区块链的数据具有不可篡改性。

以太坊核心概念包括节点、账户、以太坊虚拟机、矿工、挖矿、Gas、以太币、智能合约和交易。以太坊内部由大量的节点组成，每个节点对应一个以太坊账户，账户之间通过以太币建立交易，交易通过智能合约携带实现交易特定功能的代码，智能合约运行在以太坊虚拟机中。以太坊虚拟机运行在每个节点上，通过重复进行哈希计算产生工作量的节点成为矿工，计算消耗的费用是 Gas，整个计算过程叫作挖矿。以太坊核心概念关系和具体内容如图 6-9 所示：

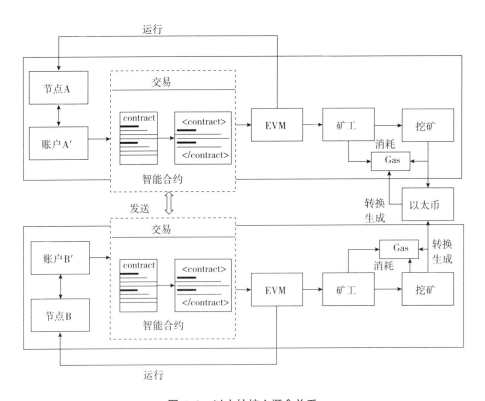

图 6-9　以太坊核心概念关系

（1）节点。节点是在 P2P 网络下参与到区块链中的物理设备，可以对区块链数据进行读写。节点之间可以通过共识机制确保数据交互的安全与可靠性。在以太坊中利用一个节点可以搭建私有链网络。

（2）账户。以太坊账户包括合约账户和外部账户两种类型，它们共用同一个地址空间。合约账户由存储在账户中的代码控制，账户地址是合约部署时确定的，当合约账户收到交易消息时，将执行账户内的合约代码，可对内部存储进行读取、写入等操作。外部账户由公私钥对确定，账户的地址由公钥决定，账户中不存储代码。

（3）EVM。EVM 是以太坊虚拟机，以太坊智能合约的运行环境是基于栈的虚拟机，在其内部运行的合约无法接触到网络、文件系统等其他进程，EVM 可以将部署到区块链上的智能合约编译成 EVM 解释执行的字节码，限制智能合约调用权限，保证合约运行的独立性与安全性。

（4）矿工。矿工是不断通过哈希计算产生工作量的网络节点，矿工将最先计算出结果的节点在网络中进行广播，当结果确认后，矿工可获得新产生区块所包含的奖励。

（5）Gas。Gas 存储在以太坊虚拟机中，由以太币转换生成，用于衡量每笔交易支付的费用。合约运行在以太坊虚拟机时，Gas 会按照既定的规则进行消耗，消耗的费用与价格数量有关，在交易执行结束之后剩余的 Gas 返回发送者账户，消耗的 Gas 作为矿工的奖励。

（6）挖矿。挖矿是在以太坊中获得以太币的途径，是矿工将一段时间内发生在区块链中的交易进行记录，将新产生的记录形成新区块的过程。挖矿的过程保证了交易的可靠性与可验证性。

（7）以太币。以太币是以太坊发行的一种数字货币，最小的货币单位为 Wei。在以太坊中用户所进行的账户之间的交易和智能合约的部署都是在支付以太币基础上进行的。在以太坊中，以太币除了在交易过程中进行使用外，也作为贡献计算资源参与挖矿的矿工奖励。当前获得以太币的途径主要包括挖矿、以太坊钱包购买和货币兑换。

（8）交易。交易是指存储从外部账户发出到另一个账户的消息签名数据包，包括消息接收者、以太币账户余额、确认发送者的数字签名、发送数据等。交易发生时通常包含以太坊的状态转换，状态由两个账户之间价值转移和信息状态构成，在交易过程中利用消息机制保证合约账户和外部账户的同等权利，使合约可以由不同角色参与。

3. 智能合约

1994 年尼克萨博提出的智能合约就是使用计算机语言执行合约条款的计算机协议。智能合约不需要人为干预，利用数字形式使合约参与方在以太坊中执行协议的内容。智能合约的协议在部署完成后可实现自动执行，并产生执行后可验证的证据。区块链技术的出现，为智能合约提供了存储代码和运行的环境，在区块链网络环境下，由于节点间的相互独立使智能合约内容具有无法篡改和可追溯的特点。目前可利用 LLL、Mutan、Solidity 等语言对智能合约进行编写，其中 Solidity 语言是最流行且使用最广泛的开发语言，利用 Solidity 编写好的智能合约，经过编译形成字节码，分布式地运行在网络中每个节点的 EVM 中。

智能合约的创建需要经过编写合约、编译字节码、部署到以太坊网络中等过程，调用时通过发送到合约的事件进行驱动，当发起满足合约触动的交易后，智能合约可以自动发起预设的事物，实现合约的执行。上述过程如图 6-10 所示。

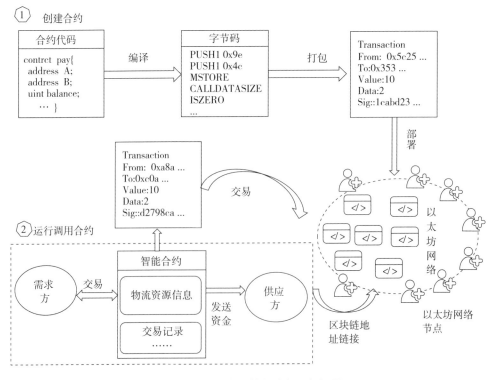

图 6-10 智能合约的创建与运行调用

从上述过程可知，以太坊智能合约的创建运行过程包括多方用户共同参与制定合约、通过 P2P 网络将合约部署到以太坊网络、触发合约自动执行的事件。

（1）多方用户共同参与制定合约。用户通过智能合约进行交易时，共同商定双方之间的智能合约，其中包含各自的权利与义务。通过区块链返回给用户一对公私钥，对智能合约进行签名，从而保证合约的真实性与完整性，最后将签名后的合约发送到以太坊网络中。

（2）通过 P2P 网络将合约部署到以太坊网络。智能合约通过 P2P 网络在全网中进行扩散，网络中的每个节点都会收到一份合约，待节点共识时间到了之后，验证节点通过计算打包后智能合约集的哈希值，将这个哈希值组成一个区块结构扩散到全网中，同时会对每个智能合约进行验证，将没通过验证的合约写入区块链中。这使交易过程中的记录具有可验证性和真实性，由于全网节点的参与验证保证了交易记录的不可篡改性。

（3）事件自动触发合约的执行。合约的执行是满足执行的条件所触发的，没有人为参与。合约是一段数字化的计算机程序，将合约部署到区块链上之后，执行和验证过程是自我管理的，一旦满足智能合约执行的条件出现，部署在以太坊平台中的智能合约将自动完成。

第三节　共享物流信息平台建模

共享物流信息平台是将共享物流的思想和物流信息平台的概念结合而产生的，整合了共享的理念是一种创新型的多用户共享型物流信息平台。本章将共享物流信息平台定义为，共享物流信息平台是信息平台中的一类，利用先进的计算机网络技术、信息技术和通信技术等，将这些技术应用于物流信息平台系统。按照共享思想，从社会不同对象内部收集、提取闲置或者暂时存放的物流信息、设备、技术和人员等，对该数据、资源进行融合、处理、组织、挖掘和发布，为平台使用者提供不同的需求。实现物流业务、支持物流决策，实现物流共享的信息服务，达到整合物流资源，提高物流业务的效率，降低物流成本，实现绿色智慧物流的目的。

一、平台运营参与主体分析

在实现共享物流过程中，联结着物流系统的各个层次，存在着许多的参与主体与组织，主体与组织之间通过物流、信息流、资金流、商流联系起来，形成一张以用户为主体的网状结构，如图 6-11 所示，每个用户在平台中承担不同的身份，与平台进行交互，最终实现平台的共享功能。通过对共享物流信息平台的分析可知，在这一过程中参与的主体包括货源方、仓储资源方、车源方、物流服务企业、配送中心、政府相关部门、行业管理部门、保险公司、银行金融部门等。参与主体以共享物流信息平台为中心，实现主体参与的业务活动。

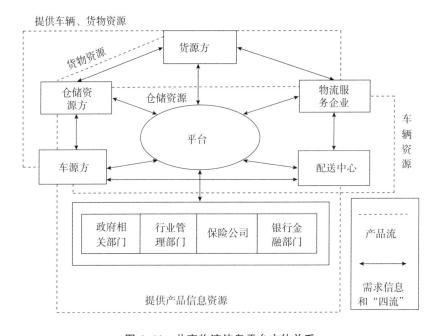

图 6-11　共享物流信息平台主体关系

（1）货源方。货源方是指在共享物流活动中拥有货物所有权的个体或企业，他们是物流活动实现共享的源泉。货源方一般受到环境、季节、重大节日或其他因素的影响需要改变货物的空间地理位置时，通过平台寻求运输或仓储资源。货源方根据货物的特点在平台中发布货物信息，通过双向选择获得所需的共享资源。货源方作为共享物流信息平台的主体参与者，所提供的功能包括货源信息、订单资源、信息查询等；对平台的需求信息包括运输资源、仓储资源、信息查询、货物跟踪、交易评价等。

（2）仓储资源方。仓储资源方是指拥有大量仓储资源的企业或暂时性闲置空间的个人，可以满足货源方仓储需求的服务供应者。仓储资源方在通过平台的资格审核认证后，可将所拥有的仓储资源发布到平台中进行仓储资源的共享。一方面提高了仓储资源的利用率，另一方面仓储资源方在共享仓储资源的过程中可以获得收益。仓储资源方所提供的功能包括仓储空间、仓储订单管理、出入库货物管理、货物监控等；对平台的需求信息主要是仓储需求信息。

（3）车源方。车源方是指拥有运输资源的企业或货运司机及车主，并且具有货源需求。运输费用作为影响物流成本最主要的因素，建立共享运输对物流成本的控制具有重要的影响。在共享运输资源过程中，经过平台审核后的车辆或相关承运人，将相关信息、货源需求发布在平台中，通过平台将车源方与货源方直接建立联系，实现车货匹配供需一体化。这不仅解决了双方的供需要求，也降低了在途运输过程中出现的空载率。作为重要的参与主体，车源方在平台中所提供的信息有：车辆信息、承运人信息、运输订单管理、信用信息、车辆调度和运输信息查询等；所需求的信息包括：运输需求信息、交通路况、车辆跟踪等。

（4）物流服务企业。物流服务企业是在共享物流过程中为平台参与者提供物流服务的企业，包括运输、包装、流通加工、信息查询等。实现共享物流的过程中所涉及的物流环节较为复杂，物流服务企业与平台建立合作关系，实现仓储或运输单项服务功能上与物流服务企业的多样性服务功能相结合。根据货源方的物流需求，物流服务企业辅助车源方或仓储资源方对运输、仓储、包装、流通加工、配送等功能进行组织和管理，利用网络化的信息服务功能，物流服务企业可以为参与主体提供契约性的综合物流服务，保证共享过程的流畅性。

（5）配送中心。配送中心是为了满足出现的"少批次、多频率"的物流活动。在共享过程中，为了满足不同用户多层次的服务要求，所进行的物流活动往往是"少批量、多频次"的。通过平台与配送中心的连接，配送中心可以在共享过程中提供整合支持，如图6-12所示，减少交货频次，为平台的其他参与主体提供保障功能。由于配送中心具有流通加工、订单处理、拣货配送和仓储管理等功能，可以为用户提供更广泛的服务，实现物流共享过程的信息化、自动化、集约化和简单化，提高物流效率，降低物流成本。

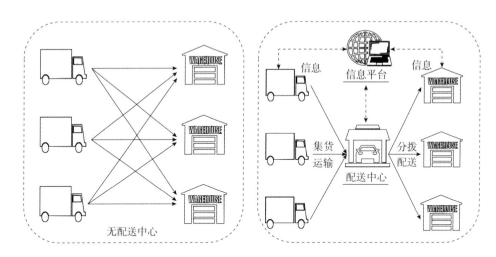

图 6-12   有无配送中心模式对比

（6）其他相关支撑部门。相关支撑部门主要包括政府相关部门、行业管理部门、银行金融部门、交通部门和保险公司等。通过政府和行业相关管理部门制定共享物流过程中的相关政策标准和法律法规，规范物流活动的作业过程，在政府部门的支持下可以协调平台与各个系统之间的关系。为保证实现完整的物流生态体系，利用银行金融部门与平台建立支付联系，实现线上支付的操作。同时在政府部门的引导下，银行信用评价机构与行业部门建立统一的信用数据，将同步的数据上传到信息平台中，加强平台参与主体的监督与管理。交通部门为承运者提供实时路况信息，保证运输水平。保险部门的参与可以维护资金的安全性，降低赔付率，为共享资源提供安全保障。其提供的服务包括法律法规服务、行业标准服务、金融服务、交通服务和保险服务等。

二、共享物流信息平台服务模式研究

通过上一节对共享物流信息平台参与主体的分析，利用平台将供应链系统上的成员用户和外部职能部门进行连接，形成一个信息流高度集中的应用网络结构。在物流过程中，为了满足不同用户的需求，信息平台所进行的物流活动包括仓储、运输、包装、搬运、配送、流通加工等活动。由于仓储和运输是影响社会物流成本最重要的因素，本章对共享物流信息平台的研究主要是针对仓储和运输这两个物流职能进行的，其他的物流职能作为辅助功能参与整个共享物流活动。

通过平台用户的参与与外部职能部门的支持形成线上整合仓储运输资源，线下实现共享的运作模式。

1. 共享仓储分析

仓储作为物流的"第三利润源"之一，可以解决生产和需求在时间上的不一致，满足用户的不同需求。然而目前我国的社会物流成本偏高，仓储成本是影响社会物流成本重要的因素之一，主要是由于目前国内仓储领域需求分散，信息化程度低，空仓率达到60%。因此，通过仓储服务的共享来解决仓储资源闲置的问题。通过本章对共享仓储模式的分析，利用共享平台作为中间服务商，实现各环节信息的及时共享，提高仓储资源的利用率，降低物流成本。

共享仓储的实现是以共享物流信息平台为依托。社会中暂时闲置仓储资源的拥有者，为了提高仓储资源利用率，获得收益，通过注册审核入驻共享物流信息平台，并将仓储资源的类型、大小、所在区域、存储功能、管理时间等具体信息上传至平台，待平台管理员通过审核后，该仓储资源可在需求者之间进行有偿共享。在这一过程中，仓储需求者也可通过在线发布的形式将仓储需求在平台中进行发布，供服务者寻找货源，运作方式如图6-13所示。这种双向选择的过程一方面满足了服务者和需求者之间的需求，提高了交易的成功率；另一方面通过两者之间沟通建立的联系，满足了供需双方的多样化需求。

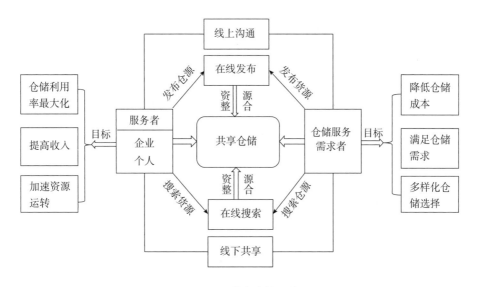

图6-13 共享仓储运作

相对传统的仓储模式，共享仓储平台扮演着中间服务商的角色，审查双方资源，保证交易的真实性。共享仓储模式不仅满足标准化的大客户，对于需求分散、信息化程度低的中小型客户和个人也提供了相应的服务，实现多样化的服务方式。

2. 共享运输分析

目前的运输行业中，大部分企业还处于传统的物流模式，运输资源散乱，缺乏足够的货源，各环节之间无法协调互动。运输费用在总体社会物流费用中的比重超过一半，在途运输车辆的空载率高达 40%。因为在这种传统的物流模式下，运输服务方和货源提供方都需要通过中介或货主提供信息才能完成交易，造成了严重的资源浪费。共享平台的引入通过线上线下一体化运营方式将分布在各地的运输资源集中起来，实现运输资源的共享，加速整个货运资源的运转。

共享运输是利用共享物流信息平台实现运输资源的整合与共享。在共享运输模块中，运输服务者按照平台要求注册审核后入驻平台，通过平台发布车辆信息、司机信息等，平台管理员针对注册信息进行核查通过后，信息即可在平台共享运输页面发布成功。运输服务者在发布车辆信息的同时，车主利用平台的搜索功能可对符合自己车辆承载能力的货源进行搜索。货主也可以通过平台进行在线发布货源和搜索符合要求的承运车辆，如图 6-14 所示。利用线上线下的物流模式，平台实现了货运供需双方之间的信息匹配，同时平台在该共享过程中承担监督、运营和管理的角色，改善运输服务。平台在外部与保险部门的合作保证了运输双方资产的安全，促进了运输模式的健康发展。

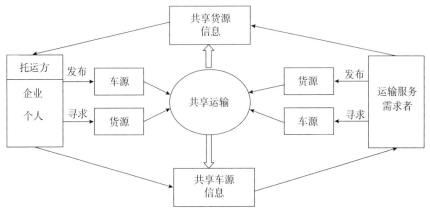

图 6-14　共享运输运作

仓储和运输作为物流环节最重要的职能，也是影响物流成本最重要的因素。在本章构建的共享物流信息平台中，通过对这两个职能的分析，利用信息平台整合仓储和运输资源完成信息匹配，提高信息资源的利用率，将仓储和运输整个供应链上的参与主体和平台外部政府职能部门、金融保险行业以平台为核心建立一个信息资源共享的网络结构，打造完整的共享物流生态体系。

三、共享物流信息平台运营模式分析

共享物流信息平台作为一个实现物流资源共享的信息服务平台，收集、处理和分析物流信息并将信息在社会内进行有效的共享和应用；作为共享类服务平台，具有多部门、开放性和服务范围广等特点，根据运营机制和运作方式的不同，主要分为三种运营模式，即政府主导型运营模式、企业主导型运营模式和委托第三方运营模式。

1. 政府主导型运营模式

政府主导型运营模式下的共享物流信息平台，从平台的前期规划、建设、投资到后期的运营和维护都是由政府直接负责管理。以政府为主导可以充分发挥政府部门的协调、示范和推动作用。在这种模式下，利用政府的资源可以保证平台建设和运营的稳定性，同时政府部门可通过对平台的直接管理及时获得物流行业的信息，为行业做出科学的宏观决策和行业调控。目前在我国由政府主导运营的共享型物流信息平台主要有国家交通运输公共信息平台、中国物流与采购网、中国物流信息中心等，这些平台主要共享物流行业信息资讯，实现数据的交换和共享。

在政府主导型的运营模式中，平台在获取政府资源支持的便利条件下，也存在一些弊端。主要的运营特点包括以下几个方面：

（1）拥有政府资源的扶持。共享物流信息平台的建设周期较长，投资需求大，政府部门的组织和协调可以为平台的建设提供政策和资金方面的支持。相比其他的运营模式，更易获得国家资金和优惠政策的帮助。

（2）易于其他相关职能部门之间实现沟通合作。由于共享物流信息平台的参与主体较多，所涉及的外部职能部门相对比较复杂。政府主导建设的平台在物流运作过程中需要其他相关职能部门的配合时，可能会获得政策上的支持。

（3）市场结合紧密度不够。虽然政府的主导力量很强，但是在政府的管理下容易产生层级间的冗余，在服务上不易为参与者提供多样化的服务模式。相对企业主导型运营模式，政府主导型的平台市场竞争力较小，会导致运作流程复杂化和周期长，物流服务的战略决策受政府的干预较大，不利于平台的市场化运作。

2. 企业主导型运营模式

企业主导型运营模式是指平台的投资、建设、运营和维护由企业全权负责。企业利用物流行业的现状，根据市场需求整合社会物流资源，将社会中暂时闲置的资源在各个系统之间利用有偿的方式进行交换。在企业主导下的共享平台，由于同类竞争压力较大，企业会根据市场需求及时改进具体功能和服务质量，积极探索出适合平台发展的运作方式。以罗计物流、中仓网、云鸟配送和中国物流交易网为代表的企业主导型共享物流信息平台，通过整合社会中的运输、仓储、配送、信息、人力等资源搭建信息共享平台，通过平台的衔接实现供需双方的在线沟通与交易，加速社会物流资源的运转。

企业主导型的共享物流信息平台运作方式比较灵活，更加贴近市场用户的需求，服务水平比较完善。但是企业行为也有一定的局限性，平台的建设周期较长，投资压力较大，在运作过程中企业需要承担很大的风险。企业主导型的共享物流信息平台主要有以下几个方面的特点：

(1) 满足市场的需求，服务水平高。企业主导的平台在市场竞争压力下，可根据用户需求设置完整的组织结构和业务流程。为了促进平台的良性发展，平台针对入驻受益的用户收取相应的服务费用，因此这种模式的共享物流信息平台在服务水平上更具专业化和优质化，通过先进的管理水平来提高信息平台的竞争水平，促进行业的发展。

(2) 运作方式比较灵活。平台完全由企业进行管理，整体的运营规则更符合企业的发展，相对政府主导模式在制度和流程上更具有灵活性。企业的目的是追求利益最大化，因此企业会根据行业的发展现状灵活改变平台的经营业务和管理方式，这种模式更能适应市场化运作下的物流业务，实现社会物流系统资源应用价值的最大化。

(3) 资金压力大，要承担运营风险。平台的建设需要投入大量的资金、人力和物力成本，也需要企业对与平台相连接的政府、金融、保险各部门进行协调沟通，对于企业主导型平台来说需要运营企业拥有庞大的资金链和社会资源来保证平台的可持续发展。对于企业来说，建设初期的资金压力、在运营阶段保障平台影响力和辐射范围在长期的发展过程中都是巨大的挑战。

3. 委托第三方运营模式

委托第三方运营模式是指平台的建设由政府或企业出资，将平台具体的开发建设、运营管理任务外包给可以提供专业服务的第三方企业。通过第三方企业的加入，一方面可以缓解政府或企业的压力，使其将资源分配在平台的核心业务上；另一方面第三方企业一般能够提供优质服务，具有专业化的业务水平，可以使平台的建设与运营更符合用户的需求和行业的发展。例如作为专业的物流信息类共享平台——中国物通网，通过委托第三方的运营模式，利用平台整合运输车辆、海运、快递、物流企业等信息资源，为平台用户提供一站式、全方位的信息化交易方式。

委托第三方的运营模式可以降低投资方建设初期的压力，为投资方在平台的业务流程、技术标准、信息服务、价格指导方面提供专业化指导。但是从平台的长久运营考虑，委托第三方的运营模式会出现业务组织关系复杂和利益冲突等问题。主要特点如下：

（1）提供专业化服务。第三方服务企业拥有专业的团队，针对平台建设所涉及的业务可以提供专业化的指导意见。相比其他两种运营模式，委托第三方的运营模式在初期建设上更能够保证运行效率，并通过先进的技术设备和管理理念满足用户的需求。

（2）有利于投资方发展核心业务。投资方将信息平台中的辅助功能委托给第三方，集中精力发展共享物流过程中的核心业务。通过对核心业务的研究加大共享物流信息平台的竞争力，实现平台的良好收益。

（3）业务体系复杂，利益冲突。委托第三方的运营模式，在共享物流业务开展的过程中涉及的业务参与者复杂，不利于平台的后期管理。在物流业务运行过程中，第三方与投资者在利益关系中既是同盟者也是对立者，因为在投资者将平台运营服务委托给第三方的过程中，第三方可从中获得服务费用，随着第三方服务水平的不断完善，在长期的发展过程中将不利于投资方的利益。

4. 共享物流信息平台运营模式的选择分析

通过对以上三种模式的分析，结合本章所研究的共享物流信息平台的特点，发现相对现有的平台，本章所构建的信息平台不仅要保证信息流通的时效性和资源整合的多样性，还要结合外部环境，通过与多部门之间建立合作，保证平台是一个集共享与交易于一体的信息平台。因此单纯依靠某种运营模式无法满足信息平台的长久发展。针对共享物流信息平台的特点，结合现有平台的运营模式，本章提出利用政府和企业共同协作建设的协同运营模式。该模式是一种以市场需求为导向，协同规划，将各模式优势集于一体的运营方式。运营路线如图6-15所示。

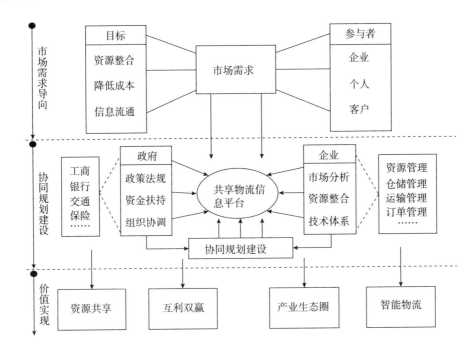

图 6-15 协同运营路线

共享物流信息平台利用协同型运营模式的主要特点包括以下方面：

（1）以市场需求为导向，协同规划建设。根据物流行业的发展需求，企业利用市场需求确定建设目标，整合社会各系统的物流资源，利用新技术构建全面共享的物流网络。政府利用智能科技负责平台政策的引导和支持，为平台的公共信息采集、信用维护、网络基础设施建设和市场协调承担枢纽的作用。通过两者之间的协同建设提高物流共享效率，满足不用参与主体的信息需求。

（2）建立共享物流系统之间的协同联动关系。该平台主要是实现仓储和运输资源的共享，在这两个物流职能共享过程中所涉及的参与主体较为复杂，需要交通、银行、工商、保险等相关职能机构的支持。通过政府和企业协同建设的共享物流信息平台，利用政府的牵头引导实现平台与外部支持机构的联系和相应接

口的对接，可以直接获取共享信息和政府法规，有利于平台建立标准统一的共享
物流信息资源。企业在政府宏观调控下结合客户需求，加强平台信息技术水平的
建设，促进共享供应链上下游之间的联系合作和用户的信息对接，提高了大量闲
置物流资源的利用率和交易成功率。

（3）实现共享和收益最大化，优化智能物流运作模式。在协同模式下的共
享物流信息平台是对物流资源、信息、管理和服务的整合。通过企业的市场运
作，政府的引导推动，实现各部门各系统之间的合作，让物流信息资源在最大范
围内进行共享，同时依托物流基础设施，将现代信息技术有机整合在一起，为物
流活动提供一个信息共享和数据交换的生态环境。有效解决信息孤岛问题，实现
平台和用户的收益，促进智能物流的发展。

四、共享物流信息平台结构模型研究

通过上一节对共享物流信息平台运营模式的分析，结合实现物流资源共享
的目标，平台采用协同型运营模式。在协同型的运用模式下，本节从三个方面
对共享物流信息平台的结构模型进行分析，分别是战略模型、系统模型和信息
模型。

1. 共享物流信息平台战略模型分析

物流信息化的一个重要特征就是信息系统的集成，通过集成将整个系统达到
优化整合的目的，共享物流信息平台的目的是通过闲置物流资源的集成，利用平
台实现共享。平台的战略模型采用三维的体系结构如图 6-16 所示，通过横向、
纵向、垂直三个维度将共享过程的参与主体、共享资源、信息技术等集成在一
起，支撑物流资源的交易流转，商流、资金流、信息流在共享物流平台上的
融合。

（1）横向战略维度——整合物流资源。横向战略维度就是对分散在社会中
暂时闲置的物流资源进行整合、集成和优化。一方面由于季节、环境、活动、持
有者需求变化等因素的影响导致社会中会出现大量闲置的物流资源，另一方面也
有一部分物资持有者无法寻求到合适的物流资源，为了满足这种因信息不对称而
导致无法实现物资匹配的需求，平台将仓储、运输、人力、货物、信息等资源进
行整合，将传统产、供、销一条链的供需环节拆分成产销一体化的网状战略联盟
结构。利用平台整合的物流资源，使参与用户根据需求进行选择，避免资源浪

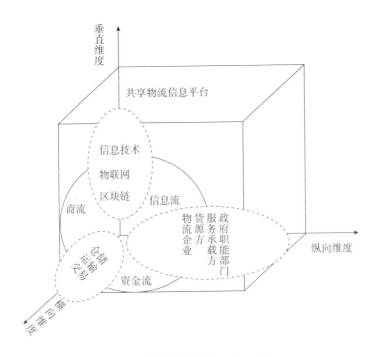

图 6-16 共享物流战略模型三维结构

费，降低物流仓储、运输等环节的成本，使平台参与者所形成的利益共同体实现共赢的目的。

（2）纵向战略维度——实现共享交易。纵向战略联盟就是对实现共享物流活动的内部和外部的参与者进行整合连接。参与者是共享物流信息平台运转的必要条件，平台运营方维护平台的日常管理，保证平台正常运营。内部参与者包括服务供应方①、服务需求方②、物流企业、配送中心、仓储人员、运输司机等，参与整个共享仓储和运输的过程，不同用户参与共享的不同环节，实现交易的进行；作为支撑平台交易运营的外部参与者包括行业职能机构、政府监督部门、银行保险部门、交通法规等。外部平台的参与为行业提供相关的政策法规，监督共享过程，为共享物流交易环节提供资金安全和保证等，为平台共享过程提供良好

---

① 服务供应方：本章所提到的服务供应方是指针对本章共享物流信息平台的车源方和仓储资源拥有方。

② 服务需求方：本章所提到的服务需求方是指针对本章共享物流信息平台的货源方。

的运营环境。

（3）垂直战略维度——支撑平台运转。垂直战略维度是实现平台建设过程中所采用的相关技术。共享物流的实现是以互联网为手段，借助互联网、大数据、区块链、物联网等现代信息技术搭建出面向用户的前台界面和面对平台运营管理的后台界面。通过互联网技术实现的平台在物流资源的收集、业务流程、交易规则上更加标准化和系统化。GPS、RFID、EDI 等物流信息技术的运用可以实时掌握在途物资的动态信息，使物流过程更加透明化。共享物流的实现需要保证交易双方之间的信任，区块链技术的引入打破了中心化交易，保证交易双方的信任机制。先进技术的运用将使共享物流向系统化、透明化、协同化和智能化的方向发展，保证共享物流信息平台的正常运营。

2. 共享物流信息平台系统模型分析

共享物流信息平台除了满足仓储和运输服务的共享，还需要提供行业信息、入驻平台者的信用信息、共享物流电子交易服务、在途跟踪、信息匹配等服务。共享物流平台需要与各种应用进行连接，在前台满足用户的交互，后台设置专门的用户管理，通过平台运营方实现统一的业务流程授权管理，将共享数据库的信息进行数据交换与共享。通过构建图 6-17 所示的共享物流信息平台的系统结构来分析平台的系统功能。

平台的系统模型主要分为两个部分：上层平台门户模块和下层内部支持模块。上层的平台门户模块中通过参与用户的入驻审核，整合物流资源、信息、人力等，通过平台将整合到的相关物流资源进行重组优化后供平台参与用户利用。在这一过程中参与者可根据自己的需求主动发布或在线寻求，利用智能匹配功能提高交易率。平台的门户模块面对不同参与者具有不同的业务功能，对外部政府支撑部门来说，可以将行业政策信息发布到平台中，为共享物流过程提供指导方针，打破了以往在共享过程中的政策障碍。通过上层的系统模块将共享环节与参与者之间紧密地结合在一起，实现信息共享、业务协同、资源共享。下层的内部支持模块主要是平台运营方通过系统管理员对共享系统进行维护，保证用户的使用。通过物流资源的整合与用户信息的注册，将产生的数据信息汇集到共享数据库中，平台内部系统对产生的数据进行维护，在系统内外进行交换，包括仓储数据、运输数据、订单数据、用户信息数据等。系统模型的最底层是通过网络环境和相关的技术来保证平台的安全与运作。

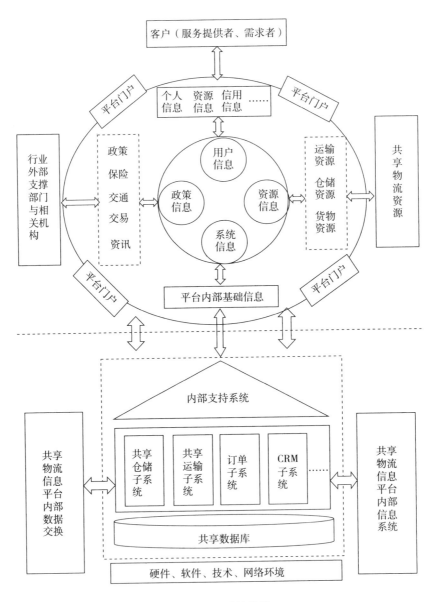

图 6-17   系统模型

3. 共享物流信息平台信息模型分析

信息模型是利用信息和信息流来描述系统中的构成要素与各要素活动之间的关系，通过信息、信息流、数据处理来描述物流功能和活动，是对物流系统抽象和本质的描述。在共享物流的实施过程中所涉及的物流信息和物流活动比较复杂，利用信息技术构建出共享物流信息平台来实现信息的采集、流动与共享。将共享物流过程中所参与的用户主体作业过程进行连接，协调一体化物流活动和作业活动。图 6-18 搭建了平台的信息模型，通过信息模型描述了共享信息平台中物流活动与共享信息流之间的交互。

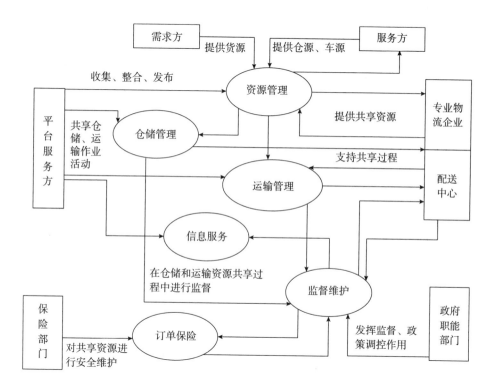

图 6-18　平台的信息模型

本章的信息模型将构成要素分为六部分，每部分都对应相应的要素活动。共享物流信息平台要素活动包括资源管理、信息服务、仓储管理、运输管理、监督维护、订单保险六部分。

（1）资源管理。对参与用户的人力资源、共享物流资源、行业资讯、技术信息、基础设施等资源通过标准化的格式在系统内进行整合优化，促进组织目标的实现，满足用户对信息服务的需求，使政府部门更好地实施宏观调控和信息服务。在这一过程中，对信息的需求包括参与方注册的用户信息、在平台中共享的物流信息、政府市场调控信息等。

（2）信息服务。信息服务包括对内信息服务和对外信息服务。对内信息服务是指在平台运营方内部所产生的信息，根据参与平台所产生的交易服务为平台运营方提供相关业务动态和统计分析信息数据、监控服务过程的信息、客户关系管理、内部信息传递等。对外信息服务包括对用户、货主、车主、仓储资源方、物流服务企业等提供的共享信息资源、提供共享资源的具体信息、货物追踪信息、订单查询信息等。

（3）仓储管理。仓储管理根据服务对象分为三个方面，包括仓储资源拥有方、仓储资源需求方、平台运营管理方。仓储资源拥有方将所闲置的仓储资源分享到平台中，平台利用整合优化存储到共享数据库中；仓储资源需求方通过信息检索服务来寻求满足自己需求的仓储资源，从平台获取数据进行选择交易；平台运营管理方将拥有方和服务方所产生的相关仓储活动信息数据存储到共享仓储数据库中，对仓储资源进行维护，实时监控仓储活动状态。

（4）运输管理。运输管理分为四个部分，包括运输资源拥有方、司机、运输资源需求方和平台运营管理方。运输资源拥有方利用平台提供运输资源，包括车辆具体信息、服务时间、服务范围。司机作为运输承运人在运输管理过程中要提供个人的具体信息，承担整个运输作业活动。运输资源需求方根据要改变的地理位置、货物特征发布需求信息。平台运营管理方综合三方的信息来管理运输过程，通过共享运输数据库实现智能匹配，并且负责运输过程的跟踪管理。

（5）监督维护。监督维护政府、行业协会、交通管制等职能部门对于共享过程的参与管控。不仅包括共享物流作业过程中资产安全、交通法规，行业政策的指导还包括对平台运营方在运营过程中的监督。这样不仅保证参与平台信息资源的安全性和真实性，也有助于平台在实现共享物流过程中对市场的把握，为决策者提供管理优化的帮助。

（6）订单保险。订单保险包括订单在交易与共享过程中所涉及的人员、物资的安全保证。订单交易是服务需求者和服务提供者根据双方选择后达成交易所产生的交易订单。订单信息包括交易时间、订单号、交易金额、物资的具体信息等，订单交易成功后可实时跟踪订单的在途信息，实现交易的透明化。因为在共享过程中所涉及的人力、物力、财力较多，平台通过与保险部门合作可以为交易双方提供保险服务，保证在特殊情况下双方的财产安全，对于一些特殊贵重物品超出平台担保范围的，双方可在平台中购买对应的保险服务，以此来保证资产的安全。

第四节　共享物流信息平台关键技术

本章设计一个基于区块链的共享物流信息平台。该平台是利用共享经济理念，以信息技术为手段，为物流行业的闲置资源创造价值。平台主要面向社会中规模较小的中小企业和信息化程度较低的个体散户，通过资源整合、信息处理、信息发布的功能，为实现共享物流提供用户交易平台。

一、平台项目需求分析

1. 项目概述

滴滴出行和 Airbnb 的成功，使"共享经济"得到了飞速发展，以"共享"为理念的业务模式催生出共享单车、共享汽车、共享充电宝、共享雨伞等以"共享"为名的行业。维基百科对共享经济的定义是：共享经济是指拥有闲置资源的机构或个人有偿将资源使用权暂时性地转让给他人，并从中获得收益，分享者利用分享他人的资源创造价值。根据定义可以发现，目前以"共享"为名的汽车、单车、充电宝、雨伞等行业本质上是 B2C 分时租赁的业务模式，并不符合共享经济盘活闲置资源，通过有偿方式创造社会价值的特点。

相比传统的分时租赁，在物流业中，随着 G7、罗计物流、云鸟配送等平台的出现，共享经济在物流行业中得到了稳步发展，通过平台将闲置的运输、配送、人力等资源进行整合利用，提高社会物流资源的利用率。但是此类平台在服务对象上主要是针对专业化程度较高、规模较大的物流服务商，整体运用重资产的模式，现存共享物流平台的服务模式下，社会中大量闲散的个体物流资源拥有者是无法得到资源的共享的。因此，为实现整个社会各类物流资源的有效共享，需要一个轻资产、C2C 双边网络效应明显、能够满足零散个体的共享类物流信息平台，为用户提供闲置资源的整合、信息发布、共享和交易的平台，并且加速整个社会物流资源的流转速度。

基于共享经济的理念，本章采用区块链和信息技术来构建分布式的共享物流平台。该平台一方面为多个参与方提供需求发现、资源整合、交易撮合、支付结算等功能，另一方面连接政府、保险、行业职能等部门，为共享物流的实现提供政策指导。在平台底层利用区块链技术，构建一个低成本、建立点对点之间互信和去中心化的网络平台，实现真正意义上的共享经济模式。

2. 功能需求分析

共享物流信息系统为供需双方提供共享物流资源，实现交易的平台。服务供应方和服务需求方是平台最重要的参与者，所以本节从服务供应方和服务需求方的角度对平台的主要功能进行分析。

（1）服务供应方功能分析。服务供应方包括仓储资源拥有方和车源方，在平台的主要功能上主要分为五个系统：①身份信息系统。身份信息系统是参与共享物流信息平台的服务供应者提供相关身份信息的系统。包括注册、审核、登录等相关个人信息。用户利用平台进行注册，在注册过程中需要选择服务供应方（车源、仓源）的角色，并且需要进行相关的信息审核，在平台的审核通过后方可成功注册为平台的服务供应方。在利用注册时的用户名和密码进行登录后可以对个人信息进行完善和修改。②信息发布搜索系统。信息发布搜索系统是实现共享物流最基本的功能系统。服务供应方根据平台的标准化格式将闲置的物流资源发布到平台中进行共享，为了保证共享物流资源的真实性，在发布物流资源时服务方需要将物流资源的详细信息与相关图片凭证进行上传供平台进行监督审核，供应方也可以根据自己的需求利用平台的搜索功能寻找合适的货源，通过主动发布和在线搜索的方式，提高匹配效率。③订单系统。供应需求方的订单系统主要是对需求方提交的订单进行接收，在供应方开始接单后，订单系统会记录下所共享的物流资源的详细状态，包括位置、行驶轨迹、时间等，同时订单系统会为服务方提供资源需求方的详细地理位置、需求信息、需求方的通信信息等。④支付系统。支付系统主要是服务方进行费用结算。系统利用订单系统获取订单费用，在交易完成后直接触发智能合约，从合约账户中将订单费用支付给服务方。⑤评价系统。评价系统为服务方提供对需求方评分的功能，服务方可根据共享过程中需求方的行为表现进行在线评价。

（2）服务需求方功能分析。服务需求方包括对仓储和运输资源有服务需求的货源方，整体上分为五大系统：①身份信息系统。与服务供应方功能类似，身份信息系统为服务需求方对个人信息进行管理的相关功能，包括注册、登录、个人信息管理等。相比服务供应方，需求方在用户进行注册成功后可直接进行登录，无须系统管理员的审核工作。用户利用注册时的用户名和密码进行登录后，可对个人信息进行修改与完善。②信息发布搜索系统。需求方根据自己货物的需求情况，可以对共享车辆资源或共享仓储资源进行在线搜索，利用平台的智能匹配功能为用户的搜索提供推荐功能，同时需求方也可将自己的货物信息发送至平台，根据自己对运输或仓储资源的需求情况为物流资源服务方提供货源。③订单系统。订单系统是实现共享物流的关键系统，该系统涉及与订单相关的所有功能，包括创建订单、提交订单、查询订单等。供需双方在达成交易协议时可在线创建订单与提交订单，在提交完订单后需求方需要根据订单的预付款金额将预付款支付到合约账户中，此时服务方根据需求方的订单情况进行物流资源的安排。查询订单为需求方提供历史订单的查询功能，需求方可以在共享物流信息平台中查询历史交易订单的具体情况。④支付系统。支付系统涉及与支付相关的功能。该模块的底层利用区块链技术编写去中心化的智能合约，在订单创建完成中，需求方将预付款支付到合约账户中，该账户是由计算机代码进行控制，当双方确认交易完成后自动触发账户，此时合约账户的资金将自动转移到服务方的账户中，如果交易失败合约账户中的金额则返回至需求方账户中。⑤评价系统。共享物流信息平台底层采用区块链技术具有去中心化、不可篡改等特点。通过评价系统，可以对在交易过程中服务方的服务质量进行评价，去中心化和不可篡改的特点也保证了评价无人为干预的特点，这保证了评价内容的真实性，并为后续交易者提供参考。

二、业务逻辑分析

共享物流信息平台是一个基于区块链技术的去中心化服务平台，根据平台的业务流程，主要从实现物流资源共享的业务和去中心化支付过程面向的对象对平台业务逻辑过程进行分析。

1. 共享资源业务逻辑

在物流资源实现共享的过程中，主要采取在线发布和搜索匹配两种方式。通过供应方和需求方不同的业务需求，对共享物流信息平台进行操作。实现物流资源共享主要的业务逻辑如下：

（1）供应方和需求方利用平台进行注册登录，为保证交易进行的安全性，供应方需要对自己的身份和共享资源进行在线审核。

（2）以需求方在线搜索匹配为例。供应方将暂时闲置的运输或仓储资源根据平台提供的标准化格式进行上传，形成一个资源数据库。需求方根据自己的物流需求在平台中寻求符合所需的物流资源，在供需匹配成功后双方达成交易协议，发起订单需求。

（3）系统将需求方的订单需求发送给供应方，供应方开始进行接单操作。

（4）在订单开始之后，平台的需求方、供应方和平台运营方可通过跟踪定位的方式查看订单的实时状况。

（5）待用户需求完成后，可通过点击订单完成，结束整个物流资源的共享过程。

2. 去中心化支付业务逻辑

去中心化支付过程主要包括支付预付款和结算两个过程：

（1）在订单确认后需求方将订单所需的预付款支付到智能合约账户中，该合约账户可存放预付款且无须人为干预，可根据订单情况触发相应的操作。

（2）结算。若订单没有确认成功，则存放在智能合约账户中的预付款退还到需求方的支付账户中。如果订单确认成功，则会触发合约执行将预付款转移到供应方区块链账户中。

共享平台业务逻辑流程如图 6-19 所示。

三、平台系统功能模块设计

共享物流信息平台分为三个子系统，包括外部门户信息系统、内部系统管理和底层去中心化支付应用系统。外部门户信息系统主要是面向前台用户，包括展示平台门户信息与行业动态，实现用户注册、审核和登录的功能，平台的目的是实现闲置物流资源的整合与共享，通过用户对暂时闲置的仓源、车源和货源等信息的发布或用户在线搜索的功能，实现信息的匹配与共享交易。内部系统管理是通过平台系统管理员对后台信息的维护来实现平台稳定运营。管理员根据所属权限对入驻平台的用户信息进行维护和审核以保证用户信息的真实性和完整性，在实现物流资源共享过程中对平台的物流资源进行整合维护，监测资源共享过程中的订单状态。在平台底层通过区块链技术的引进，构建去中心化应用平台，实现交易双方的点对点支付，解决共享过程中的信任问题。平台的详细组织功能结构如图 6-20 所示。

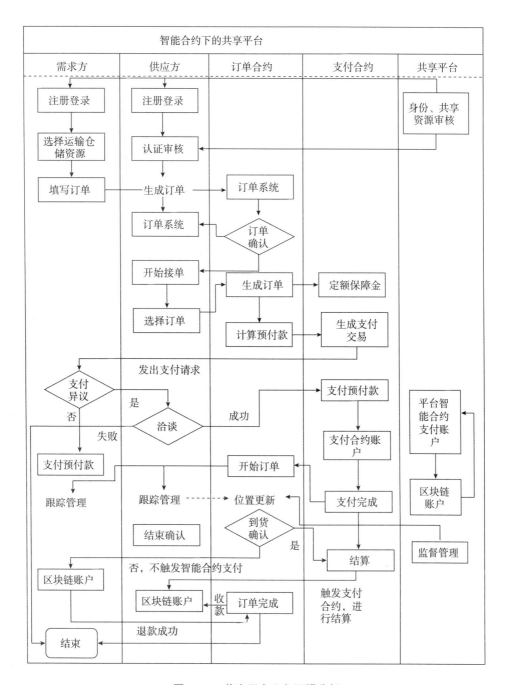

图 6-19　共享平台业务逻辑分析

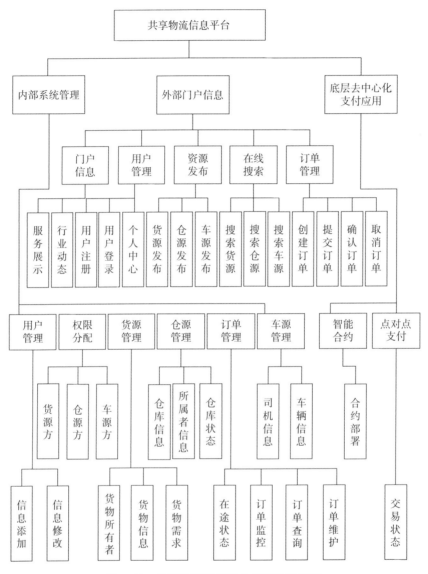

图6-20　共享物流信息平台组织功能结构

四、以太坊智能合约设计

以太坊智能合约在设计思想上将共享物流信息平台所涉及的不同对象通过结

构体和映射的方式存储在一个合约中，提高参与用户的交互程度。本章主要实现的是点对点支付，通过 Solidity 语言设计支付智能合约，使物流资源需求者与物流资源供应者通过智能合约进行交互（如图 6-21 所示），实现共享物流信息交易过程中的去中心化。

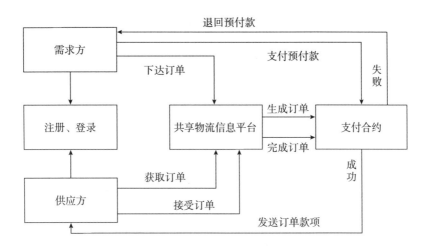

图 6-21　平台用户与智能合约交互

这里从两个方面对支付智能合约进行设计，一方面是根据共享物流信息平台在支付环节参与对象所处的状态进行设计；另一方面是对于支付功能中提供的方法进行设计，包括参与用户基于区块链平台的注册登录以及参与共享物流活动双方进行的支付活动等。

1. 支付合约状态设计

在支付智能合约中，包括物流资源需求方、物流资源供应方以及共享的物流资源（运输或仓储资源）。合约通过结构体对参与对象进行封装，用于表示在支付过程中参与者的身份确认，对象之间通过 Mapping 函数建立映射，利用区块链地址查找对象身份等交易信息，用于确认支付的权限控制，使合约能够调用支付结算的方法。

需求方和供应方包括账户的区块链地址、密码、账户金额、发布的物流资源、需求的物流资源五个属性，物流资源包括 ID、所属的用户地址、金额三个基本属性。通过键值对的映射方法，使具体的交易信息映射到一个订单记录（Record）结构体中。具体代码映射图如图 6-22 所示。

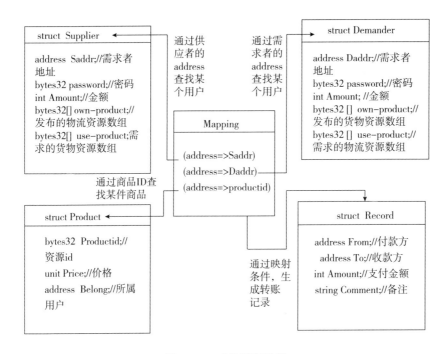

图 6-22　对象代码映射

2. 支付合约方法设计

支付合约的方法设计是基于以太坊平台开发的 DApp 中对涉及支付环节的功能模块进行设计。包括供应者与需求者的注册、登录、转账支付等方法。

在合约创建中会提供一个构造函数，利用构造方法进行初始化和合约的部署。本章对构造方法进行重写，对参数进行初始化操作，用于记录 DApp 中智能合约的拥有者，在去中心化支付过程中为供应者和需求者发行初始以太币。构造方法重写如图 6-23 所示：

```
function Dapp-pay()
  {
    owner = msg.sender ;
    balances[owner] = 1000000000;
  }
```

图 6-23　构造方法重写

（1）供应者和需求者注册。合约中在供应者和需求者注册之前需要先判断用户是否注册过，通过内部类方法 Internal 关键字进行修饰，在判断完成后，进行注册事件操作，利用 Event 事件，将注册交易的哈希值进行返回（见图 6-24）。

```
//进行注册
  event NewSup(address sender,bool isSuccess,string news);
  function  NewSup(address  SupplierAddr,string S_password){
        //判断是否已经注册
        if(!isSupReg(SupplierAddr)){
        supplier[SupplierAddr].saddr=SupplierAddr;
        supplier[SupplierAddr].password =stringToBytes32(S_password);//
将string类型转化为bytes32类型
        supplier.push(SupplierAddr);
        NewSup(msg.sender,true," 注册成功 ");
                return;
        }else{
              NewSup(msg.sender ,false," 已存在该账户 ");
                  return;
              }
  }
```

图 6-24　注册代码实现

（2）供应者和需求者登录。在注册完成后，DApp 应用给用户分配账户的区块链哈希地址和密码，地址是十六进制的字符串，对象的登录密码可以使用智能合约获得（见图 6-25）。

```
function getSuppassword(address SupplierAddr) constant{
    return (bool,bytes32){
      if(!isSupReg(SupplierAddr)){
        return(true,supplier[SupplierAdd].password);
      }else{
        return(false,"");
      }
    }
  }
```

图 6-25　登录代码实现

（3）转账支付。转账支付是整个 DApp 的核心，将整个过程分为支付预付款、结账两部分。通过设计两个函数对整个过程进行实现。由于该过程不涉及第三方的参与是否是去中心化的点对点支付，所以整个过程只需要提供该过程供应者和需求者双方的账户地址，利用智能合约控制金额的去向（见图 6-26）。

```
//支付预付款
 function pre_pay(address demander,int fee) demand
    returns(bool success){
     balances[demander]-=pre_pay;
     balances[owner]+=pre_pay;
    Transfer(demander,this,pre_pay,"预付款") ;
     return  true;
   }

//结账
function Bill(address demander,address supplier,int fee,in finalfee) demand
returns(bool success){
     int surplus=fee - finalfee;
      balances[demander]+=surplus;
    balances[owner]-=fee;
     balances[supplier]+=finalfee;
    Transfer(demander,this,surplus,"剩余款");
    Transfer(supplier,this,finalfee,"收款");
     return true;
   }
```

图 6-26　支付代码实现

第五节　共享物流信息平台实现

一、开发环境配置

本章的 DApp 是在 Windows 系统中实现的一个应用程序，利用该应用实现智能合约的调用。DApp 在开发过程中需要依赖各种开发环境，下面对 DApp 开发过程中的依赖开发环境进行介绍（见图6-27）。

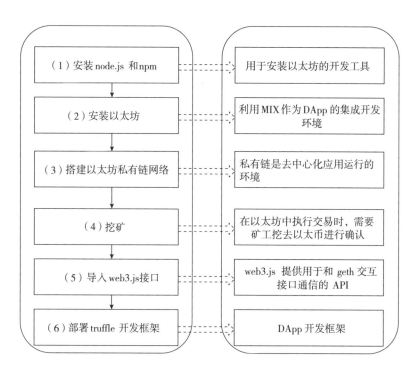

图 6-27　DApp 开发环境

（1）安装 node. js 和 npm。以太坊应用开发过程中通过 npm 可以直接安装开发工具和软件包，npm 是 node. js 下的一个包管理工具，通过安装 node. js，实现多 npm 的安装。在安装完成后可通过部署 path 环境变量，实现在任何路径下对 node. js 和 npm 的应用。通过在终端执行以下命令，检查是否安装成功，以及安装版本。本章采用 node8 版本和 5.6 版本 npm（见图6-28）。

```
C: \Users \Administrator>node – v
v8.11.3
C: \Users \Administrator>npm – v
5.6.0
```

图 6-28　node. js 和 npm 版本查询

（2）安装以太坊。本章通过安装 Mist 以太坊客户端，可以对账户进行管理，也提供了一个以太坊智能合约集成开发环境，利用 Mist 客户端部署的本地 Remix 服务，直接进行智能合约的开发。

（3）搭建以太坊私有链网络。私有链网络是 DApp 运行的环境，通过搭建本地私有测试链环境，完成以太坊智能合约开发的过程。在本地搭建以太坊私有链包括自定义创世区块、配置私有链和启动私有链三部分。本章自定义一个以 CustomGenesis 为名的 json 格式的创世区块，在完成创世区块的自定义后，通过命定来配置私有链和启动私有链。具体如图 6-29 所示。

```
{
"nonce": "0x0000000000000042",
"timestamp": "0x00",
"parentHash":"0x0000000000000000000000000000000000000000000000000000000000000000",
  "extraData": "0x00",
  "gasLimit": "0x8000000",
  "difficulty": "0x400",
"mixhash":"0x0000000000000000000000000000000000000000000000000000000000000000",
  "coinbase": "0x3333333333333333333333333333333333333333",
  "alloc": { }
}
```

图 6-29 以太坊创世区块：CustomGenesis. json

通过如图 6-30 所示命令配置私有链网络：

```
C:\Mychains\dev\geth –identity "mydev1" –rpc –rpccorsdomain "*" –datadir
"c:\Mychains\dev1" -rpcapi "db.eth.net.web3" -networkid 100 init
"./CustomGenesis.json"
```

图 6-30 私有链网络配置命令

私有链网络启动命令如图 6-31 所示：

```
C:\Users\Administrator\Desktop>geth –datadir "c:\Mychains\dev" –identity "mydev"
–rpccorsdomain "*" networkid 99 console
```

图 6-31 私有链网络启动命令

成功启动私有链网络结果如图 6-32 所示：

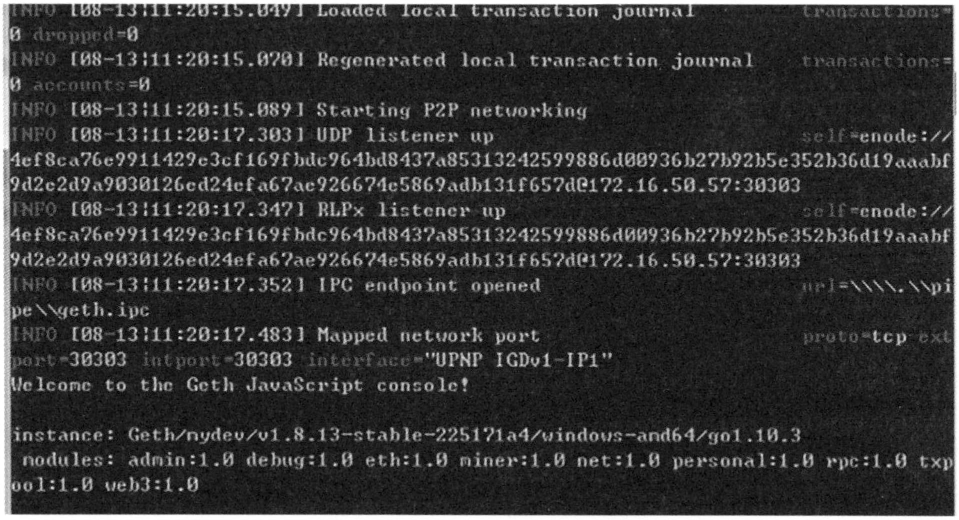

INFO [08-13|11:20:15.049] Loaded local transaction journal   transactions=
0 dropped=0
INFO [08-13|11:20:15.070] Regenerated local transaction journal   transactions=
0 accounts=0
INFO [08-13|11:20:15.089] Starting P2P networking
INFO [08-13|11:20:17.303] UDP listener up   self=enode://
4ef8ca76e9911429e3cf169fbdc964bd8437a85313242599886d00936b27b92b5e352b36d19aaabf
9d2e2d9a9030126ed24efa67ae926674e5869adb131f657d@172.16.50.57:30303
INFO [08-13|11:20:17.347] RLPx listener up   self=enode://
4ef8ca76e9911429e3cf169fbdc964bd8437a85313242599886d00936b27b92b5e352b36d19aaabf
9d2e2d9a9030126ed24efa67ae926674e5869adb131f657d@172.16.50.57:30303
INFO [08-13|11:20:17.352] IPC endpoint opened   url=\\\\.\\pi
pe\\geth.ipc
INFO [08-13|11:20:17.483] Mapped network port   proto=tcp ext
port=30303 intport=30303 interface="UPNP IGDv1-IP1"
Welcome to the Geth JavaScript console!

instance: Geth/nydev/v1.8.13-stable-225171a4/windows-and64/go1.10.3
 modules: admin:1.0 debug:1.0 eth:1.0 miner:1.0 net:1.0 personal:1.0 rpc:1.0 txp
ool:1.0 web3:1.0

图 6-32　以太坊私有链启动结果

启动私有链网络后，就可以在以太坊中进行私有链网络开发。

（4）挖矿。开启私有链网络后可进行挖矿，通过挖矿操作获得私有链网络下的以太币。利用 miner. start（）开启挖矿，执行 miner. stop（）命令结束挖矿（见图 6-33、图 6-34）。

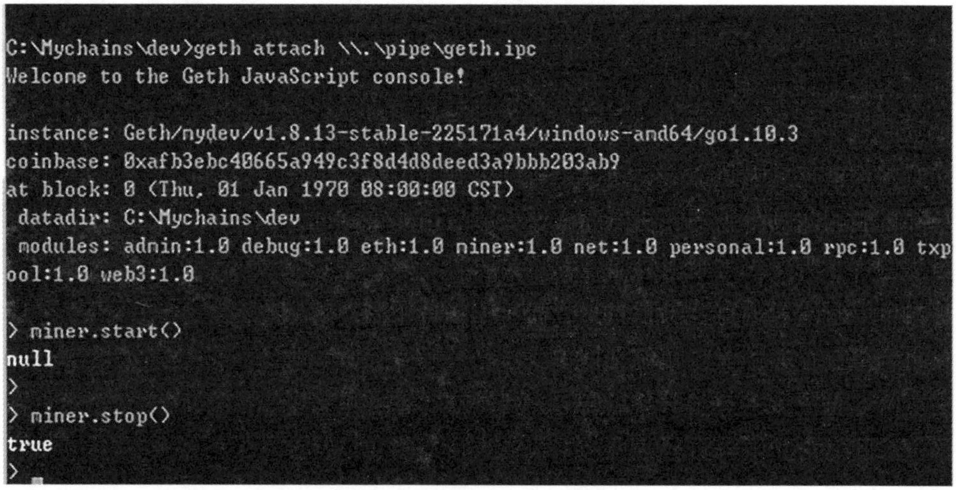

C:\Mychains\dev>geth attach \\.\pipe\geth.ipc
Welcome to the Geth JavaScript console!

instance: Geth/nydev/v1.8.13-stable-225171a4/windows-and64/go1.10.3
coinbase: 0xafb3ebc40665a949c3f8d4d8deed3a9bbb203ab9
at block: 0 (Thu, 01 Jan 1970 08:00:00 CST)
 datadir: C:\Mychains\dev
 modules: adnin:1.0 debug:1.0 eth:1.0 niner:1.0 net:1.0 personal:1.0 rpc:1.0 txp
ool:1.0 web3:1.0

> niner.start()
null
>
> niner.stop()
true
>

图 6-33　以太坊挖矿执行结果

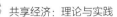

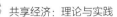

图 6-34　挖矿后当前账户余额

（5）导入 web3. js 接口。利用 web3 接口可以使 DApp 应用与以太坊进行交互。部署 web3 接口时利用 git clone 命令连接 github 网站进行 web3 接口的在线下载，并通过 npm install 命令对 web3 接口进行安装（见图 6-35）。

```
>git clone https://github.com/ethereum/web3.js.git
>npm install
```

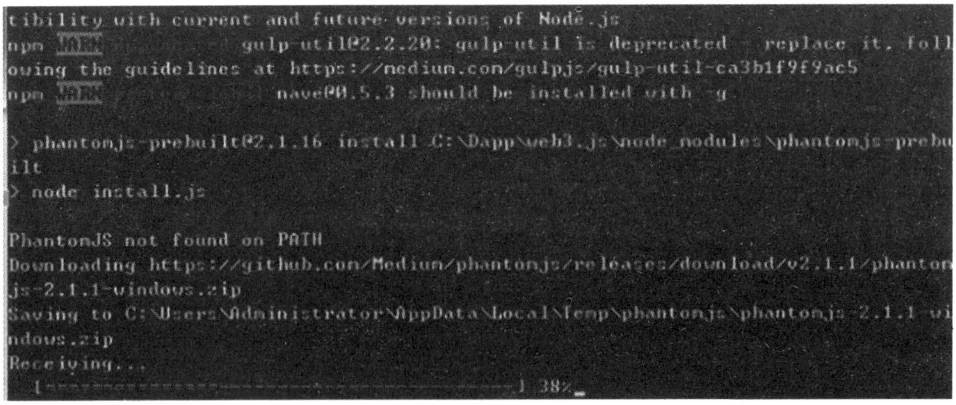

图 6-35　web3 接口安装

（6）部署 truffle 开发框架。truffle 是 dApp 应用中优秀的开发框架，通过 truffle 框架可以方便使用 JavaScript 进行应用的开发，而且 truffle 框架内置智能合约编辑器，可以通过脚本进行合约的编译、部署、测试等工作。为了避免安装过程中出现问题，本章对 truffle 进行安装时运用权限更高的 PowerShell 对框架进行部署（见图 6-36）。

```
>npm install -g truffle
>npm install -g ganache-cli
>truffle init
```

```
PS C:\Dapp> cd truffle
PS C:\Dapp\truffle> truffle init
Downloading...
Unpacking...
Setting up...
Unbox successful. Sweet!

Commands:

  Compile:        truffle compile
  Migrate:        truffle migrate
  Test contracts: truffle test
PS C:\Dapp\truffle> truffle compile
Compiling .\contracts\Migrations.sol...
Writing artifacts to .\build\contracts

PS C:\Dapp\truffle> _
```

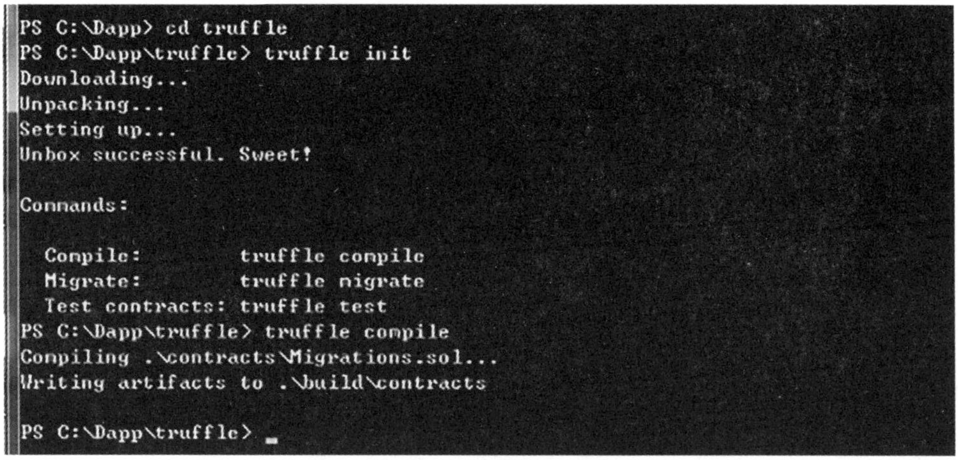

图 6-36　truffle 项目创建目录

二、DApp 系统开发流程框架

本章对共享平台去中心化支付 DApp 应用采用分层可扩展的项目开发流程，不同的分层可让不同开发人员进行设计。采用分层可扩展的模式，可以使不同平台利用接口进行调用交互，实现高内聚、低耦合的设计思想。在开发框架中，该应用的架构分为三层，上层面向用户的客户端，中间层是上层应用和底层区块链的桥梁，底层数据存储保证区块链交易的安全和不可篡改性。框架如图 6-37 所示。

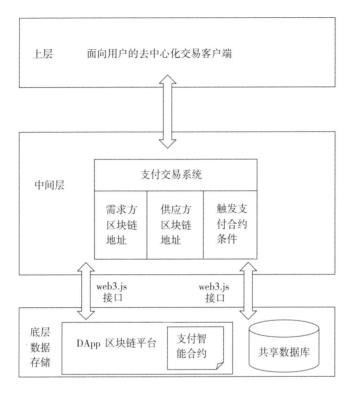

图 6-37 分层可扩展框架

三、去中心化支付过程实现

1. 启动去中心化支付项目

在 DApp 应用编写完成后，需要在启动之前获取部署在以太坊中的去中心化支付合约，并通过本地服务器实现区块链与前端页面的交互。本应用通过终端执行 npm run dev 命令开启项目，并通过本地 8080 端口访问本地浏览器，实现应用的访问（如图 6-38 所示）。

2. 用户账户区块链地址的注册、登录

在该去中心化应用中，为了实现去中心化交易支付，需要供应方和需求方在应用平台中注册以太坊地址，通过注册的以太坊账户地址和密码进行登录。供应方和需求方注册登录界面如图 6-39 和图 6-40 所示。

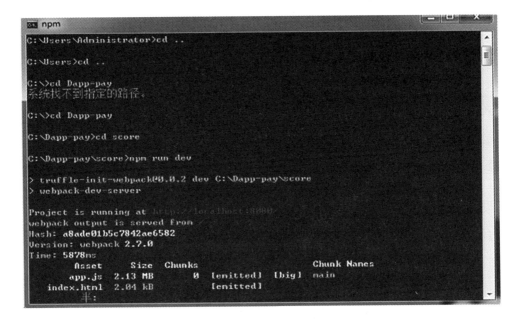

图 6-38　开启 DApp 项目

去中心化支付

供应方

用户注册

账户　　　e.g., 0x93e66d9baea28c17d9fc393b53e3fbdd76899dae

密码　　　e.g., 123456

　　　　　　　　　注册

用户登录

登录地址　e.g., 0x93e66d9baea28c17d9fc393b53e3fbdd76899dae

密码　　　e.g., ******

　　　　　　　　　登录

图 6-39　供应方注册与登录

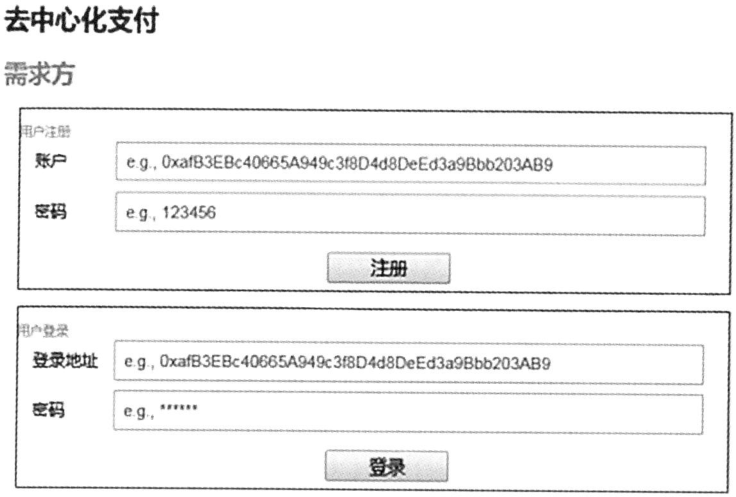

去中心化支付

需求方

用户注册

账户   e.g., 0xafB3EBc40665A949c3f8D4d8DeEd3a9Bbb203AB9

密码   e.g., 123456

注册

用户登录

登录地址   e.g., 0xafB3EBc40665A949c3f8D4d8DeEd3a9Bbb203AB9

密码   e.g., ******

登录

图 6-40 需求方注册与登录

3. 账户之间资金的转移与订单查询

在用户登录成功之后，根据对方的账户地址可以进行资金之间的支付，这个支付过程没有第三方的参与，是由部署在以太坊中的智能合约控制的，实现了去中心化的支付。通过用户也可以在应用中查询到交易的记录（如图 6-41 所示），且该记录是可追溯、不可篡改的，保证了整个物流资源在共享过程中交易的安全性与信任化。在交易之前，利用终端查询注册在以太坊中的双方账户默认金额是空的（如图 6-42 所示），因此为实现交易，需要在测试链网络下挖矿，为用户挖取保证交易基础的以太币。

4. 实现去中心化支付结果展示

账户进行挖矿获得以太币后，进行供应方和需求方账户之间资金的转移，通过以太坊平台中去中心支付的智能合约，分两次将需求方账户中的金额转移到供应方账户中。如图 6-43~图 6-45 所示，在第一轮挖矿结束后需求方账户中存在 145 个以太币，经过最终挖矿需求方账户中存在 340 个以太币。通过调用合约给需求方账户中转移 21 个以太币。交易完成后对两个账户中金额进行查询，得到需求方账户中以太币剩余 319 个，供应方获得需求方支付的 21 个以太币，整个去中心化交易支付的过程完成。

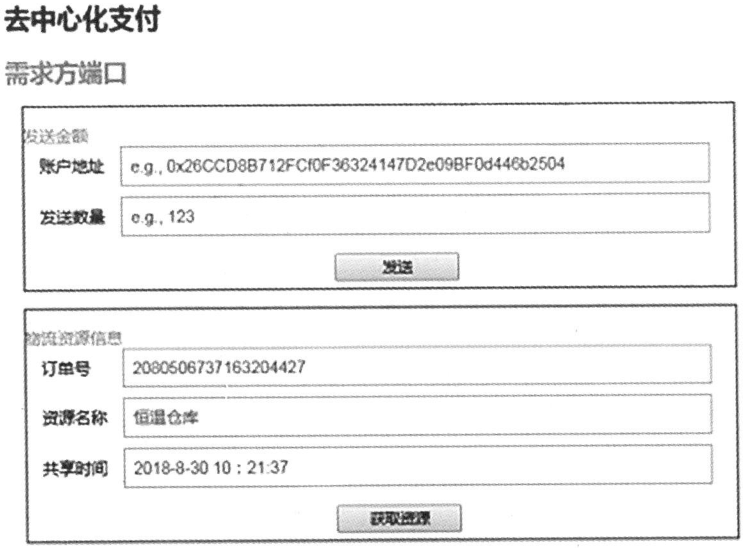

去中心化支付

需求方端口

发送金额

账户地址　e.g., 0x26CCD8B712FCf0F36324147D2e09BF0d446b2504

发送数量　e.g., 123

发送

物流资源信息

订单号　　20805067737163204427

资源名称　恒温仓库

共享时间　2018-8-30 10：21：37

获取资源

图 6-41　交易记录查询

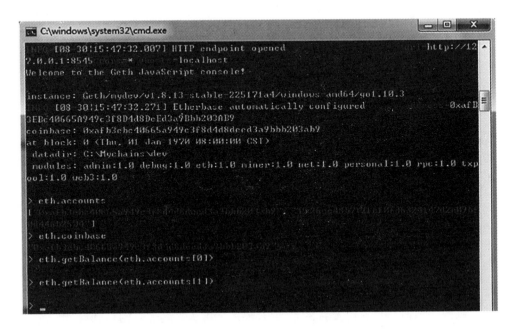

图 6-42　账户地址与默认的账户余额

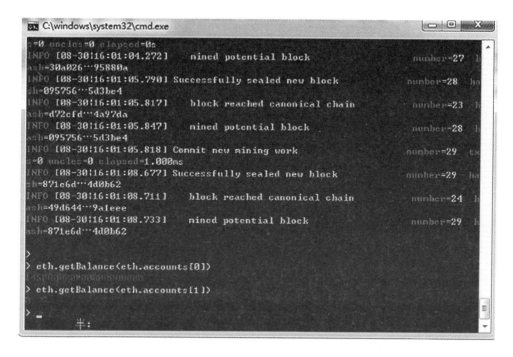

图 6-43 第一轮挖矿后双方账户余额

图 6-44 合约部署和账户金额转移过程

以上过程实现共享物流信息平台支付过程的点对点支付，在该过程中账户
accounts［0］直接将金额转移到 accounts［1］的账户中，该过程没有第三方平
台或机构（如银行、支付宝）的参与，解决了共享物流过程的信任问题，并且
实现了共享经济的价值转移。

图 6-45 交易支付完成后账户金额

第六节 结 论

一、综合评价

共享物流信息平台是通过构建物流信息平台对社会中暂时闲置的物流资源与服务进行整合，通过对整合后的信息进行分析和在线展示，为供需双方提供交易的场所。为了避免交易过程中存在的信任和纠纷问题，本章在平台中引入区块链技术，一方面解决了安全问题，另一方面实现了技术创新。接下来从技术创新、经济效益和社会效益对本章内容进行分析评价：

（1）技术创新。本章从建设思想上体现共享—物流—"互联网+"—区块链四者的融合。目前对共享物流的研究大部分是理论基础的提出，本章在理论研究的基础上通过技术性手段实现物流资源的共享，同时结合区块链技术实现了技术的创新。

（2）经济效益。本章的目的是通过搭建信息平台将闲置的物流资源进行整合，为资源供需双方提供交易通道。一方面提高了资源的利用率，另一方面降低了整个社会的物流成本，提高了整个物流行业的经济效益。

（3）社会效益。从行业可持续发展的战略角度出发，通过共享方式的物流经济模式，将物流仓储和运输资源进行循环利用，形成物流产业生态圈，产生社会效益。

二、不足分析

本章在共享经济发展的基础上，对物流业进行研究，并借助互联网信息技术实现了物流资源与服务的共享，由于时间和研究深度的限制，本章在研究内容中还存在完善的空间。

（1）区块链技术目前处于初期起步阶段，在理论基础与技术实现中还存在很大的发展空间，本章通过区块链技术实现的去中心化交易支付是利用以太坊平台构建的一个 DApp，点对点支付应用的实现还处于模拟过程中，无法与共享物流信息平台进行完全的交互应用，未来随着区块链技术的发展，该平台还有很大的提升空间。

（2）平台的参与对象存在局限性。本章所构建的共享物流信息平台主要面对规模较小的物流及供应链中的实体，目的是解决零散个体用户物流资源利用率低的问题。针对规模宏大的企业平台，目前无法提供良好的使用体验。

第七章

共享经济背景下金融风险的
识别和缓释研究

第一节 引 言

共享经济最早于 2008 年在美国兴起。随着互联网的不断发展，Uber、Airbnb 等平台的出现意味着"共享经济"的新商业模式正在壮大。按照罗兰贝格公司预测，2018 年全球共享经济规模将达到 5200 亿美元。自 2015 年 12 月世界互联网大会上习总书记指出"共享经济将作为国家经济战略加以推动"以来，共享经济发展迅速。国家信息中心《中国分享经济发展报告 2017》指出，2016 年中国共享经济市场交易额约为 34520 亿元，参与共享经济活动的人数超过 6 亿人，共享经济的提供服务者人数为 6000 万人。然而，在投资热的背后却存在着一定的经济泡沫和金融风险，尤其是涉及用户资金安全的事件（如 P2P 平台卷款跑路、共享单车资金挪用等）屡屡发生，需要引起投资者、消费者和监管部门的高度重视。

关于共享经济的研究，众多学者认为，交易成本最小化（Dervojeda et al.，2013；Rogers，2015；Henten & Windekilde，2016）、协同消费理论（Hamari et al.，2016；Schor & Fitzmaurice，2015）和多边平台理论（Golovin，2014；Li et al.，2015）是共享经济存在和发展的理论分析基础。大量的国内外学者对共享经济的驱动因素、与传统经济的差异、共享经济企业商业模式、共享经济的治理与监管问题等进行了研究（Schor et al.，2015；王雍，2017）。然而，这些研究多是从理论上分析共享经济的特征和发展现状，或是从案例角度剖析存在的问题，例如单车模式的押金管理问题等；但是从全面金融风险管理角度进行的研究却较少。

实际上，关于共享经济的研究，不仅需要强调这一新型业态的发展状态和有别于传统经济模式的特征，也需要从风险识别、风险缓释和监管角度对其金融风险进行全面分析，尤其是针对类型繁多的共享经济模式，更需要按类进行针对性研究。因此，本章根据共享经济的链接对象差异将共享经济划分为 C2C、B2C 和 C2B2C 三种模式，提出从金融风险管理全过程的角度对三类主要共享经济模式下的金融风险进行识别（种类），对相应的风险缓释进行全面的分析，这是对现有共享经济文献的重要丰富和扩展。

从实践角度而言，共享经济作为"互联网+"时代下的"新经济""新商业"业态，符合我国"十三五"规划"创新、协调、绿色、开放、共享"发展理念，已经成为我国经济发展的现实诉求；但共享经济快速发展的同时伴随着一定的金融风险。因此，积极开展对共享经济背景下的金融风险研究，识别各种共享经济模式下的金融风险类别，提出一定的金融缓释对策，有助于监管部门对共享进行有效的风险监管，对于共享经济更快更好地发展和供给侧经济结构的改革具有重要的现实意义。

第二节　文献综述

本部分内容通过对共享经济相关研究文献的梳理，发现对共享经济所伴随的金融风险的研究还较少，亟须深入开展相关金融风险的研究，从而加深对共享经济的全面认识、促进共享经济模式的稳定发展。

目前国外文献主要集中于共享经济的驱动因素（Schor & Fitzmaurice，2015）、非营利性共享与营利性共享的区别和联系（Schor，2014）、共享经济的影响评估（Rosenblat & Stark，2015；Uber，2014）、共享服务和传统服务的异同（Henten & Windekilde，2015）、新型业态的冲击与传统服务业模式创新（Rogers，2015）、共享经济企业商业模式分析（Gurley，2014）等问题。而国内研究主要是在借鉴国外研究的基础上，提出了我国共享经济的特征性研究。概括而言，主要集中于两大主题。

第一类研究主题主要围绕着共享经济的概念界定、内在理论支撑、特征、运行机制、分类等展开（董成惠，2016；杨帅，2016），更多的是体现经济学分析中的"是什么？"描述。卢现祥（2016）认为共享经济是交易成本最小化、制度变革和制度供给的产物；王雍（2017）认为共享经济是利用互联网等现代信息技术手段、以使用权分享为主要特征，整合海量和分散化资源、满足多样化需求的经济活动总称，因此，共享经济主要包括共享经济平台、共享资源（闲置商品或服务）、共享资源的提供方和使用方、收益这四个关键要素；而王亚丽（2016）则认为共享经济是一种新的租赁经济模式，以使用权而非所有权为产权基础、以租代买、实现协同消费、充分利用闲置资源、挖掘过剩产能的巨大价值的新型经济形态；汤天波（2015）基于"互联网+"背景分析了共享经济发展趋势和潜力，提出共享经济带来了全新的生产模式、消费模式和企业运营模式；杨学成和涂科（2016）以出行平台为例，分析了在共享经济背景下的动态价值共创。

而关于共享经济运行模式分类的，有从应用领域进行分类的，如王雍（2017）认为其主要包括以滴滴、Uber 等为代表的交通出行工具共享，以小猪短租、Airbnb 为代表的房屋共享，以陆金所、宜信为代表的 P2P 借贷、产品众筹、股权众筹等资金共享以及以分答为代表的知识共享等；也有从盈利模式进行分类的，如郑志来（2016）提出可将共享经济分为共享固定资产的产品服务系统盈利模式（如 Uber、Airbnb 等），以及共享技术、时间、劳务等无形资源的协作盈利模式（如猪八戒网等）；而郑联盛（2017）认为尽管目前学术界并没有对共享经济运行的模式达成共识，但是他认为主流模式包括产品服务体系、再分配市场、协同生活范式三类。其实，不管哪种分类方法，共享经济均具有如下特征：整合线下闲置资源聚合到共享经济平台（而平台本身不具有这些资源），平台依靠这些闲置资源为需求端提供个性化、定制化服务；平台借助于移动互联网、移动支付、云计算、大数据等手段实现供求两端完美对接。

第二类研究关注共享经济的治理与监管等问题，属于经济学分析中的"该怎么办"范畴。该类研究既有针对个别共享经济模式、案例进行的研究，也有对共享经济模式的总体风险分析。

前者如孟凡新（2015）以淘宝平台为例分析网络交易市场的有效治理，需确定各层合理治理秩序的边界，加强治理秩序的互动转化和应用扩展；董培（2017）对共享单车模式存在的风险进行了分析，提出了风险管理的策略；赵桂华（2017）针对共享单车的押金问题进行了研究，提出了对押金进行监管的必要性和相应的法律建议。

后者如高玉梅（2015）提出了共享经济的监管需要过程创新，需要建立广泛原则性的学习监管体系；彭岳（2016）探讨了共享经济规制问题，提出了不能将新业态视为传统行业的互联网化，从而以类比方式施加传统规制，应减少行政干预；郑志来（2016）提出将供给侧结构性改革和共享经济结合起来，通过比较传统经济与共享经济商业模式，提出在供给侧结构性改革背景下的共享经济发展政策建议；王雍（2017）认为目前共享经济在用户信用、平台信用、监管等方面存在问题，提出了"建立商业银行介入的资金存管模式"，突出底线监管、合作监管，对共享经济起到规范作用，从而更好地促进共享经济的发展；蔡朝林（2017）提出了有序、有效的市场要与有力、有度的政府监管进行高效协作、协同发展，应从行业指导和管理、平衡创新与监管关系、改善基础设施与制度环境等方面来提高政府对共享经济监管的有效性；陈元志（2016）提出了用创新友好型监管政策分析框架对共享经济进行监管。

综观上述研究，尽管现有文献对共享经济的理论演进和内在逻辑、业务模式、运行机制、监管等方面进行了广泛的分析，但对于其发展的同时伴随着金融风险的认识却有待提高。

实际上，共享经济作为一种"互联网+"背景下的新经济形态，出现了新的金融风险特征。例如，以共享单车①为例，随着共享单车企业的井喷式增长，其创造出了一个金额巨大的资金市场，该巨大的资金池运作模式显然不同于以往的商业运作模式，因此，其金融风险存在的形式也会有所差异。因此，积极开展对共享经济的特征分析，提炼出三种不同类型的共享经济模式（C2C 模式、B2C 模式以及 C2B2C 模式），重点分析这三种模型下金融风险的类型识别、风险缓释以及相应的监管措施，对于金融风险的管理、系统风险的防范具有重要的意义。

第三节　三种共享经济模式的特征分析

本节将通过比较共享经济与传统经济的差异，提炼出共享经济的特征。在此基础上，根据目前主流的共享经济发展现状及运营模式，将共享经济模式总结为三种类型，以 Uber、Airbnb、小猪为代表的 C2C 模式，以共享单车、共享充电宝、共享雨伞为代表的 B2C 模式，以及以 Xbed、Airparking 共享停车为代表的 C2B2C 模式，进一步重点分析这三种模式运行的经济学基础与特征、运营模式、盈利方式和存在的问题。

一、共享经济与传统经济的比较

共享经济最初是指通过互联网技术激活大量闲置资源，允许商品所有者通过

---

① 以 ofo、摩拜单车为代表的共享单车尽管发展到目前结果不尽如人意，经营方式等出现了一定问题，值得我们去深入探讨，但本章内容重在分析共享经济的金融风险管理，因此，我们重点剖析共享单车发展过程中曾经出现的金融风险，以及相应的风险缓释措施。

某种平台暂时将商品使用权转让给他人，从而提高社会资源和信用的利用率，为平台两端的参与者创造价值。因此，共享经济最大的特点是"连接闲置资源"，而非生产商品，因而，与传统的商业模式有较大的差异。其一，共享经济不存在或存在较弱的市场势力，它是供求双方动态的生态圈。在这种商业模式下，只要拥有闲置资源并有意愿将产品的使用权进行暂时性转移以获得相应的经济回报，那么每一个个体都可以成为产品和服务的供给方，因而供给方和需求方是可以延展的，市场容量较大。其二，共享经济商业模式体现在配置对象是闲置资源，是资源的再次利用，而非商品的新生产（见图7-1）。

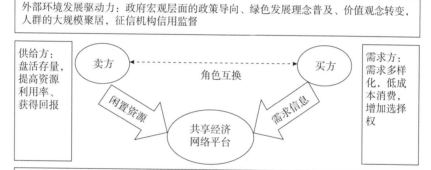

图7-1　共享经济运营模式

资料来源：作者绘制。

也正是因为这种"共享性"，导致了这两种商业模式在创新原动力上的差异。企业之间、企业与客户之间的差价被认为是传统经济商业模式的核心，而该差价的形成主要取决于两大因素，市场势力和创新。因此，极易导致两类极端状态：一是以竞争为主的行业由于较低水平的恶性价格竞争和盲目建设、重复建设导致行业产能过剩、高端技术创新缺乏，技术进步停滞不前；二是在政府管制的有利条件下，以垄断为主的行业依靠卖方垄断力获取高额垄断利润，导致行业的社会利润分布不均，创新推动力不足。因而，该传统经济商业模式创新生产机制错位，本应是"企业主导+政府保护"，却变成了政府推动创新为主，创新保护机制没有建立起来，进而导致企业创新动力不足，而停留于垄断或模仿层次上，可持续性发展动力不足（郑志来，2016）。

　　传统经济商业模式中主要涉及企业之间的内部流程和企业与客户之间的外部流程，这里着重考虑分析后者。在传统模式下，产品一般通过"成本+利润"的定价方式从上级供给方逐级转移给下级需求方。供需双方之间涉及的分销商、中间商、渠道商等中间链条过长，导致除各级供给方内部成本传导累加外，交易成本也随之不断累加。共享经济模型以虚拟化网络平台为媒介，将消费者与供应商直接联系起来，与作为中介的商业组织分离。供需双方在共享平台上进行平等直接的供需匹配和讨价还价，减少了中间商的参与，简化了中间商的冗余销售。整个销售流程中销售环节进行了最大化缩减，从而实现低成本化交易。且在共享经济商业模式下，供需双方身份可随时互换，即每一个个体只要拥有闲置资源并且有意愿将产品的使用权进行暂时性转移就可以成为产品和服务的供给方，每一个个体只要为满足需求愿意付出合理对价以获得产品暂时性的使用权就能成为产品和服务的需求方。此时，供需双方之间形成了动态的双向关系，不存在或存在较弱的市场势力。

　　共享经济商业模式与传统经济商业模式的差异还体现在分配对象上。共享经济的分配对象是闲置资源，其实质是将闲置商品或服务脱机整合，以便以更低的价格向客户提供产品或服务。对供应商而言，通过暂时转移使用闲置资源的权利，或者在某一时间段内提供特定的服务，获得了相应数量的资金回报；对需求方而言，通过租借等共享方式，在不直接拥有所有权的情况下也可获得产品特定时间段内的使用权。因此，共享经济借助于第三方信息平台实现了对使用权的分享，它强调闲置资源的使用价值，也就是使用权，而非所有权，注重存量资源利用率的提高，而非消耗增量资源。传统经济模式以增量资源为分配对象，依赖于大量的土地资源、人力资源、设备、厂房、资金等各类有形资产和无形资产的投入，强调资产的所有权，消耗的是增量资源。

　　因而，共享经济与传统经济在商业模式上存在着较大的差异。尽管目前关于共享经济的模式有不同的分类标准，如王雍（2017）、李源等（2017）等提出的按应用领域划分（见表7-1），郑志来（2016）提出的按盈利模式划分等。我们认为，客户和商家的关系是构成共享经济的核心基石，从这两方关系的角度入手可以更好地分析共享经济的模式与特点。根据共享经济链接对象的差异（即客户和商家之间不同的联系方式），我们将其分为C2C、B2C和C2B2C三种模式，分别对应于"个人对个人直接的共享平台""企业对个人的平台""企业链接有闲置资源的个人并将其转租给另一个人建立起来的平台"三种情况。下面重点分析 C2C、B2C 和 C2B2C 三种模式运行的特征、运营模式、盈利方式和存在的问题。

表 7-1　按共享经济业务领域划分的模式类别

模式	表现形式	全球主要平台
共享金融	P2P 网贷模式与众筹模式	中国：宜信财富、网贷之家、众筹网、人人贷、陆金所 美国：Lending Club
共享交通出行	分享租车、分享驾乘、分享自行车、分享停车位	中国：滴滴打车 美国：Uber、Boatbound（游艇分享）、Spinlister（自行车分享） 德国：Park Tag（停车位分享） 法国：BlaBlaCar
共享空间	分享住宿空间、分享宠物空间及分享办公场所空间	中国：途家、小猪短租 美国：Airbnb、Wework（办公室分享）、Homeaway、Dogvacay（宠物分享空间）
共享医疗健康	预约医生、轻微病症在线处理、健身场馆及健身教练分享使用等	中国：全城热炼 美国：Classpass（健身分享）、Paper
共享美食	利用闲暇时间通过为他人提供高品质的美食而获得收入	中国：觅食、烧饭饭 美国：Opentable、Kitchit
共享公共资源	分享 Wi-Fi 网络、太阳能资源	中国：平安 Wi-Fi 美国：Solarcity（太阳能分享） 西班牙：Fon（Wi-Fi 分享）
共享知识教育	通过互联网将知识分享从线上引到线下	中国：知乎、小红书、在行 美国：Ted
共享任务服务	在网站上发布工作内容，然后别人可以领取任务，完成任务后获得相应的报酬	中国：猪八戒网、达达（物流配送分享）、人人快递（物流配送分享） 美国：Instacart（物流配送分享）

资料来源：李源等（2017）。

二、共享经济运营模式及特征分析

在共享经济发展的初始阶段，主要的商业模式是利用互联网技术搭建起需求方与供给方的连接和分享平台，提高社会闲置物品和资源的流动性和利用率，解决个人需求的同时提高社会存量资源的有效利用率。这就是典型的 C2C 模式，被认为是共享经济的"1.0 时代"，比较具有代表性的企业有 Airbnb、Uber、小猪短租等。

以小猪短租为例，小猪短租于 2012 年成立，现已成为中国共享经济在线短租领域中最具代表性的企业之一，它主要是在房客和房主的闲置房源间进行对接。拥有闲置房屋的房主可以在小猪短租平台上发布房屋信息，房客根据自己的个性化需求在平台上预约自己所需的房屋，具体运营模式如图 7-2 所示。小猪短租作为一个共享平台帮助个人房东发挥闲置房的经济效益，以较低的交易成本和高效率对劳动或资本服务的供给方与需求方进行匹配，通过分享经济达到双赢局面。小猪短租采用 C2C 共享模式最大的优势是房东拥有管理权、使用权和产权，因而摆脱了沉重的房屋购置成本，同时盘活房地产库存，匹配租客的个性化需求，达到了轻量化、高效率的租房体验（见图 7-2）。

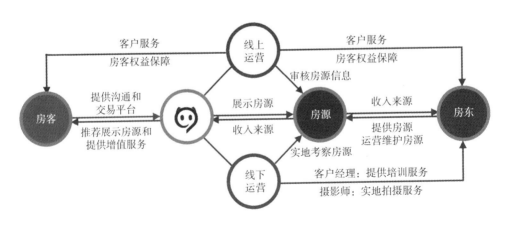

图 7-2　小猪短租平台的运营模式

资料来源：艾瑞咨询研究院。

根据现有的共享经济定义，C2C 模式更符合共享经济发展的内涵，即个人资源与个人需求的对接，更符合"我为大家，人人为我"的共享精神。然而，近年来，共享经济正向着以平台直接参与资源供给或供给侧主体小 B 化为显著特征的 B2C 模式发展，呈现出的专业化和职业化趋势也越来越明显。从原来的 C2C 模式到目前的 B2C 模式，本质上是一个从"去中介"到"中介"的过程，这是由于 B2C 模式并不连接个人现有的闲置资源，而是生产或购买大量商品进入市场进行分时租赁。比较具有代表性的企业有共享单车、共享充电宝、共享雨伞、共享衣橱、共享睡眠舱等。

如成立于 2014 年的 ofo、成立于 2015 年的摩拜单车，曾在短时间内迅速发展成为共享单车行业的独角兽企业。该行业的迅速成长主要得益于"互联网+共享经济"的创新模式，采用"科学增量+盘活存量"的模式，将闲置的单车资源调动起来，使市民出行"最后一公里"的难题得以有效解决。科学增量是指在每个城市投放的单车的所有权归平台所有，由平台负责采购、投放、管理和维护。盘活存量简单而言就是一种以 1 换 N 的资源互换模式，市民通过共享平台将自有闲置单车的使用权分享出去，达到获得平台内其他共享单车无偿使用权的目的。因此，共享单车的运营模式主要是 B2C 模式，大部分单车的所有权归属于平台，用户根据需求进行付费。

此外，还有一种与 B2C 模式紧密相关的共享经济模式——C2B2C 模式，即公司本身不具备商品生产或者拥有的能力，而是通过从第三方租赁闲置商品而实现再一次出租给客户的过程。该模式是 C2C 和 B2C 两种模式的再次组合，因此兼具前两种模式的特点，比较具有代表性的企业有 Xbed、Airparking 共享停车等。以 Xbed 为代表，简单而言就是房东与租客之间出现中间机构——Xbed，房东将房源提供给 Xbed，平台不仅为房东负责保洁维修还全程代表房东进行销售，使房东拥有闲置房产的所有权，但不直接参与闲置房产与租客对接的交易过程。

三、盈利模式分析

根据共享经济的发展现状，C2C 共享模式下的盈利模式主要分为三类：一是对供给方和需求方进行抽成，根据双方对平台的依存度、获利大小分别进行抽成；二是供需双方的客户资源价值，第三方共享经济平台掌握大量的客户资源，客户为共享经济平台带来了流量和入口；三是平台资源延伸服务价值，基于客户资源大数据分析进行相关服务延伸，拓展其服务边界（郑志来，2016；刘倩，

2016）。例如，Uber 公司针对供给方的每笔业务进行提成，并通过分析旅客出行计划的大量数据来与交通管理部门合作；Airbnb 公司则是对需求方收取佣金；小猪短租则通过房客的付费入驻使房东获得收益，同时平台从中抽取 10% 的交易佣金。

B2C 共享模式下，以共享单车为代表的共享产品依赖于"保证金+租金"的盈利模式运作，其收入主要来源于押金收入、租金收益和媒体效应三个部分。在 ofo 发展的鼎盛时期，用户群超 2 亿，由此产生的单车租赁次数带来了较为可观的租金收入。由于我国尚未建立完善的征信制度，且企业和消费者不接受频繁收取和退还低价值租赁产品押金的模式，因此，共享单车企业普遍采用收取押金并进行长期保管的经营方式防止私人对共享产品进行故意损害、侵占，押金起到了类似担保的作用。其间也引进过芝麻信用积分机制，但随后又因种种原因逐步取消了。假设押金以 199 元/辆计，那么拥有超 2 亿用户群的 ofo 就获得了高达几百亿元的押金。即使按最保守的银行理财产品收益率计算，这笔巨额资金流每年也会带来上亿元的盈利。同时，共享单车平台因庞大的用户群而备受媒体业和广告业的青睐，共享单车及平台 APP 均被用作广告传媒的载体，平台利用自身高流量特性进行广告投放，获得的广告收益也是其收入的主要来源之一。

C2B2C 的盈利模式与 B2C 的盈利模式相似，基本上也包括押金和租金等收益。

四、存在的问题分析

C2C 模式下的共享经济注重搭建个人与个人的对接，满足客户越来越多的个性化需求。这样的模式优势在于可以物尽其用，即供给端可以渗透到社会中的每一个个体，能最大化地将社会闲置资源集聚起来，达到资源效应。在不耗用增量资源的情况下，满足社会发展需求。正是由于这种"个性化"和"最大化"，使这种模式下的平台对商品和服务的控制能力较弱，由此产生的用户体验波动较大，用户体验的质量难以保证等产品非标准化问题更为严重。同时，未来 C 端的供应可持续性也是一个问题。目前，C2C 共享模式依赖于庞大的存量市场。在未来，当 C 端的供应量下降到一定程度时，C2C 共享模式将不可避免地遇到一个瓶颈期。更为重要的是，我国目前整体信用文化还有待提高，虽然平台通过信息化解决了基本的信息透明和信用利差定价问题，但仍存在较大的个人信用风险问题，交易双方由于缺乏信任而导致成交效率低下。

表 7-2 对 C2C 模式、B2C 模式和 C2B2C 模式进行了四大维度的比较。从表 7-2 中可以看出，B2C 模式或 C2B2C 模式在这一阶段可能是一种更好的解决方案。B2C 和 C2B2C 模式能在一定程度上做到服务产品标准化和统一化，可控的持续供给性。但存在的问题也十分棘手，如井喷式发展带来的盲目扩张缺乏精细化运营，如押金问题衍生出来的金融风险问题，又如高成本与低租赁价格引起的盈亏失衡问题。就押金问题而言，共享单车公司的运作非常接近金融机构。然而，由于共享单车运营商并非是金融机构，因此无法像金融机构一样受到同等程度的监管，金额巨大的押金池自然也没能得到相应严格的有效监管。同时，目前我国还没有专门的法律法规来监管这笔巨额现金流。这些实际所有权为消费者所有的押金被企业用于何处？是否具有金融属性并存在金融风险？这些都是亟须解决的问题。

表 7-2 C2C、B2C 和 C2B2C 三种模式的比较分析

运营模式	C2C 模式	B2C 模式	C2B2C 模式
基本特征	服务资源的提供者为个人，个人将其闲置资产、资金、技能分时段有偿地租用给客户	服务资源的提供者为企业，企业将其内部众多资产、产品分时段地让用户有偿使用	企业从第三方租赁闲置资产、资金、技能，通过重新整合后再一次分时段地、有偿地租用给客户
运营特点	轻资产、轻运营模式，盘活个人闲置资源、服务产品个性化、交易灵活化、服务产品价格较低	重资产模式，服务产品标准化和统一化，可控的供给持续性，运营管理成本较高，服务产品价格相对较高	重资产、重运营模式，盘活个人闲置资源的同时保证服务产品标准化和统一化，可控的产品供给持续性
盈利方式	交易抽成、客户资源价值、平台资源延伸服务价值	租金、押金、平台资源延伸服务价值	租金、押金、平台资源延伸服务价值
面临的问题	产品非标化问题较为严重、用户体验波动性大、平台供给持续性不可控、交易双方缺乏信任	盲目扩张引发的可持续发展问题，受消费观念和资产租用成本制约，押金问题及衍生出来的金融风险问题	高成本与低租赁引起的盈亏失衡

第四节　三种共享经济模式的金融风险识别分析

本节对 C2C、B2C、C2B2C 三种模式分别进行风险类型的识别分析，判断是否存在信用风险、操作风险、流动性风险等金融风险，以及法律风险，并从这三种模式中分别选取典型平台进行具体分析。

一、C2C 模式的主要金融风险识别

如上文所述，以 Airbnb、Uber 为代表的 C2C 模式基于"配置用户自身的闲置资源"理念，主要是供求双方在平台上的直接对接，而平台最主要的收入来源是从供给方或者需求方收取一定的服务佣金或资源价值。从图 7-3 所示的 Airbnb 平台架构图中可以看出，平台提供的网络技术、认证档案、保障计划、社交网络等在一定程度上为供求双方的交易提供必要的"网络和信任"机制。

吴光菊（2016）认为，从理论上而言，Airbnb、Uber 为代表的 C2C 模式是以建立在社交网络基础上的信任为关键因素而出现的一种"网络"经济组织形式。如以 Airbnb 在线短租模式为例，供求双方均面临着信息不对称的问题。对于供给方而言，房东如何在短时间内与陌生的租客建立信任将房子安心地出租，是最主要的难题；对于需求方而言，房客如何在平台无法监管的情况下保证自己的支付安全及人身安全和隐私，则是最主要的问题。作为资源链接枢纽，Airbnb 允许房客事先与房东在平台上互动交流，再进行房屋预订。为了取得用户信任与保障用户安全，Airbnb 推出用户档案与信用评级，在保护用户隐私的前提下减少信息的不对称，降低房东与房客的感知风险。然而，以社交网络为基础的信用问题仍是理论界和实践界共同关注的重点内容。因此，信任问题是短期内 C2C 模式发展的最主要瓶颈，因而引发的信用风险则是 C2C 模式最主要的金融风险。例如，房东收取房费后不能提供事先约定的服务，或者以不符合法规等各种理由不履行退费等义务，或者对房客造成人身威胁（包括隐私泄露）或财产损失等；房客在入住后未遵守条款对"资源"造成一定的破坏。因此，如何缓解供求双方的信息不对称程度，进而如何提高租客的风险感知度和信任度、如何提高房东

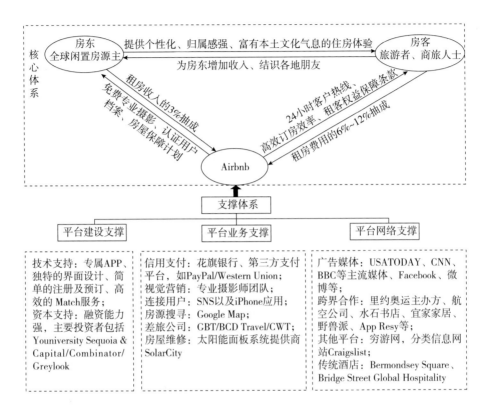

图 7-3 Airbnb 的平台架构

资料来源：周佳（2018）。

的信任度而提高个性化服务的质量，是在线短租平台解决信用风险所需要关注的问题。

除此之外，C2C 模式还存在一定的法律风险。无论是交通行业的国外代表者 Uber 以及国内的滴滴，还是旅游住宿业的国外代表者 Airbnb 和国内的小猪短租、蚂蚁短租、途家、住百家等，均在中国法律、行业规范化、消费习惯以及"国际惯例"等方面存在着一定的问题，而这些由法律风险引发的问题又进一步会转化成金融风险。例如，以 Airbnb 类网站及其房东为例，其经营存在着一定的法律风险。房东将自己的房产短租或长租出去，其所提供的服务无疑属于旅馆性质，均需要遵守中国的《旅馆业治安管理办法》以及各省的实施细则，否则容易将所面临的法律风险引发出的一系列房东违约等事项转嫁给平台和消费者，引起事后的信用风险。

因此，对于 C2C 模式而言，无论是供给者还是需求者，均存在一定的信用风险。

二、B2C 模式的主要金融风险识别

以共享单车为代表的 B2C 模式，企业依托平台面向顾客群开展共享服务。共享单车设置了押金，但押金的总额往往达到了单车自身价格的数倍甚至数十倍，而这笔巨额押金的监管在一定程度上的缺失，是其面临的主要问题，这其中主要涉及共享单车企业的操作风险和合规风险。

事实上，关于共享单车押金的属性问题，现有法律并没有明确的规定，学者和实务界人士对此的看法也不尽相同。如有学者认为共享单车收取押金的行为涉嫌非法集资，因为其未经过政府部门批准就通过互联网向社会公众公开预收押金，容易形成巨大的资金池，类似于没有牌照的揽储金融公司；而刘庆华（2017）等和摩拜单车公司则认为，虽然国家法律没有明确许可，但也没有禁止性的规定，因而收取押金并不违法；邓大鸣和李子建（2018）等则从租赁法律关系出发，认为共享单车押金虽然具有保证租赁合同关系中租赁物安全的性质，但也同时具有了类似开户保证金的性质，并且具有杠杆的类似作用，从而使租赁押金的收取演化为共享单车公司通过网络平台融资的手段或路径，可能会上升为一个不可小觑的社会金融问题。

因此，B2C 模式收取了大量的押金，由于对这些用户押金及预付资金缺乏有效监管，不仅增加了用户的资金风险，也加大了平台挪用资金用于风险投资或公司的资金周转，甚至挥霍用户押金及预付资金的可能，因而存在着较为严重的操作风险。如果共享单车公司由于各种原因导致资金链断裂，则很有可能出现押金退还兑付的流动性风险。进一步，这些共享单车公司若将巨大的融资资金投资于股票市场，易引发资本市场的骚动，引起金融风险，冲击国家的金融秩序。同时，这些数量巨大的押金投资一旦被曝光"进行风险投资"，很有可能引发一定规模的公共利益风险。因此，共享单车公司收取押金作为一种金融行为，具有相当的负外部性，需要高度重视。

三、C2B2C 模式的主要金融风险识别

目前，利用 C2B2C 运营模式的代表主要有 Xbed 等民宿形式。该模式体现为

房东将房源提供给中间机构，该第三方中间机构不仅负责为房东保洁、维修，而且还负责进行租赁等业务，从而使房东无须直接参与交易过程。同时中间机构为租客提供线上出租平台，发挥了基于第三方机构的信任机制，从而更好地促进交易成功。

C2B2C 模式融合了 C2C 模式和 B2C 模式的特点，并且通过基于第三方机构的信任机制，较好地实现了用户感知机制的建立，降低了双方诚信缺乏问题的出现频率。信任市场的第三方中介，提供了更规范化的整体背景，也建立了买方对卖方社区的信任。此外，买方对卖方社区的信任通过减少感知风险，促进了在线交易（骆颖，2018）。同时，在交易过程中有了第三方的介入与全程监管，在一定程度上降低了租客在入住时可感知的风险程度，提高了服务的专业化程度，进一步降低了违约风险的产生概率。

当然，在 C2B2C 模式中，也存在房东与第三方中介、第三方中介与租客之间的信用风险，以及第三方中介的操作风险等问题。作为模式的主要链接方，第三方中介一方面发挥着类似于 C2C 平台方的角色，另一方面也发挥着 B2C 中的共享企业的角色，因此，需要重点加强对第三方中介的合规性审查，以及全过程的监督。

第五节　三种共享经济模式的金融风险缓释研究

本节针对上文提出的三类共享经济模式的风险类型，分别提出相应的风险释缓路径，重点对 C2C 模式中的信用风险缓释、B2C 模式中的操作风险缓释进行具体分析，提出相应的监管重要性和必要性。

一、基于 C2C 模式的风险缓释研究

对于 C2C 模式而言，最重要的是需要对信用风险进行缓释研究。一方面，需要重新审视平台自身的相关建设，提高服务质量，构建互动良好的网络结构，缓解信息不对称程度；另一方面，需要提高行业的整体信用度，通过基于网络的信任机制，提高整体行业的信用水平和服务质量。

以在线短租平台为例，首先需要加强平台自身的建设。加强平台本身的审核，发挥第一道信用机制的作用。针对国内在线短租平台房客和房东目前的感知风险，平台企业应规范在线短租平台服务，提高服务质量。我们的随机访谈调查显示，贴心的住宿服务、良好的体验是在线短租平台的核心竞争力。因此，在线短租平台一方面要规范房东的服务流程、提高服务质量，提高消费者对在线短租服务质量的总体感知；另一方面要加强对在线房源的审核力度，保证房源的真实性和治安问题，提高信任度。通过营造良好的口碑，降低道德风险可能引发的信用风险。

同时，也需要改进目前的信用评分机制。例如，可采用第三方进行隐私保护开展匿名评价，从而消除原先存在的对"评价真实性"的质疑；采用五级制、赋予不同信用值、不同交易金额等的评价者具有不同权重等方法，从而改变原先存在的"评分文字化不可视、评分者权重同一化"等问题，体现真正的信用分值。

其次，要强化第三方支付系统的保证作用。为了解决陌生人之间的不信任问题，以及减少用户对在线短租安全的顾虑，国内在线短租平台应完善行业信用体系，如使用第三方支付平台保证支付安全，为平台入驻房东和房客设立保障条款，用户在注册时应确认已用二代身份证绑定等（骆颖，2018），同时注意服务内容的透明化（即双方了解彼此基本情况），建立真实度高、可靠性强的社交网络。

在此，要充分发挥基于网络的信任机制。作为一个开放性极强的平台，在线短租平台将其服务与可信度高的社交账号紧密联系，如 Airbnb 可使房客在运用 Facebook 和 Linkedin 社交图谱时看到房主的交际圈，进而对房东的关系网络和房屋概况有大致的了解，同时也可利用平台了解到更多的社区信息（如治安情况等）。房东也可以通过 Airbnb 的用户档案查询房客的信用评级和互评机制下的历史评论，熟悉房客的信用和偏好，从而为其提供更周到的服务和更独特的体验（周佳，2018）。这种基于真实的社交信息与双方的互动沟通在一定程度上降低了信息不对称程度，让供需双方更舒心，为入住奠定良好的基础。

此外，在提升信用度基础上，需要加强行业规范，提高行业服务标准，完善行业信用体系。相较于 Uber、滴滴打车等交通类平台的相对完善体系，Airbnb、小猪短租等租房类平台的标准化程度较低，各个平台随着地区和客户的不同也呈现较大的差异，因此构建一定的标准化行业准则也有助于降低信息不对称程度，从而缓解信用风险。例如对于安全设施、卫生条件的标准设置，对房东进行统一培训，使其提高服务素质，建立起用户值得信赖的信用体系，更好地满足用户的个性化需要。

二、基于 B2C 模式的风险缓释研究

以共享单车为代表的 B2C 模式，由于在押金的处理模式上存在法律上的瑕疵、风险以及大量的资金沉淀，经营过程中容易出现道德风险、操作风险等金融风险，因而需要加强对押金的监管。一方面，需要对原有的押金偿付规则进行重新审视、提高用户的使用感知而减少其顾虑；另一方面，需要建立严格的监管制度。

从用户感知角度看，共享单车押金存在一定的问题。例如，一些用户反映共享单车押金充进去容易，退出来非常困难。之所以如此，一是因为共享单车公司规定用户退还押金需要提出申请，由此，人为地设置了押金退还的障碍；二是因为押金退还的时间过长，按共享单车公司的规定，需要 2~7 个工作日，违反了电子商务条件下退款"即时到账"的交易惯例（邓大鸣、李子建，2017）。这些规则设计显然有违企业诚信履约原则，由此引发了公众的担心和不满。因此，需要对这些退换制度进行重新修改，提高归还的灵活性和及时性，从而减少客户的顾虑，并且有助于防范其可能引发的广泛的公共利益风险，以维护广大共享单车用户的合法权益，同时还可以借此确立起相应的法律监督机制以确保共享单车，甚至是共享雨伞、共享充电宝等多种 B2C 经济形态的健康发展。

同时，快速扩张的共享单车带来的巨额押金规模，急需规范资金监管和建立资金托管制度，加强押金监管的信息披露，通过强制资金托管、资金管理投资范围限定、定时管理绩效披露及准备金的备余等设置资金管理红线来保障押金安全，这也是防范金融风险的必然之选（宋佳儒，2017）。否则，易造成市场风险的加剧、市场声誉的降低、流动性的缺乏，进而引发大规模的金融风险。如今的共享单车其实与早年的支付宝等第三方支付平台的沉淀资金有类似之处，监管缺失和法律空白让押金成为行业的风险点。因此，建立健全资金监管、结算、托管制度是防范操作风险的重要前提，应是押金监管的重中之重。

三、基于 C2B2C 模式的风险缓释研究

总体上而言，C2B2C 模式融合了 C2C 和 B2C 两种模式，具有两者模式的共同特征，既需要防范信用风险、操作风险，同时也需要重视市场风险带来的损失。尤其是作为模式的主要链接方，第三方中介积极利用了感知机制的有效性原理，一方面发挥着类似于 C2C 平台方的角色，另一方面也发挥着 B2C 中的共享企业的角色。因此，需要重点加强对第三方中介的合规性审查，以及全过程的监督。

第六节　宏观视角下的金融监管研究

本节从宏观角度对共享经济的风险管理提出了相应的建议，除了出台相关政策法规外，更需要从法律制度层面、信用体系建设非制度层面及金融监管层面进行积极的管控，从而促进共享经济的稳健发展。

近年来，国家出台了一系列政策，鼓励发展共享经济，支持和鼓励有条件的产业和地区先试，充分发挥示范和领导作用，促进共享经济的发展。在政策支持下，行业资本市场极其火热。2017 年，中国共享经济市场交易额约 4925 亿元，比上年增长 47%。据《中国共享经济发展年度报告（2018）》预测，未来五年，中国共享经济有望保持 30% 以上的年均增长率，共享产品和服务涉及的领域将随着共享经济由起步阶段逐步迈向成长阶段而越来越广泛，平台企业之间的竞争也将越来越激烈。因此，政府金融风险监管和政策引导对提高共享经济整体发展质量至关重要。

现行国家政策对共享经济的发展持积极鼓励态度，有利于该行业的可持续发展，但同时对行业的管控也趋于严厉。表 7-3 对近年来我国共享经济领域的相关文件进行了整理。例如，2017 年，国家明确了以"鼓励创新、包容审慎"为核心的共享经济发展原则和政策导向。同年 3 月的《政府工作报告》提出，加快培育壮大新兴产业，本着鼓励创新、包容审慎的原则，制定新兴产业监管规则。2018 年 5 月，国家发改委发布了《关于做好引导和规范共享经济健康良性发展

有关工作的通知》，要求各地审慎引入新的市场准入政策，实行公平竞争审查制度，认真落实对非法操作、非法经营行为的违规处理。

表 7-3   2016 年至 2018 年 5 月关于我国共享经济领域出台的相关文件

时间	政策名称	主要内容
2016 年 3 月	《关于促进绿色消费的指导意见》	明确指出，支持发展分享经济，鼓励个人闲置资源有效利用，有序发展网络预约拼车、自有车辆租赁、民宿出租、旧物交换利用等，创新监管方式，完善信用体系
2016 年 4 月	《关于深入实施"互联网+流通"行动计划的意见》	鼓励发展分享经济新模式，激发市场主体创业创新活力，鼓励包容企业利用互联网平台优化社会闲置资源配置，拓展产品和服务消费新空间新领域，扩大社会灵活就业
2016 年 7 月	《国家信息化发展战略纲要》	强调"发展分享经济，建立网络化协同创新体系"
2017 年 2 月	《"十三五"促进就业规划》	进一步将共享经济带动就业写入"十三五"工作任务中，明确我国将支持发展共享经济下的新型就业模式
2017 年 3 月	《政府工作报告》	提出加快培育壮大新兴产业，本着鼓励创新、包容审慎的原则，制定新兴产业监管规则
2017 年 7 月	《关于促进分享经济发展的指导性意见》	支持发展一批共享经济示范平台，推动互联网、大数据、人工智能和实体经济深度融合，培育发展一批共享经济骨干企业，引导共享经济健康良性发展，培育新增长点，形成新功能
2018 年 5 月	《关于做好引导和规范共享经济健康良性发展有关工作的通知》	指出要规范市场准入限制，审慎出台新的市场准入政策，实行公平竞争审查制度，依法依规落实相关领域的资质准入要求，严肃处理违法违规经营行为

资料来源：《中国共享经济发展年度报告（2016）》《中国共享经济发展年度报告（2017）》《中国共享经济发展年度报告（2018）》及网络 http://www.ccstock.c。

全球金融危机频发，致使共享经济领域金融监管的重要性和必要性也愈加凸显。从法律视角看，共享经济作为一种创新型经济模式，本身发展尚未完善、法律相对滞后，许多共享经济活动尚处于灰色地带。如滴滴发展初期采取"四方协议"形式规避传统监管规定，既背离了政府监管的本意，也增加了共享经济模式的复杂性（李佳颖，2017）。

　　大数据时代，信息和数据已成为人类社会最重要的资源之一，共享经济发展与信息数据分析紧密结合。因业务需要，共享企业在发展过程中普遍通过用户注册、交易、评论等行为进行数据采集分析，透过大数据了解市场动态和用户实时需求，以便适时地对其业务进行战略性调整。因此，基于用户数量庞大，日常交易行为频繁的行业特性，共享企业在短时间内即可获取大量私人信息和日常行为数据。然而，由于信息安全监管缺失，个人信息泄露事件频繁发生，引发数据滥用、客户隐私和权益被侵犯等，如何保障信息安全已成为共享经济发展过程中又一重要命题。2017 年 6 月 1 日，旨在促进经济社会信息化健康发展的《网络安全法》正式生效，对平台企业就用户信息收集、使用、保护等提出了明确规定，要求具有收集用户信息功能的网络产品和服务必须按照相关法律、行政法规对其收集的用户信息严格保密，不得泄露、篡改和毁损，并建立健全用户信息保护制度。

　　从金融视角看，在各国金融行业起步阶段，银行等传统金融机构是行业监管的重点对象。然而，随着金融行业不断发展，金融监管对象不再局限于此，运营模式与银行等传统金融机构存在差异但业务性质类似的准金融机构也逐步被列入金融监管名单。现阶段，金融监管部门尚未厘清共享单车押金的本质，对其融资属性认识模糊，导致该行业仍处于金融监管的模糊地带，未被纳入监管范围之内。

　　因此，法律法规及金融监管缺位导致了共享平台的违约等一系列难题，需要从宏观层面进行综合的监管，从而促进共享经济的健康发展。

一、加强共享经济领域的法律法规建设

　　在一种新的商业模式诞生之初，其发展往往领先于具体的法律制度。共享经济作为一种市场创新模式，就出现了共享平台违约支付风险的监管、供需双方侵权责任的承担、个人隐私与信息安全的风险监管甚至国家金融安全的风险监管等现有制度下诸多法律难题。

　　在共享单车模式下，押金问题一直是该行业金融风险的核心。由于我国对共享单车押金的立法缺位，押金一直处于现行法律的模糊地带，其性质和合规性也存在较大争议。例如，有学者就认为收取押金在某种程度上触碰到了非法吸收公

众存款和集资诈骗的边界。尤其是 2017 年下半年，各类事件频繁爆发，悟空单车、小蓝单车等二、三线共享单车企业接连发生停业或倒闭事件，出现了押金难以退还、退款速度慢等问题，涉及数百万民众和数十亿元的巨额押金，引发了公众对共享单车行业，甚至整个共享经济新业态的担忧。如果通过立法明确押金法律性质，使之处于严格规范的安全保障监管之下，共享单车行业的金融风险便可在一定程度上得到化解。因此，必须明确押金的法律性质，因地制宜地调整法律法规制度，为更有效的金融监管提供制度支撑。在短期租赁领域，尽管对象和特点有所差异，但也同样处于监管和税收的灰色地带，相关法律法规也未完善。因此，对于共享经济的不同模式，需要建立起相应的法律法规来处理相关案例，实现共享经济的发展"有法可依"的良性循环。

二、建立完善的征信体系

市场信息不对称、个人和企业诚信缺失、国家信用体系建设不健全的宏观经济环境催生了押金制度，该制度带来的弊端随着行业的发展逐步显现。因此，建立一个制度完善、机制健全的信任体系对共享经济商业活动的可持续发展至关重要。目前，进入高速发展阶段的移动互联网行业和互联网消费为我国个人信用数据的采集以及社会信用体系的建设做出了重要贡献，例如支付宝的芝麻信用积分、京东的小白信用等。以央行征信中心为代表的各类商业银行、信用调查机构、资信评级机构等金融征信和包括公安、工商、税务、海关在内等各类行政管理征信所涉及信用数据范围无法满足现阶段我国征信体系建设的需求（胡然，2017）。因此，有关部门将积极推进各类信用信息无缝对接，打破信息孤岛，推动建立政府、企业和第三方的信息共享合作机制，积极引导共享平台企业利用大数据技术、用户双向评价、第三方认证、信用评级等手段和机制，健全相关主体信用记录。同时，守信联合激励和失信联合惩戒机制的建设也要加快，设立诚信"红黑名单"，逐步形成以信用为核心的共享经济规范发展体系。

同时，需要联合多方健全信用体系。通过与公安部门、银行、个人信用评级机构等进行信息交互，构建全国统一的基础信用数据库，实现行业间的数据共享和交流协同，从而改变原有平台数据流动性不强、开放度较低、信用体系不健全等问题。借助于此综合信息系统，提高平台使用者的进入门槛，为供给双方提供一定的信用保证。

三、实施有效的金融监管

共享单车中的押金问题是共享经济领域中金融监管的主要对象。为缓解巨额押金可能引发的金融风险，除加强共享平台的自律性建设、押金托管的制度化等方面外，相应的政策措施也发挥着重要作用。表 7-4 对 2017 年我国各地区针对共享单车的押金问题陆续出台的系列文件进行了整理。尽管这些相关政策措施对于共享单车的有序发展起到了重要作用，但是在押金收取、使用和监管的制度化、规范化治理等方面任重而道远。

表 7-4　2017 年部分城市出台的共享单车相关政策

部委/城市	时间	政策文件名称
深圳	4 月 1 日	《关于鼓励规范互联网自行车发展的若干意见》
南京	7 月 19 日	《关于引导和规范互联网租赁自行车发展的意见（试行）》
交通运输部	8 月 3 日	《关于鼓励和规范互联网租赁自行车发展的指导意见》
北京	9 月 15 日	《北京市鼓励规范发展共享自行车的指导意见（试行）》
杭州	9 月 30 日	《杭州市促进互联网租赁自行车规范发展的指导意见（试行）》
上海	11 月 9 日	《上海市鼓励和规范互联网租赁自行车发展的指导意见（试行）》

资料来源：《中国共享经济发展年度报告（2018）》。

首先，需要明确监管主体，规范资金管理。相关部门应积极联动，明确各环节的监管主体，制定相关的管理规程，尤其需要针对押金池管理漏洞要尽早开展规范化管理，对资金管理、使用、划转等方面加以限制，防控金融风险，引导共享经济产业的健康发展。

其次，需要根据共享平台对押金的不同管理模式进行相应的分类监管。目前，共享单车押金管理主要有三种形式：押金监管、押金托管和一般存款模式。在一般存款模式下，押金常被用作活期存款，此时金融风险较小，押金池管理不会出现较大漏洞。然而，现阶段押金几乎均被平台视为自有资金用于参与金融风险较大的经济活动，最常见的去向是公司经营和对外投资。此时，必须进行押金监管或押金托管。押金托管相比于押金监管模式，是一种更严格、更规范的资金管理方式，共享单车平台现普遍采用押金托管模式。押金托管即共享平台携手银行开展深度合作，平台在银行设立单独的押金账户，避免押金与自有资金和其他资金混淆。同时，银行作为第三方，一方面依据法律法规和托管合同规定代表押金所有人的利益，对托管资产进行保管、会计核算和估值，监督共享平台的投资运作；另一方面需建立完备的信息披露制度，接受地方金融办对其押金托管业务进行的监管，严格防范道德风险问题。当押金用于公司经营时，企业应就押金的具体使用规划和运营过程中可能面对的风险问题及应对方案向地方金融办提交报告，由地方金融办进行调查和风险评定，重点关注押金的使用比例和风险防范措施。当押金被用于对外投资时，最容易产生金融风险。此时，地方金融办要制定投资负面清单，明确投资标的、投资期限、投资比例等相关事项。通过上述监管，降低平台公司对押金的操作风险，以及银行的道德风险，有效保护用户的利益，促进共享单车行业的稳定发展。

此外，为降低资金挪用风险，一方面，需要加强对单车的市场准入制度和资金独立托管的监管，确保专款专用，并设定一定比例的风险准备金，以防出现兑付风险；另一方面，需要加强对市场退出机制的监管，保障用户押金和预付单车租用费的安全。

共享经济作为"互联网+"模式下的新型产物，以平台化、开放性为特征，整合了多种要素及资源配置机制，实现了供需匹配机制的融合，这已经成为我国消费领域一个重要的业态。尽管在发展过程中或多或少存在着一些问题，但是，只要建立起早预期、早防范的理念，加强对共享经济风险的科学认识，构建主动长效的监管机制，那么共享经济的发展将会迎来更加美好的明天。

第八章

共享经济背景下互联网金融风险防范研究

第一节 引 言

一、共享经济的本质、特征与要素

1. 共享经济的本质定义

共享经济是基于技术手段提升闲置资源利用效率的新范式。共享经济是一种基于互联网技术的新思维方式和资源配置模式，通过闲置资源的高效再利用，替代了传统生产力成为供求矛盾的有效解决方式之一，在其初步发展阶段所呈现的特点是盘活存量、人人共享。共享经济的运行需要三个基本前提条件：第一是客观上存在可供分享的物品或服务，且利用效能被系统性低估；第二是主观上共享标的拥有者、享用者以及其他参与方具有分享的动机；第三是具有连接需求者和供给者的机制或机构。

由于共享经济与传统消费模式存在巨大差异性，其一度被认为会带来"颠覆性"影响。共享经济是以个体消费者之间的分享、交换、借贷、租赁等行为为基本方式，通过互联网平台实现商品、服务、数据、知识及技能等在不同主体之间进行共享的经济模式，其本质就是以信息技术为支撑、实现共享标的所有权与使用权相分离，在共享标的所有者和需求者之间实现使用权共享的新模式，共享经济将带来生产、消费、运营等模式的"颠覆性"变化。

在共享经济运行一段时间后，共享经济成为了一种盘活存量、提升效率和增进服务的新范式。共享经济盘活存量，对增量要求降低。由于共享标的提供成本要低于再生产的成本，对于资源要素具有显著的节约功能。共享经济促成了一种适度消费、协同消费、合作互惠、相互信任的经济新伦理，对于遏制消费主义、奢侈型消费具有积极意义。互联网等重大技术进步使社会知识结构发生了动态变化，促进人类交互的基础设施发生重大改进，社会成员交互机会实质性增加，技术革新下的竞合与创新促进了社会收益率曲线的上移，整体来说促进了社会福利的增进。从价值创造看，共享经济不是个人价值或公司价值的创造及再分配，而是扩大经济社会价值的总规模。

2. 共享经济的四个特征

从定义中可知，共享经济包括了以下四大特征：

第一是平台化。共享经济基于现代通信和互联网技术形成一个新平台，在这个平台上供给方形成资源供给池，需求方形成资源需求池，供求双方在平台上进行资源集约和需求匹配。

第二是高效化。由于技术的支持，共享经济使供求双方的匹配可以跨越时间和空间的约束，变成一个成本较低甚至是边际成本递减、效率提升较为显著的过程。共享经济利用长尾客户的集聚效应和规模经济，使供求匹配的业务模式更加高效且在商业上具有成本收益的可持续性。

第三是开放性。绝大多数共享经济业务模式都具有开放性，从业务模式上看，共享经济对于所有的资源拥有者和资源需求者开放，具有同等的进入门槛，主要通过集聚来实现规模效应和供求匹配，即需要一个双边匹配平台。如果这种匹配性高，那么就具有自我强化的功能，开发性使其能够吸引更多的供给者和需求者，双边匹配平台功能不断强化，成为一个要素集聚中心。从技术层面上看，共享经济的接口大多数是开放的，可以连接共享经济其他相关的参与者，这种范围更大的开放性，使共享经济可以形成一个自我完善的生态体系，变成一个多边市场平台。

第四是分布式。传统的产品供给和服务供给基本是一个中心化或垂直化的模式。产品生产到供给过程呈现的是一个垂直的链式过程，同时以生产厂家作为链条的中心；服务的供给同样是以服务机构作为中心，比如，银行业服务基本就是以银行机构作为服务的中心点向外辐射，匹配客户多样化的金融需求。但是，共享经济基于现代信息技术，比如区块链，逐步构建一种分布式数据库，呈现出对传统中介机构的去中介化，并建立自我强化的服务模式。比如，银行机构提供服务时需要信用背书来处理信息不对称并降低违约风险，但是，共享金融机构的自身信用征集机制可作为信用利差的定价基础。在共享经济发展中，分布式已成为一个日益重要的发展趋势，并致力于构建一个基于分布式技术的服务体系，在网络层，通过分布式技术以及交换协议形成一个相互关联又有效分类的网络平台体系；在数据层，通过公共总账本、共识算法和密码学，实现对分布式网络的有效链接和内在互动；在应用层，通过大数据、云计算以及未来的智能合约、人工智能实现自我的供求匹配以及相关的登记、交易、支付和结算功能。

3. 共享经济的五个要素

共享经济在运行过程中需要具备五个基本要素。一是闲置资源。当经济发展到一定程度后，资源利用效率就出现结构性变化，部分资源成为闲置资源，为共享经济的发展提供了"供给基础"。并且，闲置资源的所有权可以清晰界定，使用权与所有权可有效分离。二是真实需求。真实需求可能来自两个类型：第一个类型是体验式需求，注重通过分享来提升自身消费"福利"，这个类型非常普遍但是需求过度分散，较难形成相对独立的业务模式；第二个类型是成本型需求，注重通过分享而非占有产品或服务主体所有权来降低消费的成本，这是共享经济的主流需求模式。三是连接机制。一般由共享经济中介平台来实现，建立起闲置资源和真实需求的连接匹配机制。四是信息流。共享经济运行中必须能够有效获得供给者和需求者的真实信息，通过征集、分类、整理、分析可以形成支持供求匹配的信息系统，且这个系统可动态完善，形成对于供求双方都具有约束力的信用机制。五是收益。对于供给者而言，提升闲置资源的利用率可以有效提升共享标的经济价值，使自身在拥有其所有权的同时成本降低或收益提高；对于需求者而言，共享经济为其提供了产品和服务的使用权，无须付出较高成本来获得可能不是必需的所有权，或者付出很高成本支付产品和服务的生产成本。

二、互联网对产业升级路径与机制①

1. 互联网对产业升级的三条路径

"互联网+"助推农业发展更加集约化。实施乡村振兴战略要求大力发展特色农业、品牌农业，其关键节点在于创新农业产业组织形式，深化农业科技推广体制改革，加快农业全产业链建设，促使农业发展由资源优势、产品优势向产业优势、生态优势、品牌优势转变。由此，"互联网+"改造传统农业重点体现在农业生产及流通等领域，以"互联网+"倒逼农业集约化、绿色化、品牌化、高端化。以"互联网+"为切入口，着力建设农产品现代营销体系，建立高效快捷的农产品物流体系，构建现代农业产业体系、生产体系和营销体系。

"互联网+"助推工业生产更加智能化。我国制造业发展需要从"规模大"转向"实力强"，推动八大万亿产业、军民融合产业、传统产业高质量发展，加快打造一批世界级先进制造业集群。在此进程中，需要借力"互联网+"，将制造业上下游企业进行有效资源整合、将市场供需进行有效对接，以需求为切入

---

① 该部分观点刊发于《学习时报》，2018 年 8 月 3 日。

点，实现供给侧结构性改革。推进互联网技术与传统产业的对接，加快智慧产业发展。加快"互联网+"战略与智慧城市关联产业、节能环保等产业的对接，突破机器人、人工智能等核心技术，打造先进制造业产业链。逐步构建"物联网"和"务联网"，优化生产合作和组织。

"互联网+"助推服务业转型更加高端化。阿里巴巴、京东等世界级互联网平台是"互联网+商贸流通"的先试先行者。随着"互联网+"的推进，需要进一步加强商贸流通信息化的能力，并将信息化服务延伸到更多的服务行业，加大力度发展数字经济、共享经济。加快推进生产性服务业为主导的产业结构调整，加强先进制造业和生产性服务业的联动，注重以"互联网+"为黏合剂，加强制造业和服务业的联动与融合。深入实施"互联网+"，突出对电子商务、文化创意、研发设计和数字传媒等创新性、高附加值现代服务业的强化发展。

2. 互联网助推产业升级的三个重点

政企联动共推"互联网+"。当前"互联网+"战略的实施，更多的是局限于政府推动，或者政府与互联网企业巨头签署战略协议来推进，缺乏企业发挥主观能动性，通过"互联网+"进行自我革新，从而促进全要素生产率提升。中小企业是推动我国产业升级、经济发展的主力军，所以在全面实施"互联网+"战略的过程中，应当更好地发挥企业主体作用，使企业能够自发主动地对接"互联网+"战略，使其生产和销售更加互联网化，以互联网推动企业转型升级。

强化"互联网+"与实体经济深度融合。需要有针对性地加强"互联网+"在先进制造业的推广以及利用互联网来融合先进制造业和现代服务业。产业升级最根本的在于发展实体经济，构建起适应现代化经济体系的现代产业体系，"互联网+"战略的实施一方面是改造升级传统产业，另一方面是培育扶持新兴产业。所以，应当把握"互联网+"的战略契机，使其能够充分对接实体产业，从而规避经济空心化的问题，实现真正的产业结构高级化、产业体系现代化。

破解"互联网+"的核心技术风险困境。当前世界范围内正面临着新一轮科技革命和产业革命，而两新革命的兴起也使信息技术成为关注的焦点。所以在推进"互联网+"战略的过程中，应当明确"互联网+"战略对于企业投入产出的影响，以及互联网技术如何更好地快速发展。在此基础上，还需要对互联网技术安全发展问题进行有效解决，随着大数据等兴起，信息泄露等问题时有发生，在全面推进"互联网+"战略时，还应当提升互联网技术，有效解决信息泄露等技术安全问题。

3. 互联网助推产业升级的机制

以"互联网+"拓宽产业集聚深度与广度。通过推进"互联网+",将现有产业集聚区不断进行纵横拓展,打造现代化产业集群。横向上加快同类企业的"抱团"发展、纵向上加快上下游企业之间的垂直联系,从而降低企业运行成本,实现产业升级的网络化。发挥产业集群优势,培育现代科技新城,引导高技术企业进驻。以"互联网+"为契机,推进互联网经济、互联网创业等产业的发展,打造众创空间等创新创业孵化平台。尤其是以"互联网+"为纽带,全球配置生产要素资源,提升我国产业竞争力,将我国打造成为全球科技创新高地。

以"互联网+"延伸产业联动宽度与强度。充分发挥我国信息经济、"互联网+"发展的先发优势,以此作为改造传统产业的重要抓手,包括"互联网+农业""互联网+工业""互联网+物流"等,创新传统产业的发展模式。加快"互联网+"战略与各个产业的融合,尤其是动漫、旅游等文创产业,延伸各领域的产业链,增强产业附加价值。在此基础上,以"互联网+"引领共享经济发展,将互联网渗透到日常生活,满足人民对美好生活向往的需求。拓展信息产业的发展空间,为现代服务业与制造业互动发展提供技术基础,尤其是借力"互联网+"集聚高端创新要素。一方面,政府需要大力扶持,加快互联网技术发展,从而推进"互联网+"战略的实施;另一方面,需要加大对于互联网技术安全性的监督和防范,防止信息外泄等安全隐患,从而规避系统性风险。

以"互联网+"激发自主创新力度与活度。"大众创业、万众创新"深入人心,助推我国经济转型升级,应当发挥好"互联网+"的先天优势,培育创新创业的良好氛围。重点是要加强政策支持、财政补助、税收优惠等扶持力度,鼓励企业建设实验室、博士后流动站等自主研发平台,并加大力度引进与培养创新型人才,为自主创新提供智力要素与平台载体。"互联网+"背景下的创新创业关键在于"人脑+电脑",所以培养创新型人才是政府、企业、高校等主体需要协同配合的重要工作,而在此过程中,企业是核心环节,人才是关键主体。

三、互联网金融发展的历程与现状

1. 互联网金融的定义与模式

在互联网金融出现的较长时间里,对究竟是互联网企业从事金融还是金融机构互联网化,业界和学术界对互联网金融尚无明确的定义,直到人民银行发布

《中国金融稳定报告2014》，才正式提出"互联网金融是互联网与金融的结合，是借助互联网和移动通信技术实现资金融通、支付和信息中介功能的新兴金融模式"。由此可知，广义的互联网金融既包括作为非金融机构的互联网企业从事金融业务，也包括金融机构通过互联网开展的业务。狭义的互联网金融仅指互联网企业开展的、基于互联网技术的金融业务。根据广义层面的定义，可以延伸出互联网金融的具体业务模式：

（1）传统金融在线化典型模式。具体包括电子银行业务，指银行通过面向社会公众开放的通信通道或开放型公众网络，以及为特定自助服务设施或客户建立的专用网络等方式，向客户提供的离柜金融服务；证券网络交易，指投资者通过互联网来进行证券买卖的一种方式，网上证券交易系统一般都有提供实时行情、金融资讯、下单、查询成交回报、资金划转等一体化服务；互联网保险，指保险公司或保险中介机构以互联网和电子商务技术为工具来支持保险经营管理活动的经济行为。

（2）基于互联网的新金融典型模式。具体包括第三方支付，指非金融机构通过计算机、手机等设备，依托互联网发起支付指令、转移资金的服务，其实质是以新兴支付机构作为中介，利用互联网技术在付款人和收款人之间提供的资金划转服务，如支付宝、微信支付等；P2P网络借贷，指的是个体和个体之间通过互联网平台实现的直接借贷，P2P平台为借贷双方提供了信息流通交互、撮合、资信评估、投资咨询、法律手续办理等中介服务，如宜信、人人贷等；众筹融资，指通过互联网平台，从大量的个人或组织处获得较小的资金来满足项目、企业或个人资金需求的活动，如天使汇、点名时间等。

2. 互联网金融的三大耦合功能

基于概念与模式的分析，互联网金融具有三大耦合性功能：

一是进一步优化了"金融资源配置"。金融资源配置指的是资金供给方通过适当的机制将使用权让渡给资金的需求方，而这中间最根本的问题在于信息不对称。由于互联网"开放、平等、协作、分享"的精神，使信息不对称问题大大降低，能够有效配置金融资源。

二是进一步改善了"现行支付体系"。现行支付体系以商业银行为主体，互联网技术的引入，使现行的支付清算技术手段和工具不断创新，能够大大提高银行支付清算系统的效率，加快了资金的流动速度，最大限度地保障了交易双方的利益。

三是进一步提升了"财富管理功能"。互联网技术应用于财富管理，能够向下延伸客户群的链条，同时能够提供成本低廉、快捷便利的金融产品营销网络。最为重要的是能够推动余额资金的财富化，有效扩大了财富管理需求者的规模。

3. 互联网金融发展现状

电子银行覆盖率不断增加。《2014年中国商业银行互联网化研究报告》测算结果表明，2009年电子银行交易笔数为342.5亿笔，电子银行替代率为49.0%，并且预测至2017年，电子银行交易笔数将增至1947.5亿笔，电子银行替代率将升至84.5%（见图8-1）。但事实上，2017年我国电子银行替代率已经超过90%，互联网金融发展速度远远超过了预想。

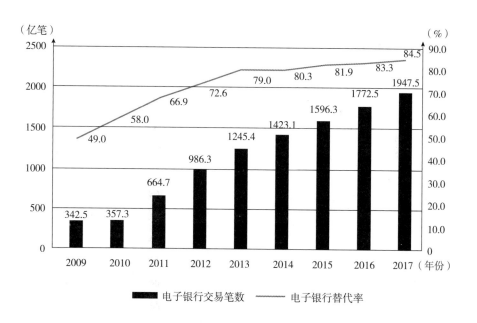

图8-1 2009~2017年电子银行交易笔数及替代率

资料来源：《2014年中国商业银行互联网化研究报告》。

证券网络交易持续走强，股票电子订单实现全覆盖。2009~2016年，虽然股票成交金额有所波动，但是股票交易电子订单覆盖率已经超过99.5%，基本实现全面覆盖（见图8-2）。

互联网保险稳步推进，渗透率连年增长，2012年互联网保险规模为110.7亿元，渗透率仅为0.72%，到2017年，渗透率将达到5%（见图8-3）。

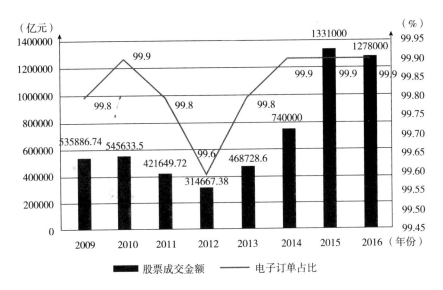

图 8-2　2009~2016 年股票成交金额及电子订单占比

资料来源：Wind 数据库。

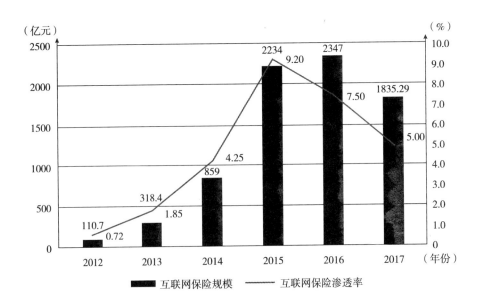

图 8-3　2012~2017 年互联网保险规模及渗透率

资料来源：《变革与契机：互联网金融五周年发展报告》。

第三方支付交易规模也呈快速增长态势。2013 年以来，第三方支付机构支付笔数和金额快速增长，2014 年，第三方支付机构支付笔数和金额同比增长 144.4% 和 168.5%。到 2017 年，第三方支付机构发生支付业务 2867.47 亿笔，金额 143.26 万亿元，同比分别增长 74.9% 和 44.3%（见图 8-4）。2018 年 7 月初，中国人民银行网站发布了第 6 批 25 家非银行支付机构《支付业务许可证》的续展结果，到 2018 年 7 月末，在运营的第三方支付机构为 238 家。

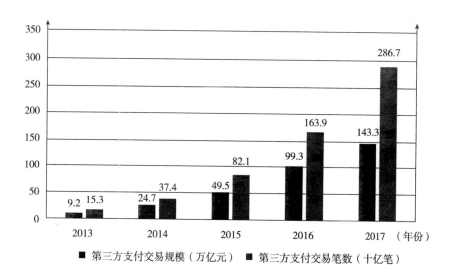

图 8-4　2013~2017 年中国第三方支付交易规模

资料来源：《变革与契机：互联网金融五周年发展报告》。

P2P 呈现爆发式增长，2014 年年底以平安陆金所为龙头，共有 1575 家 P2P 平台，贷款额达到 1036 亿元，较 2013 年增长了 52.29%。总体来看，P2P 是目前互联网金融发展最快的领域，但也承受着"高跑路"的风险。截至 2018 年 6 月末，累计上线平台 5983 家，其中正常运营的仅有 1504 家，占 25.1%，已经接近"二八格局"（见图 8-5）。

网络众筹也经历着"跃迁"增长。2011~2013 年为萌芽期，这期间机构数量少，募集资金规模小；随着阿里、京东、苏宁、百度等大型公司于 2014 年开始布局互联网众筹业务，该行业一时间声名鹊起，社会关注度一度超过网贷。2014~2015 年为爆发期，众筹的机构数量和筹资规模均开始快速增长；2016 年至今，互联网众筹监管趋严，股权融资平台受到较大影响，产品众筹市场竞争日趋激

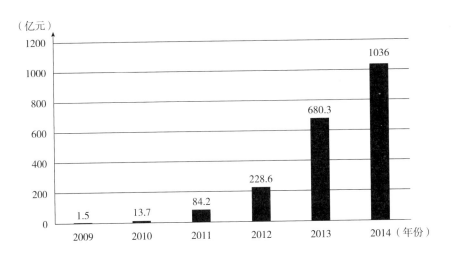

图 8-5　2009~2014 年 P2P 网贷成交规模走势

资料来源：《变革与契机：互联网金融五周年发展报告》。

烈，机构数量持续减少，筹资规模增长放缓，市场主体静待监管政策落定或另谋后路。截至 2018 年第一季度末，我国共有 118 家互联网众筹平台仍在持续开展众筹服务，其中涉及股权众筹业务的有 56 家，占到 47.5% 的比例；涉及产品众筹业务的有 38 家，占比 32.2%（见图 8-6）。

4. 互联网金融发展的阶段及趋势

就互联网金融发展阶段而言，我们认为已经经历了两大阶段：

第一是从"井喷式发展"到"紧缩型增长"。互联网金融发展初期，各大互联网公司以及传统金融机构都开展了互联网业务，通过将互联网植入金融发展当中，推动了传统金融变革，互联网金融呈现井喷式的发展状态。随着市场逐渐饱和、竞争不断加剧，互联网金融发展在一定程度上受到抑制，呈现出紧缩型增长态势。

第二是从"替代竞争"转向"和谐共存"。不可否认，互联网金融的产生对于传统金融势必造成挑战，迫使传统金融也不断加强线上业务，所以早期互联网金融与传统金融之间存在着较为明显的替代竞争关系。但随着制度不断完善，两者经历了长时间的竞争必然走向共同依存，使金融业态多元化、金融业务多样化。

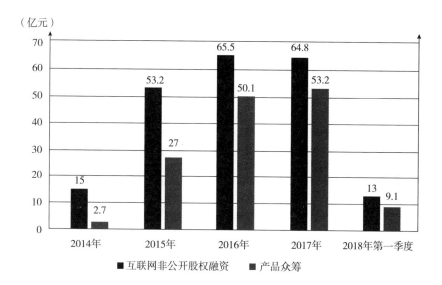

图 8-6　2014 年到 2018 年第一季度互联网非公开股权融资和产品众筹筹资额
资料来源：《变革与契机：互联网金融五周年发展报告》。

　　在经历两大转变之后，未来互联网金融发展应当从"粗放发展"转向"有序监管"。经历一定时期的粗放型增长之后，互联网金融的监管势必更加完善，通过强有力的准入退出机制，互联网金融将受到更为有序的监管。尤其是 P2P 等网络借贷平台，经历多次大规模的"跑路"等事件之后，对于 P2P 的投资将更为理性、监管政策将更为完善，职能部门之间的监管将更加井然有序，营造出良好的互联网金融发展环境。

第二节　共享经济背景下互联网金融风险来源的理论研究

一、共享经济的发展溯源

　　共享经济（Sharing Economy）的概念最早由 Felson 和 Spaeth 两位学者提出，

他们用"协同消费"来刻画这种颠覆传统的新型商业模式（倪云华、虞仲轶，2016），其特点在于最大限度盘活社会闲散资源，增强社会经济的流动性（刘倩，2016）。郑联盛（2017）指出共享经济是基于技术手段提升闲置资源利用效率的新范式，基于所有权和使用权分离，利用信息脱域和新的信用机制，依托多方市场平台实现需求、供给和匹配机制的融合，降低交易成本，实现长尾效应和规模效应，此外有利于促进企业职能转换、促进服务升级、促进行业竞争、引导生产变革、提升社会诚信、实现灵活就业等社会发展目标（卢现祥，2016；刘根荣，2017）。蔡朝林（2017）和马强（2016）等从现有市场机制的缺陷出发，发现随着共享经济规模的扩大与层次深入，对经济和社会产生了一定程度的负面影响，政府部门也面临着巨大挑战，迫切需要更加到位的监管。

互联网金融的发展催生了共享经济，抑或是两者共同催生了"共享金融"。随着互联网的高速发展，共享经济的内涵从有形物品的互换逐步转变为服务、空间等无形物品的互换（刘洁，2017）。董啸天和张梦冉（2016）回顾了共享金融的发展历程，发现共享金融的发展经历了分享经济、互联网时代的共享经济和共享金融三个阶段。丁俊峰（2016）发现P2P网贷、众筹等模式是共享经济在互联网金融领域的主要实践，但是这些模式都存在诸多弊端。共享经济背景下的互联网金融模式是指利用互联网的跨时间和跨空间特征，使传统的商业模式转型升级，通过大数据、云计算、云储存等移动通信技术和互联网技术，构建互联网金融全新的信息共享、渠道共享、资源共享的行业平台，从而加速金融产品创新（和军、任晓聪，2016）。共享经济背景下的互联网金融主要具有如下优势：从拓展融资空间、拓宽融资渠道两方面助力普惠金融的实现，避免交易双方期限错配和委托代理；消除了流动性危机和因委托代理而产生的资产泡沫；缓解了现代金融体系的脆弱性；减少融资成本；等等（王田田，2015）。郑志来（2016）研究了"互联网+"背景下共享金融的监管思路，包括树立开放监管理念、创新监管方法、建立共享评级体系以及建立共享金融平台和机构定期信息披露等。

二、互联网金融风险来源

相较于传统金融而言，互联网金融中资金供给方与资金需求方的关系更加复杂，从而使两者之间的信息不对称更加严重，互联网金融体系的"不稳定性"加强。从资金流动的视角而言，传统金融的资金流动更为纯粹和明显。但由于互联网金融借助了互联网平台，使资金来源和流出的渠道更加多元化，所以相较于传统金融，互联网金融的资金流向更加"多元化"，这也导致了互联网金融的风险来源更加多元化，增强了互联网金融风险监管的难度。不仅如此，互联网与金融的紧密结合，也催生了第三方支付、网络借贷、网络银行等众多互联网金融模式，使互联网金融监管的模式更加多样化，并且具有针对性。不仅如此，互联网金融还需要面对人民币汇率变动等国际金融风险。[①]

第三方支付行业在解决就业、提升社会清算效率、发展普惠金融等方面起到了很好的作用，但是第三方支付机构的发展也确实对银行业的利益造成了一定影响，尤其是随着利率市场化的推进，整个金融行业开始出现利益再调整、再分割，所以应当对第三方支付业务创新边界进行界定。目前我国对第三方支付机构的定位是非金融中介，但是现阶段我国的监管措施是针对第三方支付机构使用的金融机构监管方式，所以我国第三方支付的监管应当从机构监管转向业务监管。第三方支付的风险包括技术风险、信用风险、隐私风险和金融市场风险，其中前三类风险是可控的，可以通过技术和制度的创新得以解决，当前讨论第三方支付监管非常重要的是研究第三方支付在缺乏监管边界情况下的"草根式扩张"，以及会怎样影响中国的金融秩序，形成金融市场风险。

网络融资平台，是一个创新的商业模式，为缩小社会贫富差距，创造就业，实现经济长期发展、社会和谐作出了重大贡献。随着中国社会信用体系逐步完善和技术的革新，也必将使各地区的中小微企业和个人融资渠道的模式发生革命性的变化。网络融资平台发展应从行业准入、运营、税收和退出方面进行规范，具体来讲要做到准入标准合理、运营有规范监管、网络技术过硬、风险收益匹配、市场参与主体认可、发展可持续，有规范监管的行业才有可能顺利发展下去。网络融资平台监管模式的顶层设计需要解决以下三个问题：一是网络融资的信用结构以及信用规模计量；二是需要设计网络融资的风险监测评估和预警体系；三是顶层设计需要认识到网络借贷实质上是影响银行体系的新形式。

网络银行与传统银行并不是替代关系，而是一种互补关系，既有竞争又有合作；网络银行发展经历了从渠道、产品到平台的发展。综合化经营将成为网络银行主要的经营模式；个性化服务将成为网络银行的主要服务方式。网络银行风险除了传统银行的业务风险外，还有包括系统安全风险和链接服务在内的技术风

---

① 该观点刊发于《国际经贸探索》2018年第9期。

险。网络银行具有风险传播速度更快、风险关联程度增加、风险威胁程度大等风险特征。网络银行风险监管需要把握以下三点：一是健全完善网上银行监管法律体系；二是建立网上银行监管体系，实施多元化监管；三是加强网上银行相关金融机构内部监管体系建设。

三、互联网金融的风险监管

互联网金融的蓬勃发展为现代金融市场的发展锦上添花，但是互联网金融蕴含的风险较传统金融更为复杂，对于监管提出了更高的要求。互联网金融监管涉及面广、监管主体多，既包括工信部、公安部等，也包括中国人民银行、银监会、证监会、保监会等（冯娟娟，2013）。李文韬（2014）、张芬和吴江（2013）对标比较了美国、欧洲、英国、澳大利亚、日本的互联网监管，认为政府监管当局对互联网金融发展初期应当给予相对宽松、积极扶持的政策，但随着业务壮大、风险聚集，监管当局应当加大监管力度；同时，监管当局应当将互联网金融定性为金融业务。

针对我国互联网金融的监管政策，国内学者进行了梳理并作了相应的定性评价，虽然中国人民银行、证监会、银监会等监管职能机构出台了大量措施，取得了一定的效果，但是还是存在不少纰漏以及不足。冯娟娟（2013）从网上银行、网上证券、网上保险、网络支付、网络信贷等方面系统地梳理了我国互联网金融的监管政策，并且做了评价，指出我国的监管政策取得了一定成效，但是还需要建立统一的法律体系，从根本上缓解互联网金融的问题。杨群华（2013）从互联网金融风险的特殊性出发，认为将互联网技术拓展到金融行业，可以扩大金融服务的边界和市场，但是互联网的发展也使技术风险、业务风险和法律风险更加凸显，加大了金融管理部门调控和监管的难度，所以我国需从建立健全互联网金融的安全体系、风险管理体系、法制体系和监管体系入手，以防范互联网金融的特殊风险。谭艳斌（2015）在"正面清单"视角下分析了互联网金融所取得的巨大发展与成就，发现我国互联网金融的监管严重滞后于其发展，主要体现在监管主体缺位、监管业务缺失、监管法规缺漏、监管手段缺乏，应建立健全的监管体系、完善监管法规和监管手段、坚持诚信建设和严格监管督察等措施，促进互联网金融健康与可持续发展。王一帆（2015）选择当下具有代表性的互联网金融企业，通过对比分析它们的风险管理模式，对我国互联网金融的发展提出可操作的政策建议，认为我国互联网金融应该实行创新和监管并存的管理模式，规范和保护互联网金融的发展，为我国金融发展增添新的动力。

第三节　典型城市互联网金融发展举措对标比较及经验借鉴

2013 年是我国互联网金融的"元年"，以阿里巴巴与天弘基金推出余额宝为标志性事件。自此之后，互联网金融蓬勃发展，而共享经济的快速兴起又为互联网金融发展注入了新活力。从互联网金融产生开始，国家层面出台了大量政策措施来扶持和规范互联网金融发展（见表 8-1）。

表 8-1　重要互联网金融政策

时间	部门	政策名称	主要内容
2015.03	国务院	发展众创空间推进大众创新创业的指导意见	鼓励股权众筹融资业务，增强互联网金融融资服务能力，培育天使投融资人与创业投资机构
2015.05	国务院	2015 年深化经济体制改革重点工作意见	推动市场经济金融改革，提出金融市场体系实施方案，出台互联网金融健康发展指导意见，规划普惠金融计划
2015.07	国务院	国务院关于积极推进"互联网+"行动的指导意见	建立与培养一批具有社会影响力的互联网金融创新企业，规范网络信贷服务，鼓励互联网金融企业金融创新与服务
2015.07	央行联合十部委	关于促进互联网金融健康发展的指导意见	正式承认 P2P 的合法地位，表明 P2P 属于中介行业，明确了 P2P 借贷、股权众筹融资与互联网支付的职责边界
2015.09	国务院	关于加快构建大众创业万众创新支撑平台的指导意见	鼓励互联网金融企业合法开办网络借贷服务，并提供信用评级服务，利用互联网技术消除或缓解信息非对称性

续表

时间	部门	政策名称	主要内容
2015.11	中共十八届五中全会	中共中央关于制定国民经济和社会发展第十三个五年规划的建议	进一步规范发展互联网金融，将 P2P 网络贷款纳入"十三五"规划中，P2P 网络借贷以及互联网金融得到国家层面的认可
2015.12	中国人民银行	非银行支付机构网络支付业务管理办法	互联网金融第三方支付企业不得为其他金融机构开设支付账户，只允许作为中介机构将资金转到借贷企业的银行账户
2015.12	国务院	推进普惠金融发展规划（2016~2020 年）	拓宽小额贷款公司和典当行融资渠道，鼓励金融租赁公司参与涉农领域融资，依靠互联网技术建立统一的资产抵押平台
2016.07	中共中央办公厅	国家信息化发展战略纲要	有效防范与化解互联网金融风险，鼓励跨境电子商务，构建电子商务生态圈，发展分享经济，建立网络化协同创新体系
2016.08	中国人民银行	支付业务许可证	规定 27 家非银行支付机构开展支付业务的有效期为 5 年，并对长期未开展支付业务的企业进行注销
2016.08	银监会	网络借贷信息中介机构业务活动管理暂行办法	强调四部委机构坚持协同监管原则，引导 P2P 回归信息中介、小额分散、服务实体以及普惠金融的本质
2017.02	银监会	网络借贷资金存管业务指引	禁止银行+第三方支付联合存管模式，对 P2P 网络借贷平台的资质平台、存管门槛和存管银行做出了限制规定

一、国内典型城市互联网金融发展举措

国内已有八大城市先后出台了互联网金融政策，积极抢占新一轮产业发展高地。综观各大城市已出台的政策，在政策扶持、机制建设、服务支撑、风险防控等方面都作了详细的规划和部署。总体来看，八大城市出台的政策大同小异，但

各有侧重，具体表现如表8-2所示。

表8-2 国内八大城市互联网金融政策名称

序号	地区	政策名称
1	北京石景山区	支持互联网金融产业发展办法（试行）
2	北京海淀区	关于促进互联网金融健康发展的指导意见
3	深圳市	关于支持促进互联网金融创新发展的指导意见
4	天津开发区	推进互联网金融产业发展行动方案
5	南京市	关于促进互联网金融集聚发展的扶持政策
6	广州市	广州市支持互联网金融创新发展试行办法
7	贵阳市	关于支持贵阳市互联网金融产业发展的若干政策措施（试行）
8	上海市	促进互联网金融20条
9	武汉市	出台13条互联网金融产业意见

（1）产业布局上"点""面"各有侧重。在产业布局上，有些城市注重"点"上的部署，如北京和天津，北京选取了石景山区和海淀区进行试点区建设，天津选取了天津开发区进行集聚发展。其他六大城市则注重"面"上的部署，即在全市范围内进行总体的产业布局和规划，与此同时，个别城市也强调"点"上的重点建设和扶持，如上海市积极支持有条件的区县、园区结合自身产业定位，建设有特色的互联网金融产业基地（园区），并指出，对优秀互联网金融产业基地（园区），市、区县两级政府可给予一定支持。

（2）政策扶持上重视资金支持。综观八大城市的管理办法，各地在政策扶持上都突出了资金的支持作用，但在资金的支持力度上大小不一。有注重专项资金扶持的，如天津方面就成立额度为1亿元的专项资金，北京石景山区的专项资金为1年1亿元，南京从2014年开始三年内每年安排总额不低于1000万元的专项资金。也有注重奖励补贴的，内容包括落户奖励、金融创新奖励、购（租）房补贴、财税优惠等，如广州、深圳、上海、贵阳等，广州的奖励计划更为详细，其最大亮点在于围绕广州互联网金融企业的设立、租赁办公用房、业务创新、提供融资服务以及人才引入等方面具体给出了一系列的奖励补贴，其中，落户奖励最具吸引力。

（3）机制保障上强调政府引导。为健全互联网金融产业健康发展的工作机制，各地政府按照"政府引导"的思路，成立了由市委、市政府主要领导牵头，市金融办负责，其他各部分共同协作的领导工作小组。如上海市建立了互联网金融产业发展联席会议，天津开发区成立了互联网金融产业推动工作组，南京市成立了互联网金融发展工作领导小组，贵阳市也成立了科技金融与互联网金融领导小组。尽管各小组名称各异，但基本职责一致，都是围绕研究制定规划、协调解决问题、落实政策、检查督促等方面展开。

（4）服务支撑上注重整合社会资源。为进一步优化服务，营造良好的互联网金融服务支撑体系，各地积极整合社会资源共同推进。在平台支撑方面，搭建各类平台，促进交流合作。如上海市积极打造具有国际、国内影响力的互联网金融论坛，南京市通过南京联合产权（科技）交易所网络门户建立了互联网金融综合服务平台，天津开发区与国家超算滨海中心合作构建了金融云平台，等等。在产业支撑方面，注重产业研究创新，如上海鼓励互联网金融企业、持牌金融机构、高等院校等开展互联网金融产业理论、标准、技术和产品等方面的研究，北京海淀区提出加强社会组织创新，鼓励设立互联网金融研究机构。在融资支撑方面，积极引入社会资本，如上海市支持社会资本发起设立互联网金融产业投资基金，武汉市拿出财政资金作为引导资金，吸引社会资金注入。

（5）风险防范上自律与他律并重。为强化风险防控，引导互联网金融产业规范发展，各地在风险防控措施上既要强调他律也要求自律。在他律方面，主要是加强监管力度，如上海、深圳、贵阳等地提出打击互联网金融违法违规行为，加强对互联网金融的监督管理。在自律方面，通过建立行业自律组织（如行业协会、联盟、信用体系等）加强行业自我约束，如北京、天津、深圳等地支持建立互联网金融产业联盟，上海、南京等地支持互联网金融领域信用体系建设。另外，加强教育宣传也是行业自律的有效手段，如上海、深圳提出要加强互联网金融投资者风险教育。

二、典型城市互联网金融的政策及问题

总体而言，八大城市的政策在方方面面的考虑都较为周全，内容丰富全面、体系严谨完善，但在确保政策落地生根上仍需在以下几方面加大考虑和谋划。

（1）概念界定方面。目前，互联网金融尚无明确的、获得广泛认同的权威定义。八大城市在出台互联网金融政策过程中也较少涉及概念界定，更多的是结

合互联网金融业已呈现的模式分类及业态进行概括说明，在政策扶持对象上覆盖有限，具有一定的局限性。比如，广州的办法规定互联网金融企业包括了"第三方支付机构、P2P 网络贷款平台、众筹融资平台、互联网保险等金融机构以及互联网小额贷款公司"五大类，还指出"其他经认定的开展互联网金融业务的机构和组织"，而传统金融衍生互联网金融是否能纳入扶持政策中尚不能明确。互联网金融是新生业态，形式也在不断演变中，而界定不清晰将引发后续落地实操的障碍。

（2）管理方面。当前，八大城市针对互联网企业在注册、登记、审批环节等方面都提供了简化和便利的准入服务，但在管理层面仍缺乏相应的配套管理措施，存在管理"真空"的现象。目前，在互联网金融业态中，除第三方支付外，大部分互联网金融业态处于"无管理"状态。例如通常注册为信息服务公司的 P2P 网贷平台，以及注册为网络科技公司的股权众筹平台，虽然在地方工商部门进行登记注册，在通信管理部门进行网站备案，但是其从事的是类金融业务，工商部门和通信管理部门不具备管理金融业的专业能力和管理职责，而地方金融办也缺乏跟进管理的法律依据。此外，部分互联网金融产品通过价值链的延伸模糊了传统业务边界，出现了"混业跨界"的趋势，这使对互联网金融的管理更加困难。

（3）培育方面。在支持互联网金融产业发展方面，八大城市各出奇招，加大培育和扶持力度，在基础设施配套建设、融资服务、财税政策、人才支撑等方面给予了大力的支持。但总体而言，各地在扶持措施上更多地表现为"重招商轻培育"这样一种思路，而在产业培育、市场激活方面缺乏有效的思路和举措，即更多的是以给钱、给房的形式进行扶持，如各地纷纷出台的各种落户奖励、购（租）房补贴、财税支持等，以广州为例，落户最高奖达 1200 万元。另外，八大城市在扶持上更多倾向于龙头或大型互联网金融企业，对中小型互联网企业的扶持更多局限在融资服务上，政策导向较为宽泛，缺乏针对性。

（4）监管方面。八大城市在政策中都强调了风险防控的重要性，在互联网金融行业他律与自律方面都明确了相关的举措，但各大举措在实操层面仍面临着监管"失效"的问题。主要表现为两方面，一方面，社会信用体系不健全。当前，互联网金融企业更多要依靠"水电煤气"缴费情况等软信息进行客户风险的识别，但由于此类信用信息分布在不同政府部门、企业中，未能建立支持统一查询、信息共享的社会信用信息体系。另一方面，在多头监管体制下，每个监管部门各司其职，但在一些模糊领域很难厘清。比如余额宝等货币基金，既归银监会管，又归证监会管，这很难厘清责任和义务。另外，由于监管部门的分割，每个部门会互相推诿扯皮，无法进行有效监管。

三、小结与经验启示

参考国内典型城市的做法，在产业规划、政策扶持、机制保障、风险防控等方面加强布局和谋划，去粗取精、深化发展。在推进互联网金融发展的过程中应进一步解放思想，深化金融改革创新，突破体制机制障碍，充分发挥市场在资源配置中的决定性作用，做政府有为之举，推进互联网金融健康、有序、蓬勃发展。

（1）明确产业认定工作。在推动互联网金融发展过程中，应结合互联网金融业态发展及演变情况，明晰产业扶持的对象范围，做到产业覆盖的广泛性和针对性。由于互联网金融是新生业态，形式也在不断演变中，可由相关机构或部门进行产业的认定工作，即使互联网金融领域出现新的产业业态，也可及时进行认定并纳入扶持范围。

（2）明确归口管理部门。当前，在互联网金融领域，各地都存在管理"真空"或管理混乱的尴尬局面。因此，应进一步明确互联网金融产业的归口管理部门，明确管理职责，由金融办负责互联网金融产业发展的日常推进和协调工作。但由于互联网金融涉及多个行业，在现有体制下，金融办的管理权限具有一定的局限性。因此，应增强金融办的管理职能，由金融办负责对互联网金融企业、传统金融机构设立的互联网金融组织、其他企业开展的互联网金融业务部分及其他经认定的开展互联网金融业务的机构和组织进行管理，并赋予其跟进管理的法律依据。值得注意的是，在互联网金融跨业管理过程中，应进一步明确各部门的管理职责，理顺部门间沟通协调机制，加强部门协同。

（3）明确培育导向。在产业培育上，把招商引资作为互联网金融产业发展的根本抓手确实是产业培育的一大主攻方向。一方面，要优化产业布局，依托具有互联网金融产业先发优势和条件的产业园进行重点孵化培育，形成示范效应，由点及面，如推动建立互联网金融企业孵化园。另一方面，在充分发挥龙头企业辐射带动作用的同时，加大对中小型互联网金融企业的关注和培育，尤其是要加大天使投资对初创型、成长型互联网金融企业的扶持力度，如设立互联网金融天使投资基金，积极引导天使投资人对初创型、成长型互联网金融企业进行扶持和指导。同时，适当鼓励大的互联网金融企业兼并小型互联网金融企业。

（4）明确监管方向。在互联网金融的监管思路上，应给予互联网金融行业一个相对宽松的环境，做到既给予充分的空间让行业发展，又确保行业发展的健康。一是要进一步健全社会信用体系。通过整合和开发散落于各政府部门的信息数据，探索将平台数据作为互联网金融企业提供金融服务的征信依据。二是要调整监管思路。互联网金融带来了更多的金融创新，应进一步整合监管资源，形成金融协同监管体制，同时，增加对地方金融监管的调控职能。

第四节　共享经济背景下传统金融发展的分析

众多研究表明金融发展能够驱动企业创新。由于企业创新的信息不对称、长周期、高风险和缺乏担保等问题，债权融资并非企业创新投资的主要融资来源。传统的金融体系以银行为主导，在银行主导型金融体系背景下，在企业创新融资中，银行仍然发挥关键作用。年轻私人企业是创新的核心动力。直到 20 世纪 90 年代后期，由于私人股权市场当时处于初期发展阶段，美国年轻私人企业融资的核心来源依然是银行。20 世纪中后期，正是在银行主导型金融体系背景下，尤其是在主银行制度背景下，日本实现了企业创新和技术进步。本部分将以日本为例来说明传统金融对企业发展的作用机制，从而来看在共享经济背景下传统金融所存在的局限性。

一、日本主银行制度的发展[①]

"二战"后，日本资金短缺，政府制定了严格的标准管制债券发行。同时由于证券市场不发达，企业股票融资方式也受到很大的限制。企业从资本市场获得资金的渠道大大受限，银行借款是企业融资的主要来源。从表 8-3 可以看出，在 1965~1979 年这段时期，日本企业的外部融资结构中银行贷款占比均高于

---

① 该部分主要观点刊发于《时代金融》2018 年第 17 期。

50.0%，企业融资渠道以依赖银行贷款的间接融资为主。在间接融资方式下，企业对银行依赖性不断加强，密切的银企关系成为必然。以间接金融为基础的主银行制度就是在这样的金融体系环境中发展成熟并普及的。

表8-3 日本大型企业外部融资结构变化

年份	股票	贷款	公司债
1965~1969	8.0	79.9	12.1
1970~1974	6.4	83.3	10.3
1975~1979	19.6	55.1	25.3
1980~1984	30.0	45.0	25.1
1985~1988	38.6	10.0	51.4

资料来源：尹恒. 银行功能重构与银行业转型 [M]. 中国经济出版社，2006.

主银行制度的本质是银行和企业双方共同维持的一种长期契约关系，在该契约关系中，主银行对企业实施事前、事中和事后的监督。银行持有企业的股权并不是主银行制度的必要条件和充分条件。在"二战"后的日本经济发展环境约束条件下，相比基于市场竞争的契约制度，基于"关系"的主银行制度更有利于促进日本经济的发展。"二战"后，主银行制度运行的一个必不可少的条件是日本严格控制新进入城市银行的资格。城市银行在政府的保护下，具有了银行业市场垄断力量，在低竞争度的银行业市场，银行凭借自身的市场垄断力量获取高额的经济租。企业对银行信贷的高度依赖和政府金融行政的强力保护，使企业与银行建立了长期相对稳定的交易关系，从而为主银行创造了高额租金。

二、传统银行金融驱动发展的机理

在20世纪50~70年代，日本经济处于高速发展时期，在70~80年代，日本经济由高速增长转入中高速增长。这期间，日本企业开展了大量创新活动，并对欧美企业的技术垄断地位造成了巨大的冲击。如从50年代索尼的晶体管收音机、60年代丰田的JIT（Just In Time）生产方式、70年代本田的小型高动力引擎和摩托车，到 80 年代佳能的小型复印机、索尼的随身听以及游戏机等。① 日本经济高速增长的阶段正好也是主银行制度走向成熟和普及的阶段。可见，在主银行制度背景下，日本企业创新曾经取得了长足的进步。在日本经济高速发展阶段，政府通过银行体系满足企业绝大部分融资需求，进而将稀缺的资金资源合理配置到重点发展的产业上。20 世纪 50 年代以后，通过城市银行合并，同时严格控制新增城市银行的资格，日本主银行的数目基本没有增加，反而由于银行之间的合并而减少。银行业的竞争度大大降低，主银行拥有了市场垄断力量。日本的主银行制度以紧密的银企关系为特征。主银行不仅向业务关联、交易关联企业提供短期和长期贷款，而且在特定情况下，参与企业的相机治理。在主银行制度下，不完全契约成为日本银行和企业的制度化行为预期。由于不完全契约，银行获得在再谈判过程中的剩余控制权，债务契约实现了控制权的相机转移作用。

企业创新具有风险高、周期长等特点，因此，企业创新融资对银行而言，是长期项目，而对创新企业而言，项目创新需要获得银行的长期贷款支持。在基于市场竞争的机制中，由于银行无法将企业创新的未来收益"内部化"，因此银行资助企业创新项目的动机不强。但是，在主银行制度中，由于银行凭借其自身的市场垄断地位和企业建立了长期的契约关系，银行可以在前期为企业的高风险创新项目提供一个市场利率或者低于市场利率的价格，而在后期企业创新取得成功，可以承受更高的利息支出时，在再谈判中银行敲企业竹杠，再收取高于市场利率的价格，从而跨期平滑各期的利息收入。主银行在进行贷款决策时，不仅考虑企业的短期和长期偿债能力，而且考虑银行可以获取回报的各种非契约控制。在主银行制度下，利率可以在各期间进行平滑和调整，因此利率的确定与融资项目的内在风险无关。可见，在资助能够带来长期效益的高科技创新项目上，基于"关系"的主银行制度比基于市场竞争的机制更为有效。

三、传统银行金融对企业创新的约束性

20 世纪 50~70 年代，日本金融资源主要集中于银行体系，金融体系处于金融非自由化阶段。这期间，主银行是企业创新活动的主要融资来源。拥有市场垄断力量的主银行通过不完全契约赋予的剩余控制权跨期分享企业的创新剩余。但

---

① 赵晓庆. 自主创新战略路径的国际比较 [J]. 管理工程学报，2010 (24)：47-51.

是，主银行制度的良好运行需要建立在一定的基础上，自由市场经济不完善、信息严重不完全和不对称，契约约束力普遍较弱、企业融资渠道缺乏。在这样的经济环境下，主银行制度以强有力的双边锁定关系取代了契约，其实现效果优于基于市场竞争的契约机制。在契约缺乏约束力，资金成为稀缺资源的环境下，日本的主银行制度曾经对日本的企业创新和经济发展起到了重要的作用。但是，20世纪70年代中期以后，日本经济自由化和国际化发展不断加速。日本经济从供给不足转为需求不足，由资金严重短缺转为严重过剩，而同时出现了企业资产重组、减轻债务负担的内在需求，主银行体制逐渐失去其存在的基础。

为了应对主银行垄断的单一间接金融市场格局面临的挑战，日本于20世纪70年代开始金融自由化，90年代后期基本建立了市场主导型的金融体系。从表8-3可以看出，20世纪80年代以来，日本大型企业的银行贷款比例下降，股票和公司债的筹资比例显著上升。大型企业与主银行离心的"金融脱媒现象"，表明主银行和企业之间的关系开始发生变化，银行的贷款业务深受影响。但是，存款仍然持续地流向商业银行，为了应对日益收窄的利差空间、追求更高的收益，银行进入了房地产投资、设备投资和股票投资等领域，诱发了80年代末的日本经济泡沫。当经济从高速增长切换到低速增长阶段，契约约束力提高，资金变得充裕时，主银行制度就变得不合时宜，主银行制度改革滞后于经济金融环境的变化，是日本金融危机形成的一大重要因素。从日本案例可以看出，契约约束力不强且资金相对缺乏的经济环境适合实施基于不完全契约的主银行制度，而契约约束力较强且资金相对充足的经济环境则适用于基于市场竞争的机制。

四、小结

日本主银行制度案例表明，银行对企业创新的驱动作用是建立在一定约束条件基础上的。主银行制度运行良好的前提条件包括信息不完全和不对称、自由市场经济不完善，契约约束力普遍较弱、企业融资渠道缺乏。银行对企业创新产生驱动作用的外部条件是经济增长和金融非自由化，而内生动力则是银行拥有市场力量。在经济增长期，企业增长促使银行支持企业创新投资，由于紧密的银企关系，主银行不仅能够获得贷款利息，还能获得作为创新剩余的风险溢价，企业与银行形成良性互动状态。但在经济萧条期，紧密的银企关系可能使企业危机直接转化为银行危机，从而冲击金融系统安全。主银行制度下，经济高速增长避免了银行敲竹杠可能带来的企业专项投资不足问题，创新收益在银行和企业间实现共享。在金融非自由化背景下，由于金融资源主要集中于银行体系中，银行是企业融资的不二选择，银行在金融市场中取得优于股权融资等其他金融业态的竞争优势。如果银行在银行业市场中拥有垄断地位，则该银行在企业融资市场中拥有绝对的垄断市场力量。该银行可以凭借其在企业融资市场中的市场垄断力量获得再谈判中的剩余控制权，从而攫取更高的创新剩余比例。

日本的历史经验启示我们，无论一项金融制度曾经为经济发展发挥过多么重要的作用，一旦经济金融环境转换，金融制度也必须随之进行调整和变革。目前，中国的经济金融环境已经发生了巨大的变化，经济增速进入从高速转向中高速的换挡期；同时已经开始进入金融自由化阶段，不仅股票和债券市场发展迅速，互联网金融等金融新业态也蓬勃发展，多元化多层次的金融体系雏形初现，资金由严重短缺转为严重过剩，而经济从供给不足转为部分产业产能过剩，企业杠杆率过高。可见，拥有市场力量的银行对高科技企业创新产生促进作用的外部条件和内生动力都已经不再具备。中国除了进一步加大银行业市场结构改革外，重点是优化金融结构改革，建立完善多层次多元化的企业创新金融支持体系。

第五节　共享经济背景下互联网金融发展及风险防范的案例

一、杭州互联网金融发展案例

1. 杭州互联网金融发展现状及存在的问题

（1）互联网支付。杭州市共有开展互联网支付业务的典型第三方支付机构8家，其中4家同时具备开展移动支付业务资格（见表8-4）。从纵向比较来看，杭州市互联网支付发展速度很快，2013年，杭州市互联网支付规模达到26663.8亿元，同比增长71.0%，移动支付规模达到9244.7亿元，同比增长1238.4%。

表 8-4 杭州市拥有互联网支付、移动支付的第三方支付典型机构信息（截至 2012 年）

序号	机构名称	成立时间	移动支付业务
1	支付宝（中国）网络技术有限公司	2004.12	有
2	连连银通电子支付有限公司	2003.08	有
3	商盟商务服务有限公司	2007.06	无
4	网易宝有限公司	2010.07	有
5	浙江贝付科技有限公司	2011.06	无
6	浙江航天电子信息产业有限公司	2002.04	无
7	杭州市民卡有限公司	2004.07	有
8	浙江快捷通网络技术有限公司	2012.07	无

从横向比较来看，杭州市在全国处于领先地位，市场占有率第一，其中阿里巴巴的支付宝市场占有率达 48.7%，在同行业中独占鳌头；在移动支付方面，杭州市也领先于其他兄弟城市，其中阿里巴巴的支付宝钱包在第三方移动支付市场以 69.6% 的市场份额居第一位。但与互联网支付总量处于第二位的上海相比，杭州市处于支付宝一家独大的尴尬境地，在市场份额排名前七位的互联网支付机构中，杭州只有支付宝一家，而上海则有四家（见表 8-5）。

表 8-5 中国互联网支付分地区市场规模及占有率

地区	市场占有率（%）	主要企业市场占有率（%）	
杭州	48.7	支付宝	48.7
上海	26.6	银联在线	11.2
		快钱	6.7
		汇付天下	5.8
		环讯支付	2.9
深圳	19.4	财付通	19.4
北京	3.4	易宝支付	3.4

资料来源：艾瑞（iResearch）咨询。

（2）互联网平台投融资。在 P2P 网络投融资方面，由于该行业还处于无门槛、无标准、无监管的"三无"状态，所以难以统计杭州市 P2P 投融资平台的准确数量。浙江省通信管理局的数据显示，全省有 ICP 牌照的 P2P 网贷平台共有 94 家，其中杭州 37 家，虽然杭州在机构数量上不少，但是与全国其他城市（如北京、深圳等地）相比，规模和影响力较大的平台数量相对较少。2014 年，杭州市最大的 P2P 网贷平台是微贷网，截至 2014 年 7 月 15 日，共促成交易 42774 笔，成交金额 29.82 亿元，其中 2014 年，共促成交易 24015 笔，成交金额 17.28 亿元。在众筹投融资领域，杭州市也作了些有益的探索。2014 年 5 月 24 日，由浙江股权交易中心发起设立的"浙里投"股权众筹平台正式上线，借助互联网众筹模式，推广各类中小微企业小额融资项目。截至 2014 年，已有 11 家企业在该平台进行众筹筹资，2 家已完成融资，募集资金 1786 万元。除此之外，杭州市还涌现出一些众筹融资的案例。如 2013 年 5 月，由 110 多个股东，通过 QQ、微博等网络渠道集结、合资成立的咖啡馆——"聚咖啡"正式开业。2014 年 2 月，盈开投资合伙人蔡华通过 QQ 群发起了众筹邀约，短短 4 天筹集到了 123 万元，用于筹建一家茶楼。2014 年 3 月以来，杭州下沙的一些电商企业家试图通过众筹模式筹建杭州企业家咖啡馆，目前股东数已达 56 位。阿里巴巴集团推出的"娱乐宝"具有众筹基因等。

（3）电商网络信贷。在网络小贷方面，杭州市具有领先优势，阿里小贷是国内网络小贷的典型代表，截至 2013 年年末，阿里小贷累计获贷客户数 64.2 万家，累计放款金额 1722 亿元。在供应链融资方面，杭州市也在积极推动，但是与北京（京东）、南京（苏宁易购）等兄弟城市相比，还有不小的差距。目前，工行浙江省分行营业部正与杭州市医药行业专业型 B2B 电子商务平台——"医药在线"深度合作，共享大数据资源，开发电子供应链金融业务"面面付"。

（4）金融机构创新型互联网平台。杭州市传统金融机构在互联网金融方面的探索也一直走在全国前列。在"余额宝"掀起宝类产品风潮后，浙江工行在工行系统率先推出银行版余额宝，随后杭州银行也与易方达基金联手，推出"幸福添利"类余额宝业务。杭州的传统金融机构同时也杀入了电子商务金融服务领域。浙商银行与企业经营综合服务商"生意宝"签署战略合作协议，将基于生意宝 B2B 电子商务平台，开展线上支付、资金管理等金融服务，并在信用评级、结算业务、担保业务、融资业务、财富管理、电子商务银行服务应用等方面开展多层次、宽领域、全方位合作。此外在传统商贸融资领域，金融机构也通过互联网金融创新提供了更好的服务，如杭州银行已经上线了微贷卡、微信银行、手机银行、EPOS 金融工具，未来还将推出"金钱包"理财、智能账户等创新产品。

（5）互联网金融信息类门户。目前来看，在互联网金融信息类门户领域，北京、上海等城市具有较强的先发优势，拥有一批权威的互联网金融信息类门户，如北京的融 360、91 金融超市、大童网等，上海的网贷之家、东方财富、陆金所等。与上述城市相比，杭州在这一领域的发展整体相对落后，但也有一些企业走在同行前列，如数米基金网、同花顺金融服务网。数米基金网成立于 2006 年，是国内第一批面向个人投资者的基金垂直网站之一，现有注册用户超过 340 万，已成为国内最大的基金垂直网站。同花顺金融服务网是一个综合性的金融信息门户网站，致力于为中国资本市场提供全面的金融资讯服务，根据国际权威的全球流量统计网站 Alexa 的统计，同花顺金融服务网在国内财经类网站排名一直稳居前 10 位。

2. 杭州发展互联网金融的机遇与优势

（1）中央支持发展普惠金融。2013 年年底，党的十八届三中全会审议通过的《中共中央关于全面深化改革若干重大问题的决定》首次将"发展普惠金融"写入党的纲领性文件中，成为全面深化金融改革的重要组成部分，而互联网金融基于其服务"长尾"的特性，正是推动普惠金融发展的有效途径。2014 年 3 月，李克强总理在全国人大会议上做政府工作报告时提出"促进互联网金融健康发展""让金融成为一池活水，更好地浇灌小微企业、'三农'等实体经济之树"。国务院常务会议近期明确定调"放宽业务准入，促进互联网金融健康发展"。这些意味着互联网金融产业已得到了国家层面的重视，中央支持发展普惠金融和小微金融，并为互联网金融发展提供了重要的历史机遇。

（2）具有产业基础优势。浙江小微企业众多、民间财富充裕，这都为互联网金融的发展奠定了良好的基础。其中最为关键的是杭州市具有互联网金融发展的产业基础优势。一方面，杭州在互联网、通信技术、电子商务等与互联网金融相关的技术领域中具备领先优势。杭州是国家重要的互联网产业基地，聚集了全国 1/3 的互联网公司，拥有浙大网新、信雅达、同花顺等 17 家互联网上市企业，在数量上居于全国前列。杭州也是我国电子商务中心，创造了中国电子商务的成交额的近 2/3，拥有全球领先的网络电商阿里巴巴。此外，一大批中小科技企业如捷蓝信息、财米科技等也在积极探索互联网金融领域。另一方面，杭州金融业发达，在 2013 年《中国金融中心指数报告》中，杭州市金融业在国内 31 个城市中综合排名第五。因此，杭州具备发展互联网金融的优良产业环境和基础。

（3）具有区域规划优势。一是根据国务院《关于长江三角洲地区区域规划》的定位要求，杭州市作为长三角重要中心城市，将努力打造以中小企业金融服务和民间财富管理为重点的长三角南翼区域性金融服务中心，具有接轨上海国际金融中心的区域优势。其中，省市共建的《杭州财富管理中心2014~2018年实施纲要》已正式出台并付诸行动。二是近期杭州市出台的《关于杭州接轨中国（上海）自由贸易试验区发展的意见》提出要加快发展跨境贸易电子商务，打造国际电子商务中心，同时杭州市政府正在积极申报中国（杭州）网上自由贸易试验区，这将为杭州互联网金融发展提供良好的机遇和更广阔的空间。三是杭州正在积极规划互联网金融产业布局，目前，西溪谷、未来科技城和钱江新城等多个互联网金融产业集聚带已初步确立，正在加紧完成前期的规划工作，将成为主要面向全市互联网金融企业服务的孵化器、加速器，为推动互联网金融行业发展提供平台与机会，促进相关行业主体聚集，吸引新型金融电商和互联网金融企业聚集园区。四是杭州在修订《关于支持金融服务机构加快集聚的实施意见》招商政策中，明确将"经认定为较重要的互联网金融服务机构"列为享受政策的三类扶持对象，其他扶持政策正在加紧酝酿。

（4）具有总部创新和资本优势。一是总部位于杭州的阿里巴巴在互联网金融领域具备创新能力和先发优势。阿里巴巴小额贷款公司开创了电商网络小贷新模式；阿里推出的"余额宝""娱乐宝"等产品激活了大众参与货币市场基金、保险理财产品的热情；此外，阿里巴巴正在筹建的网商银行，也将是国内首家不依托物理网点的纯网络银行。可以说阿里巴巴已经成为互联网金融创新与发展的一面旗帜。二是网易、数米等互联网高科技企业创新活跃。网易正在建设开放式的第三方金融信息与交易服务平台，致力于成为独具品牌、技术、用户和商业模式优势的互联网金融行业领导者。数米是国内第一家专注于基金行业的垂直门户网站，最新艾瑞研究数据表明，数米基金网日均覆盖人数230万，日均流量上千万，在基金个人用户服务领域处于国内同类型网站领先地位。此外，恒生、信雅达等金融服务外包创新也非常活跃。三是杭州市私募基金云集，是国内创业投资、股权投资最发达、最活跃的地区之一，已经形成了一定的集群效应。截至2013年末，杭州市PE/VC机构已达422家，基金数量和管理资本规模位居全国前列。当前，互联网金融已经成为杭州市金融改革创新的重要方向，加快建设金融服务中心的重要突破口。在"浙商回归工程"的政策指引下，必将吸引更多的浙商资本投资互联网金融行业，带动互联网金融加快发展。

（5）具有金融人才聚集优势。杭州市作为省会城市，是浙江省政治、经济、文化、科教、交通、传媒、通信和金融中心，集聚了浙江省2/3的大中型企业，拥有杭州经济技术开发区、杭州高新技术产业开发区、萧山经济技术开发区等一批国家级、省级工业园区，是浙江省主要的制造业基地，商贸、旅游、金融、通信、信息、房地产、教育、文化等第三产业较为发达。同时，杭州市拥有30多所高等院校和众多的科研机构，为互联网金融发展提供了强大的人才支撑和研究支持。浙江省金融学会、浙江金融研究院、浙江大学金融研究院、浙江金融改革发展研究院等是杭州金融研究的重要基地和平台。此外，针对互联网金融创新发展，中国人民银行杭州中心支行成立了互联网金融监管小组和互联网金融研究小组。杭州市金融办积极联合金融监管部门、高等院校等开展一系列的互联网金融规划和发展研究。

3. 杭州互联网金融发展的重点方向

（1）制定出台鼓励杭州互联网金融发展的系列政策。将互联网金融纳入杭州市重大发展战略中，加大政策支持力度。密切跟踪国家相关政策动向，借鉴北京、上海、深圳等兄弟城市互联网金融发展经验，结合杭州的实际情况，尽快制订出台"促进杭州互联网金融发展的指导意见"等专项政策文件，明确互联网金融企业的财政补贴和税收、互联网金融人才落户、住房和个人所得税方面的优惠扶持政策等。此外，调整完善现有政策，如修改在杭银行机构年度评价激励办法；将互联网金融创新纳入市级金融创新奖评选活动并予以重点宣传；协调在杭金融管理部门加大对互联网金融产品与服务的政策支持；等等。

（2）打造杭州互联网金融的产业园区。推动建立互联网金融企业孵化园，加快建设西溪谷和钱江新城两个"互联网金融产业集聚带"。一是加大招商力度，吸引互联网金融相关机构集聚，如吸引大数据处理、云计算、移动应用等技术机构在产业园区聚集发展；支持第三方支付、网络投融资、电商信贷、互联网金融门户等互联网金融机构以及具有互联网金融交易要素的机构向产业园区集聚，并带动相关银行、保险、信托、基金等企业集聚发展；吸引互联网金融中介服务机构，如法律、信用评级、担保、咨询等机构入驻园区，营造良好的互联网金融发展生态环境。二是推动产业园区制定支持互联网金融相关企业落户的具体措施，加强信息安全、大数据存储、交通、网络通信等基础设施建设，为园区内企业提供一系列的人才、政策和服务保障，通过政府引导快速带动互联网金融产业链形成。

（3）设立互联网金融发展专项资金。一是探索设立由财政出资的"互联网金融发展专项基金"，专门用于支持产业园区建设、互联网金融信用信息平台建设、奖励产业人才引进等方面。二是探索由金融办同市科委、财政局等部门设立"互联网金融产业投资引导基金"，专门用于扶持风投机构投资于互联网金融领域的初创期或成长期企业。三是探索设立专项扶持资金，专门用于奖励推出互联网金融创新产品的相关企业和人员，鼓励互联网金融企业和传统金融机构推出受业界和消费者肯定的重大创新产品、技术和服务。四是探索建立市区两级互补性风险补偿资金，专门用于支持通过互联网金融模式开展中小微企业和"三农"融资业务的机构，根据业务量规模给予其风险补贴和业务增量补贴，鼓励开拓"长尾"市场，拓展服务边界。

（4）探索建立区域性互联网征信系统。一是充分发挥人民银行征信系统的作用，参照小贷公司和融资性担保公司接入征信系统的方式，在保障信用信息安全的前提下，稳步推进符合条件的互联网金融公司接入征信系统。二是进一步整合散落于各政府部门的信息数据，加快推进杭州市公共信用信息平台建设，探索实现阿里信用数据与杭州市非金融信用数据的共享，建立杭州市个人/企业征信平台，并探索将平台数据作为互联网金融企业提供金融服务的征信依据。三是支持互联网征信产业发展，尤其是鼓励拥有"大数据"的电商平台、社交平台等互联网企业积极申请征信牌照，开展大数据挖掘、分析和利用，形成有价值的企业和个人信用，并进行商业化应用。四是利用国家社会信用体系建设机遇，加强信用建设区域联动，促进跨区域信用信息资源的开发和利用，实现在信用共享等方面的互动协作。

（5）拓宽企业进入互联网金融渠道。支持互联网企业依法参与发起设立或参股银行、证券、保险、基金、期货、消费金融公司等各类金融机构。支持互联网企业通过发起设立或并购重组等方式控股或参股小额贷款公司、融资担保公司、融资租赁公司等新型金融组织。支持更多有实力的高新技术公司和互联网企业依托互联网技术和线上线下资源优势，发起设立或者参与设立第三方支付、移动支付、众筹融资、P2P 网络融资等创新型互联网金融服务机构和平台公司。支持互联网企业和传统金融机构加强业务合作，以技术创新推动金融创新，强化现代信息技术和互联网技术在金融领域的应用。

（6）加强组织领导开展互联网金融招商。切实加强组织领导，建立协调联动机制，推动建立由杭州市金融办牵头，经信委、经合办、外经贸局、一行三局等部门参加的杭州互联网金融工作联席会议制度，组织召开互联网金融招商引资例会，专职处理境内外重大金融招商引资项目，提供立项审批、兑现政策等"一站式"服务，加强各部门间的统筹协调。择时赴北京、上海等互联网金融发展先进地区开展系列招商推介活动，依托两大互联网金融产业集聚带，使杭州互联网金融机构数量有所增加、质量有所提高。吸引百度等大型互联网企业在杭州设立基金服务机构、网络小贷机构等，形成产业集群效应。吸引更多的境外互联网金融企业、配套服务公司和创投机构等入驻杭州。

（7）充分发挥龙头企业的辐射带动作用。利用杭州市与阿里巴巴集团签署合作协议的契机，在扶持阿里巴巴更好发展的同时，充分发挥其影响力、辐射力和带动作用。一是利用阿里巴巴的技术和数据优势，推动线下线上数据的共享，加速城市信息化，推动"智慧杭州"和智慧城市经济产业带建设。二是引导和支持阿里巴巴加强与杭州市本地银行、证券、保险、基金等传统金融机构的合作，推动互联网金融业务向传统金融机构延伸，带动本地金融业的发展。三是引导和支持阿里巴巴在推动杭州市电子商务服务业、云计算和大数据等产业发展中发挥更大的作用，带动上下游产业的发展，在杭州市乃至浙江省形成互联网金融相关产业的生态链。

二、阿里巴巴成功案例与 P2P 高风险案例

1. 阿里巴巴互联网金融的成功实践

阿里巴巴集团成立于 1999 年，是中国电子商务的旗舰，自成立至今，几乎涉及了互联网金融业务的各个领域。2003 年，为解决网上交易过程中信用和支付问题，阿里巴巴推出支付宝业务，随后支付宝业务因阿里巴巴电子商务交易量的迅速膨胀而始终占据国内第三方支付市场第一的市场份额。2010 年推出了阿里小额贷款业务，基于用户交易信息，依托支付宝渠道开展网络融资业务；2013 年推出余额宝业务，通过与基金公司的跨平台合作，实现了对网民的碎片化理财的整合，使支付宝摇身一变，成为具有"存款功能"的平台；2014 年 9 月 19 日，阿里巴巴集团在美国纽交所上市并成为人类有史以来最大的 IPO 之一。阿里巴巴上述业务的发展过程，是产业融合、金融创新和金融深化的典型缩影，而互联网金融业务也将成为未来"再造阿里"的重要机遇。

在互联网金融的业务开展中，阿里巴巴的角色是新金融中介，是金融创新的实施者，并且几乎总是金融创新的领导者。具体而言有三重效应。

支付宝："1−1<0"递减效应。阿里巴巴几乎所有的金融创新业务的开展均以其第三方支付工具支付宝为平台或渠道。第三方支付工具支付宝的推出，目的在于解决电子商务平台交易过程中的支付交货两难问题，大大降低了交易过程中的交易成本、信用成本以及交易风险，提高了交易成功的概率。此后支付宝还相继推出银行网银系统无法推出的其他个性化支付服务等。

阿里小贷："1÷1<0"南风效应。阿里小额贷款也是依托支付宝为主要渠道进行贷款资金的发放，申请阿里小贷可在线完成，后台通过对用户信用的"综合计算评分"，在短时间内完成在银行金融系统无法完成的放贷。后台基于云平台的计算，大大降低了贷款过程中的信用信息不对称问题，同时降低了交易成本，提高了效率，并且在一定程度上弥补了当前我国金融市场对小微企业融资无法满足的缺陷。

余额宝："1×1<1"扩散效应。余额宝的推出，通过网络平台迅速实现了散户的碎片化理财，与传统金融机构的理财产品相比具有典型特点，包括在线申购无手续费，无入门门槛，随时赎回且具有高收益性；这就大大降低了用户理财过程中产生的交易成本即手续费。

2. P2P 问题频出

虽然阿里互联网金融创新发展具有重要意义，但不容忽视的是，互联网金融发展依旧存在巨大的风险隐患。以 P2P 为例，《2015 年 12 月 P2P 问题平台数据监测报告》显示，2015 年共出现 P2P 问题平台 929 个，如 e 租宝、泛亚集团、大大集团涉案金额分别为 700 亿、430 亿和 40 亿元。在这些问题平台之中，最多的是上线几个月就"跑路"的平台，而其共同特点是上线时间不长，大多为短期标，没有资金托管。其深层次的原因是我国互联网金融发展的信用体系以及监管体系不健全。在我国互联网金融呈现"爆发式"增长的进程中，大多互联网公司属于"小船容易掉头"类型，导致了"跑路"风险直线攀升，而这也直接反映了互联网金融监管体系不完善。现阶段我国的互联网金融监管体系是在沿袭传统金融监管体系的基础上形成的。其基本内容是对传统金融机构互联网金融业务的监管由原来传统金融机构的对应监管部门负责，对新兴互联网金融机构相关业务的监管则由中国人民银行出台具体管理办法或做出风险提示。这就导致了对银行主导型的网络融资监管过多、对非银行主导型的网络融资监管者不足，以及商业银行贷款无法创新、大量的非银行网络融资风险巨大等问题，严重制约了互联网金融的健康稳定发展。

第六节　共享经济背景下互联网金融风险防范的对策建议

一、互联网金融风险防范的瓶颈及重点

互联网金融不仅需要面对传统金融的流动性风险、信用风险等"不稳定性"因素，还需要克服由互联网所带来的技术、法律等特殊风险。共享经济的快速发展也使互联网金融风险被进一步放大。由此可见，互联网金融体系的稳定性更加脆弱。就现阶段互联网发展而言，以下三个问题需进一步明确，这也是互联网金融监管所需要明确的重要问题。

明确互联网金融发展的主体，从而明确互联网金融的风险监管主体。广义互联网金融定义为"互联网企业从事金融行业"和传统银行金融机构拓展的网上银行业务，由此产生了互联网金融应该由谁主导的问题，是互联网企业主导金融发展，还是金融机构拓展互联网业务？

明确互联网金融风险的主体，从而明确互联网金融监管的具体举措。现阶段互联网金融的发展以互联网企业为主导，对于客户风险标尺的制定是通过"大数据"手段获取客户信用记录，但是却无法真正发现客户的"逆向选择"以及"违约寻租"等行为。这势必导致金融风险的衡量"标尺"越来越模糊，那么谁应当为风险"标尺"模糊买单？

明确互联网金融监管的主体，从而明确互联网金融监管的具体政策。随着互联网金融飞速发展而产生的风险，已经引起政府和企业的高度关注。互联网金融是互联网技术发展与金融模式的深度耦合，如何加强公安部、工信部、人民银行、银监会、保监会、证监会等职能部门的"协同监管"还有待突破。

二、互联网金融风险防范的思路及方向

针对互联网金融监管的三个问题，作者认为互联网金融实现有序的多元监管需要把握好三条基本原则。

第一，规章与法律相统一。互联网金融监管主要依据中国人民银行颁布的政策规章条例来进行，短期而言将对互联网金融规范发展起到较为明显的作用，但从长期而言，需要从立法层面对于互联网金融的主体地位进行界定、风险责任进行明晰。在有序监管的进程中，防止监管过严、量刑过重。

第二，功能与风险相统一。现行互联网金融监管针对传统金融机构以及互联网企业等不同的业务主体进行监管，无法真正对互联网金融的主体、功能、风险进行有效的"三位一体"监管。所以，作者认为互联网金融监管需要把握好功能与风险相统一的监管原则，从互联网金融功能切入，由具体职能部门来进行有针对性的监管，而不是简单地对互联网金融业务主体进行"一刀切"。

第三，他律与自律相统一。大数据技术的不断发展使违约行为、"寻租行为"等信息更容易被隐藏，导致互联网金融企业主体与监管职能部门之间的风险搜寻环境更为复杂。所以，需要充分调动行业协会以及企业主体的主观能动性，使其能够真正实现"自我监管"，搭建良好的信用体系。

三、互联网金融风险防范的模式及保障

互联网金融的监管既要面对传统金融风险，又需要应对现代技术风险；既需要中央职能部门的协同监管，又需要地方政府的多级联动。据此，互联网金融多元有序的监管需要从市场主体、风险认领和协同监管三个层面展开。

市场主体：完善"准入退出机制"，明确互联网金融市场主体。广义而言，互联网金融主体应包括传统金融机构和互联网企业，但对于进入互联网金融市场的互联网企业和金融机构，需要进行较为严格的审核，以防患于未然。要求互联网金融主体必须具有良好的资信、健全的风险监控体系，与此同时，对于不合格的互联网金融企业必须及时清退，从"准入"和"退出"两个维度充分保证提供互联网金融业务的主体都是优质企业。

风险认领：健全风险"认偿"体系，构建风险防范的三级体系。互联网金

融的监管应当呈现多元化和有序化，从技术、业务等各方面健全风险"认偿"机制，明确互联网企业通过大数据手段对于风险"标尺"模糊所需要承担的责任。在责任明晰的基础上，才能真正进行有针对性的监管。同时，互联网金融监管应当积极吸引企业和行业协会参与监管体系建设，从企业自身风险防范、金融市场纪律约束以及职能机构外部监管三个层面完善防范体系，构建风险防范的"三道防线"。

协同监管：避免职能机构单一监管，实现监管部门的协同监管。互联网金融监管既应当加强中国人民银行、银监会、证监会、保监会等部门的协作，又要将公安部、工信部等技术监管部门纳入监管框架，避免"各自为政"的重复监管，实现功能与风险匹配的"协同监管"，并以此为基础，积极推动互联网金融的专门立法，实现互联网金融监管有法可依、有法可循。同时，应当强化中央监管部门与地方监管部门的双向联动，从中央和地方两级层面、"一行两部三会"六大部门，进一步推进互联网金融多元有序的监管框架构建。

参考文献

［1］Abrahamsson M, Aldin N, Fredrik S. Logistics Platforms for Improved Strategic Flexibility ［J］. International Journal of Logistics Research & Applications, 2003, 6 (3): 85-106.

［2］Akindemowo, Eniola. Recalibrating Abstract Payments Regulatory Policy: A Retrospective after the Dodd-Frank Act ［J］. Kansas Journal of Law & Public Policy, 2011, 21 (1): 86-120.

［3］Alesina A F , Rodrik D . Distributive Politics and Economic Growth ［J］. CEPR Discussion Papers, 1991, 109 (2): 465-490.

［4］Albinsson P A, Perera B Y. Alternative Marketplaces in the 21st Century: Building Community through Sharing Events ［J］. Journal of Consumer Behaviour, 2012, 11 (4): 303-315.

［5］Alexander Bachmann, Alexander Becker, Daniel Buerckner, et al. Online Peer to Peer Lending: A Literature Review ［J］. Journal of Internet Banking and Commerce, 2011, 16 (2): 1-18.

［6］Allen F, Mcandrews J, Strahan P. E-Finance: An Introduction ［J］. Journal of Financial Services Research, 2002, 22 (1-2): 5-27.

［7］Amit R, Zott C. Creating Value through Business Model Innovation ［J］. MIT Sloan Management Review, 2012, 53 (3): 41.

［8］Anon. Crowdsourcing, Sharing Economies and Development ［ J ］. International Journal of Hospitality Management, 2017 (35): 156-167.

［9］Antonopoulos A M. Mastering Bitcoin: Unlocking Digital Crypto-Currencies ［M］. January, 2014.

［10］Aoki M. Towards a Comparative Institutional Analysis ［M］. Cambridge: MIT Press, 2001.

［11］Akerlof G A . The Market for "Lemons": Quality Uncertainty and the Market Mechanism ［J］. The Quarterly Journal of Economics, 1970, 84 (3): 488-500.

[12] Amit R, Zott C. Value Creation in E-Business [J]. Strategic Management Journal, 2001, 22 (6/7): 493-520.

[13] Audia P G, Greve H R. Less Likely to Fail: Low Performance, Firm Size, and Factory Expansion in the Shipbuilding Industry [J]. Management Science, 2006, 52 (1): 83-94.

[14] Arend, R. J. The Business Model: Present and Future—Beyond a Skeumorph [J]. Strategic Organization, 2013, 11 (4): 390-402.

[15] Bahga A, Madisetti V K. Blockchain Platform for Industrial [J]. Journal of Software Engineering & Applications, 2016, 9 (10): 533-546.

[16] Barasinska N. The Role of Gender in Lending Business: Evidence from an Online Market for Peer-to-Peer Lending [R]. Working Paper, FINESS, 2009: 1-25.

[17] Basel. Security of Electronic Money [R]. Ang. 1996, http: //www. bis. org.

[18] Baker G, Gibbons R, Murphy K. Relational Contracts and the Theory of the Firm [J]. Quarterly Journal of Economics, 2002, 117 (1): 39-83.

[19] BCBS. Electronic Banking Risk Management Issues for Bank Supervisors [R]. 2008.

[20] BCBS. Risk Management for Electronic Banking and Electronic Money Activities [R]. 2009.

[21] Beinke T, Alla A A, Freitag M. Resource Sharing in the Logistics of the Offshore Wind Farm Installation Process based on a Simulation Study [J]. International Journal of e-Navigation and Maritime Economy, 2017, 7 (2): 42-54.

[22] Belk R W. Why Not Share Rather than Own? [J]. The Annals of the American Academy of Political and Social Science, 2007, 611 (1): 126-140.

[23] Belk R W. Extended Self in a Digital World [J]. Journal of Consumer Research, 2013, 40 (3): 477-500.

[24] Belk, Russell. You Are What You Can Access: Sharing and Collaborative Consumption Online [J]. Journal of Business Research, 2014, 67 (8): 1595-1600.

[25] Benjamin Collier R H. Sending Mixed Signals: Multilevel Reputation Effects in Peer-to-Peer Lending Markets [J]. Proceedings of the Cscw, 2010 (1): 197-206.

[26] Berger S C, Gleisner F. Electronic Marketplace and Intermediation: An Em-

pirical Investigation of an Online P2P Lending Marketplace [R]. Working Paper, 2007, University of Frankfurt.

[27] Berger S C, Gleisner F. Emergence of Financial Intermediaries in Electronic Markets: The Case of Online P2P Lending [J]. Business Research, 2009, 2 (1): 39-65.

[28] Bernstein L. Private Commercial Law in the Cotton Industry: Creating Cooperation through Rules, Norms, and Institutions [J]. Michigan Law Review, 2001, 99 (7): 1724-1790.

[29] Botsman Rachel. The Sharing Economy Lacks a Shared Definition [J]. http://www. fastcoex-ist. Com/3022028/the-sharing-economy-lacks-a-shared-definition, 2016.

[30] Boyne, George A, Walker, et al. The Use of Multiple Informants in Public Administration Research: Data Aggregation Using Organizational Echelons [J]. Journal of Public Administration Research & Theory, 2009, 19 (2): 229-253.

[31] Bliese P D, Chan D, Ployhart R E. Multilevel Methods [J]. Organizational Research Methods, 2007.

[32] Bourgeois, L. J. On the Measurement of Organizational Slack [J]. Academy of Management Review, 1981, 6 (1): 29-39.

[33] Chaffee E C, Rapp G C. Regulating Online Peer-to-Peer Lending in the Aftermath of Dodd-Frank: In Search of an Evolving Regulatory Regime for an Evolving Industry [J]. Social Science Electronic Publishing, 2012, 69 (2): 485-532.

[34] Cheng J L C, Kesner I F. Organizational Slack and Response to Environmental Shifts: The Impact of Resource Allocation Patterns [J]. Journal of Management, 1997, 23 (1): 0-18.

[35] Cheng M. Sharing Economy: A Review and Agenda for Future Research [J]. International Journal of Hospitality Management, 2016 (57): 60-70.

[36] Chesbrough H, Rosenbloom R S. The Role of the Business Model in Capturing Value from Innovation: Evidence from Xerox Corporation's Technology Spin-off Companies [J]. Social Science Electronic Publishing, 2002, 11 (3): 529-555.

[37] Chesbrough H. Business Model Innovation: Opportunities and Barriers [J]. Long Range Planning, 2010, 43 (2-3): 354-363.

［38］Choo K K R. Money Laundering and Terrorism Financing Risks of Prepaid Cards Instruments？［J］. Asian Journal of Criminology，2009，4（1）：11-30.

［39］Chattopadhyay P，Glick W H，Huber G P. Organizational Actions in Response to Threats and Opportunities［J］. Academy of Management Journal，2001，44（5）：937-955.

［40］Ciavarella M A，Buchholtz A K，Riordan C M，et al. The Big Five and Venture Survival：Is There a Linkage？［J］. Journal of Business Venturing，2004，19（4）：465-483.

［41］Chen K Y，Hogg T，Wozny N. Experimental Study of Market Reputation Mechanisms［C］. 2004.

［42］Cyert R M，March J G，Clarkson G P E. A behavioral theory of the firm［M］. New Jersey：Wiley-Blackwell，1992.

［43］Crowe E，Higgins E T. Regulatory Focus and Strategic Inclinations：Promotion and Prevention in Decision-making［J］. Organizational Behavior & Human Decision Processes，1997，69（2）：117-132.

［44］Chandler G N，Hanks S H. Market Attractiveness，Resource-Based Capabilities，Venture Strategies，and Venture Performance［J］. Journal of Business Venturing，1994，9（4）：331-349.

［45］Dervojeda K，Verzijl K，Nagtegaal F，Lengton M. The Sharing Economy：Accessibility based Business Models for Peer-to-Peer Markets［R］. European Commission Case Study，2013.

［46］Dellarocas C. Reputation Mechanism Design in Online Trading Environments with Pure Moral Hazard［J］. Information Systems Research，2005，16（2）：209-230.

［47］Efanov D，Roschin P. The All-Pervasiveness of the Blockchain Technology［J］. Procedia Computer Science，2018（123）：116-121.

［48］Elbanna S. Strategic Decision-making：Process Perspectives［J］. International Journal of Management Reviews，2010，8（1）：1-20.

［49］Ertz M，Lecompte，Agnès，Durif F. Neutralization in Collaborative Consumption：An Exploration of Justifications Relating to a Controversial Service［J］. Social Science Electronic Publishing，2016（21）：40-51.

［50］ Farhan J, Donna C T. Impact of Ridesharing on Operational Efficiency of Shared Autonomous Electric Vehicle Fleet ［J］. Transportation Research Part C: Emerging Technologies, 2018 （93）: 310-321.

［51］ Felson M, Spaeth J L. Community Structure and Collaborative Consumption: A Routine Activity Approach ［J］. American Behavioral Scientist, 1978, 21 （4）: 614-624.

［52］ Freedman S M, Jin G Z. Learning by Doing with Asymmetric Information: Evidence from Prosper. com ［R］. National Bureau of Economic Research, 2011.

［53］ Frenken K, Schor J. Putting the Sharing Economy into Perspective ［J］. Innovation Studies Utrecht （ISU） Working Paper Series, 2016 （23）.

［54］ FRS. Electronic and Internet Banking. Board of Governors of the Federal Reserve System ［R］. 2000.

［55］ Friedman R S, Forster J. The Effects of Promotion and Prevention Cues on Creativity ［J］. Journal of Personality and Social Psychology, 2001, 81 （6）: 1001-1013.

［56］ Georgiadis L, Iosifidis G, Tassiulas L. On the Efficiency of Sharing Economy Networks ［J］. 2017.

［57］ Goldman Sachs. Mobile Monetization: Does the Shift in Traffic Pay? ［R］. 2012: 1-49.

［58］ Golovin S. The Economics of Uber ［R］. Working Paper, 2014.

［59］ Greiner M E, Wang H. The Role of Social Capital in People-to-People Lending Marketplaces ［R］. Working Paper, 2009.

［60］ Grishchenko I, Maffei M, Schneidewind C. A Semantic Framework for the Security Analysis of Ethereum Smart Contracts ［J］. 2018 （1）: 243-269.

［61］ Gulati N R. Is Slack Good or Bad for Innovation? ［J］. The Academy of Management Journal, 1996, 39 （5）: 1245-1264.

［62］ Gurley B. A Deeper Look at Uber's Dynamic Pricing Model ［EB/OL］. http://abovethecrowd com, 2014.

［63］ Greenwood B N, Wattal S. Show Me the Way to Go Home: An Eempirical Investigation of Ride-Sharing and Alcohol Related Motor Vehicle Fatalitie ［J］. Social Science Electronic Publishing, 2015, 41 （1）: 163-188.

［64］Gupta A K, Smith K G, Shalley C E. The Interplay between Exploration and Exploitation ［J］. Academy of Management Journal, 2006, 49 （4）: 693-706.

［65］Gilbert, C. Unbundling the Structure of Inertia: Resource versus Routine Rigidity ［J］. Academy of Management Journal, 2005, 48 （5）: 741-763.

［66］Haber S, Reichel A. Identifying Performance Measures of Small Ventures——The Case of the Tourism Industry ［J］. Journal of Small Business Management, 2010, 43 （3）: 257-286.

［67］Hambrick D C, Mason P A. Upper Echelons: The Organization as a Reflection of Its Top Managers ［J］. Academy of Management Review, 1984, 9 （2）: 193-206.

［68］Henten A H, Windekilde I M. Transaction Costs and the Sharing Economy ［C］. European Regional Its Conference, 2016.

［69］Higgins E T. Self-discrepancy: A Theory Relating Self and Affect ［J］. Psychological Review, 1987, 94 （3）: 319-340.

［70］Hughes S J, Middlebrook S T, Peterson B W. Developments in the Law Concerning Stored-Value Cards and Other Electronic Payments Products ［J］. Business Lawyer, 2007, 63 （1）: 237-269.

［71］Ireland R D, Webb J W. Strategic Entrepreneurship: Creating Competitive Advantage through Streams of Innovation ［J］. Business Horizons, 2007, 50 （1）: 0-59.

［72］James, Sophia. Blockchain System Successfully Deployed Torevolutionise ［N］. News in Focus, 2017.

［73］Jarvenpaa S L, Tractinsky N, Vitale M. Consumer Trust in an Internet Store ［J］. Information Technology and Management, 2000 （1）: 45-71.

［74］Jensen M C, Meckling W H. Theory of the Firm: Managerial Behavior, Agency Costs and Ownership Structure ［J］. Social Science Electronic Publishing, 1976, 3 （4）: 305-360.

［75］Jiao Y B. The Design of the Logistics Information Sharing Platform Based on Cloud Computing ［J］. Advanced Materials Research, 2013 （4）: 734-737.

［76］Kahneman D, Tversky A. Prospect Theory: An Analysis of Decision under risk ［J］. Econometrica, 1979, 47 （2）: 263-291.

［77］Kalyanam K, Mcintyre S H. Return on Reputation in Online Auction Markets ［J］. SSRN Electronic Journal, 2001.

［78］Ketchen, D. J. Strategic Responses to Poor Organizational Performance: A Test of Competing Perspectives ［J］. Journal of Management, 1999, 25（5）: 683-706.

［79］Kim-Kwang Raymond Choo. Money Laundering and Terrorism Financing Risks of Prepaid Cards Instruments? ［J］. Asian Criminology, 2009（4）: 11-30.

［80］Klein B, Leffler K B. The Role of Market Forces in Assuring Contractual Performance ［J］. Journal of Political Economy, 1981, 89（4）: 615-641.

［81］Kraatz M S, Zajac E J. How Organizational Resources Affect Strategic Change and Performance in Turbulent Environments: Theory and Evidence ［J］. Organization Science, 2001, 12（5）: 632-657.

［82］Kumar V, Lahiri A, Dogan O B. A Strategic Framework for a Profitable Business Model in the Sharing Economy ［J］. Industrial Marketing Management, 2018, 69（2）: 147-160.

［83］Kuratko D F, Audretsch D B. Strategic Entrepreneurship : Exploring Different Perspectives of an Emerging Concept ［J］. Entrepreneurship Theory & Practice, 2010, 33（1）: 1-17.

［84］Klein B, Leffler K B. The Role of Market Forces in Assuring Contractual Performance ［J］. Journal of Political Economy, 2015, 89（4）: 615-641.

［85］Kraatz, M. S. & Zajac, E. J. How Organizational Resources Affect Strategic Change and Performance in Turbulent Environments: Theory and Evidence ［J］. Organization Science, 2001, 12（5）: 632-657.

［86］Kuusisto, Jari, Martin Meyer. Insights into Services and Innovation in the Knowledge Intensive Economy ［J］. Technology Review, 2003（2）: 134-156.

［87］Laurell C. The Sharing Economy in Social Media: Analyzing Tensions between Market and Non-market Logics ［J］. Technological Forecasting & Social Change, 2017（125）: 22-31.

［88］Leo Van Hove. Making Electronic Money Legal Tender: Pros & Cons ［EB/OL］. http: //www. ec-on. cain. ac. uk/cjeconf/delegates/vanhove. pdf, 2003/2011.

［89］Li J, Moreno A, Zhang D J. Agent Behavior in the Sharing Economy: Evidence from Airbnb [J]. Social Science Electronic Publishing, 2015.

[90] Lin M E, Prabhala N R, Viswanathan S. Social Networks as Sigaling Mechanisms: Evidence from Online Peer-to-Peer Lending [R]. Working Paper, 2009, Smith School of Business, University of Mayland.

[91] Lin M, Prabhala N R, Viswanathan S. Can Social Networks Help Mitigate Information Asymmetry in Online Markets? [J]. ICIS 2009 Proceedings, 2009.

[92] Liberman N, Idson L C, Camacho C J, et al. Promotion and Prevention Choices between Stability and Change [J]. Journal of Personality and Social Psychology, 1999, 77 (6): 1135-1145.

[93] Luhmann N. Ecological Communication [M]. Cambridge University of Chicago Press, 1989.

[94] Lusch R F, Vargo S L. Service-dominant Logic: Premises, Perspectives, Possibilities [M]. Cambridge: Cambridge University Press, 2014.

[95] Luo Y, Tung R L. International Expansion of Emerging Market Enterprises: A Springboard Perspective [J]. Journal of International Business Studies, 2007, 38 (4): 481-498.

[96] Mao Y, Tian X, Ye K. The Real Effects of Sharing Economy: Evidence from Airbnb [J]. Social Science Electronic Publishing, 2018.

[97] Marino L D, Lohrke F T, Hill J S, et al. Environmental Shocks and SME Alliance Formation Intentions in an Emerging Economy: Evidence from the Asian Financial Crisis in Indonesia [J]. Entrepreneurship Theory & Practice, 2010, 32 (1): 157-183.

[98] Massa L, Tucci C L. Business Model Innovation [J]. The Oxford Handbook of Innovation Management, Oxford University Press, Oxford, 2013: 420-441.

[99] Mavridou A, Laszka A. Designing Secure Ethereum Smart Contracts: A Finite State Machine based Approach [J]. International Conference on Financial Cryptography and Data Security, 2018 (4): 197-125.

[100] Mehmood R, Graham G. Big Data Logistics: A health-care Transport Capacity Sharing Model [J]. Procedia Computer Science, 2015 (64): 1107-1114.

[101] Morgan D P, Rime B, Strahan P E. Bank Integration and State Business Cycles [J]. The Quarterly Journal of Economics, 2004, 119 (4): 1555-1584.

［102］ Murphy K J, Baker G P, Gibbons R S. Relational Contracts and the Theory of the Firm ［J］. Quarterly Journal of Economics, 2002, 117 (1): 39-84.

［103］ Mei Shengjun, Wang Zhongming. A Cognitive Model of Crisis Assessment: The Role of Chinese Culture, Field Study on SMEs in Zhejiang Province ［A］ // International Symposium on Emergency Management ［C］. 2009: 611-614.

［104］ Ni Qiu-ping, L Shi Y X. A Study of Logistics Park Information Platform based on Cloud Computing ［J］. International Conference on Social Science and Management, 2017 (3): 41-53.

［105］ Nofer M, Gomber P, Hinz O, et al. Blockchain ［J］. Business & Information Systems Engineering, 2017, 59 (3): 183-187.

［106］ Nosko C, Tadelis S. The Limits of Reputation in Platform Markets: An Empirical Analysis and Field Experiment ［R］. NBER Working Paper, 2015.

［107］ Nohria, N. & Gulati, R. Is Slack Good or Bad for Innovation? ［J］. Academy of Management Journal, 1996, 39 (5): 1245-1264.

［108］ OCC. Internet Banking-Comptroller's Handbook ［R］. Comptroller of Currency Administrator of National Banks, October 1999: P5.

［109］ Ocicka B. Sharing Economy in Logistics and Supply Chain Management ［J］. Logforum, 2017, 13 (2): 183-193.

［110］ Okuno-Fujiwara M, Postlewaite A. Social Norms and Random Matching Games ［J］. Games and Economic Behavior, 1995, 9 (1): 0-109.

［111］ O'Brien, J P. The Capital Structure Implications of Pursuing a Strategy of Innovation ［J］. Strategic Management Journal, 2003, 24 (5): 415-431.

［112］ Pablo Muñoz, Cohen B. Mapping out the Sharing Economy: A Configurational Approach to Sharing Business Modeling ［J］. Technological Forecasting & Social Change, 2017, 125 (30): 21-37.

［113］ Papadakis V M, Barwise P. How Much do CEOs and Top Managers Matter in Strategic Decision-Making? ［J］. British Journal of Management, 2002, 13 (1): 83-95.

［114］ Park S H, Gallagher C S. Firm Resources as Moderators of the Relationship between Market Growth and Strategic Alliances in Semiconductor Start-ups ［J］. The Academy of Management Journal, 2002, 45 (3): 527-545.

［115］Paul D, Witinan, Tamara L, Roust. Balances and Accounts of Online Banking Users: A Study of Two US Financial Institutions ［J］. International Journal of Electronic Financejan, 2008: 197-210.

［116］Pazaitis A, Filippi P D, Kostakis V. Blockchain and Value Systems in the Sharing Economy: The Illustrative Case of Backfeed ［J］. Social Science Electronic Publishing, 2017, 125（8）: 105-115.

［117］Pope D G, Sydnor J R. What's in a Picture? Evidence of Discrimination from Prosper. com ［J］. Journal of Human Resources, 2011, 46（1）: 53-92.

［118］Puro L, Teich J E, Wallenius H, et al. Borrower Decision Aid for People-to-people Lending ［J］. Decision Support Systems, 2010, 49（1）: 52-60.

［119］Querbes, Adrien. Banned from the Sharing Economy: An Agent-based Model of a Peer-to-Peer Marketplace for Consumer Goods and Services ［J］. Journal of Evolutionary Economics, 2018, 28（12）: 633-665.

［120］Resnick P. Reputation Systems ［J］. Communications of the Acm, 2000, 43（12）: 45-48.

［121］Rivera J D, Ángel G, Cassidy Y P. A Netnographic Study of P2P Collaborative Consumption Platforms User Interface and Design ［J］. Environmental Innovation & Societal Transitions, 2016（15）: 121-130.

［122］Roger G, Vasconcelos, Luís. Platform Pricing Structure and Moral Hazard ［J］. Journal of Economics & Management Strategy, 2014, 23（3）: 527-547.

［123］Rogers B. The Social Costs of Uber ［J］. SSRN Electronic Journal, 2015.

［124］Rogers B. What's Mine is Yours—The Rise of Collaborative Consumption ［M］. 上海：上海交通大学出版社, 2015.

［125］Rosenblat A, Stark L. Uber's Drivers: Information Asymmetries and Control in Dynamic Work ［J］. Social Science Electronic Publishing, 2015（11）: 8583-8590.

［126］S. Sheik, Fast Forward on Crowd Funding: Although Donation-Based Crowdfunding Has Experienced Some Success, Questions Remain about the Practicality of Equity-Based Crowdfunding ［J］. Los Angeles Lawyer, 2013（36）: 34-41.

［127］Schaefers T, Lawson S J, Kukarkinney M, et al. How the Burdens of Ownership Promote Consumer Usage of Access-based Services ［J］. Marketing Letters,

2016, 27 (3): 569-577.

［128］ Schor Juliet B. Debating the Sharing Economy ［R］. Working Paper, 2014.

［129］ Schor, Juliet B. Fitzmaurice Connor J. Collaborating and Connecting: The Emergence of the Sharing Economy ［J］. Research on Sustainable Consumption, 2015.

［130］ Sienkiewicz S J. Prepaid Cards: Vulnerable to Money Laundering? ［R］. Social Science Electronic Publishing, 2007.

［131］ Silvar R, Senna E, Junior O L, et al. A Framework of Performance Indicators Used in the Governance of Logistics Platforms: The Multiple-case Study ［J］. Journal of Transport Literature, 2015, 9 (1): 5-9.

［132］ Smith, Alan D. Exploring Security and Comfort Issues Associated with Online Banking ［J］. International Journal of Electronic Finance, 2006, 1 (1): 18.

［133］ Sosna M, Trevinyo-Rodríguez R N, Velamuri S R. Business Model Innovation through Trial-and-error Learning: The Naturhouse case ［J］. Long Range Planning, 2010, 43 (2-3): 383-407.

［134］ Spieth P, Schneckenberg D, Ricart J E. Business Model Innovation-State of the Art and Future Challenges for the Field ［J］. R&d Management, 2014, 44 (3): 237-247.

［135］ Stiglitz J E, Weiss A. Credit Rationing in Markets with Imperfect Information ［J］. American Economic Review, 1981, 71 (3): 393-410.

［136］ Strat E J, Ketchen D J, Ireland R D, et al. Strategic Entrepreneurship, Collaborative Innovation, And Wealth Creation ［J］. Strategic Entrepreneurship Journal, 2010, 1 (3-4): 371-385.

［137］ Sullivan R J. The Supervisory Framework Surrounding Nonbank Participation in the U. S. Retail Payments System; An Overview ［R］. Federal Reserve Bank of Kansas City Working Paper No. 04-03, 2006.

［138］ Sundararajan, Arun. From Zipcar to the Sharing Economy ［J］. Harvard Business Review, 2013 (13): 121-130.

［139］ Staw B M, Sandelands L E, Dutton J E. Threat Rigidity Effects in Organizational Behavior: A Multilevel Analysis ［J］. Administrative Science Quarterly, 1981, 26 (4): 501-524.

［140］Singh J V. Performance, Slack, and Risk Taking in Organizational Decision Making ［J］. Academy of Management Journal, 1986, 29 (3)：562-585.

［141］Tiwana A. Evolutionary Competition in Platform Ecosystems ［J］. Information Systems Research, 2015, 26 (2)：266-281.

［142］Tweney D. Lack of Trust Hurts Consumer Commerce for Online Retailers ［J］. Infoworld, 1998 (5)：77.

［143］Timmers P. Business Models for Electronic Markets ［J］. Electronic Markets, 1998, 8 (2)：3-8.

［144］Thompson, James D. Organizations in Action：Social Science bases of Administrative Theory ［J］. New York：McGraw-Hill, 1967.

［145］Uber. DUI Rates Decline in Uber Cities ［EB/OL］. http：//blog. uber. com, 2014.

［146］United States Government Accountability Office, Person to Person Lending：New Regulatory Challenges Could Emerge as the Industry Grows ［EB/OL］. http：//www/gao. gov.

［147］Voss G B, Voss S Z G. The Effects of Slack Resources and Environmental Threat on Product Exploration and Exploitation ［J］. The Academy of Management Journal, 2008, 51 (1)：147-164.

［148］Venkatraman N, Henderson J C. Four Vectors of Business Model Innovation：Value Capture in a Network ERA ［A］// From Strategy to Execution ［M］. 2008.

［149］Wang Dan, Nicolau Juan L. Price Determinants of Sharing Economy based Accommodation Rental：A Study of Listings from 33 Cities on Airbnb. com ［J］. International Journal of Hospitality Management, 2017 (62)：120-131 .

［150］Wu X, Zhi Q. Impact of Shared Economy on Urban Sustainability：From the Perspective of Social, Economic, and Environmental Sustainability ［J］. Energy Procedia, 2016 (104)：191-196.

［151］Yan H D, Hu M C. Strategic Entrepreneurship and the Growth of the Firm：the Case of Taiwan's Bicycle Industry ［J］. Global Business and Economics Review, 2008, 10 (1)：11-34.

［152］Yusaf H, Akbar, Tracogna Andrea. The Sharing Economy and the Future of the Hotel Industry: Transaction Cost Theory and Platform Economics [J]. International Journal of Hospitality Management, 2018 (71): 91-101.

[153] Zhang Q, Segerstedt A, Tsao Y C. Returnable Packaging Management in Automotive Parts Logistics: Dedicated Mode and Shared Mode [J]. International Journal of Production Economics, 2015, 168 (31): 234-244.

[154] Zhu W. A Trustworthy Group Identifying Trust Metric for P2P Service Sharing Economy Based on Personal Social Network of Users [J]. Wuhan University Journal of Natural Sciences, 2018, 23 (2): 139-149.

[155] Zott C, Amit R. Business Model Design and the Performance of Entrepreneurial Firms [J]. Organization Science, 2007, 18 (2): 181-199.

[156] Zott C, Amit R. The Fit between Product Market Strategy and Business Model: Implications for Firm Performance [J]. Strategic Management Journal, 2008, 29 (1): 1-26.

[157] Zott C, Amit R, Massa L. The Business Model: Recent Developments and Future Research [J]. Journal of Management, 2011, 37 (4): 1019-1042.

[158] 埃莉诺·奥斯特罗姆. 公共资源的未来: 超越市场失灵和政府管制 [M]. 北京: 中国人民大学出版社, 2015.

[159] 艾瑞咨询. 2017年中国在线短租行业研究报告 [R]. 搜狐网, 2017-02-19.

[160] 安邦坤, 阮金阳. 互联网金融: 监管与法律准则 [J]. 金融监管研究, 2014 (3): 57-70.

[161] 奥利·洛贝尔, 汪雨蕙. 分享经济监管: 自治、效率和价值 [J]. 环球法律评论, 2018, 40 (4): 45-54.

[162] 白海鹰. 供给侧改革背景下的共享经济特征和新型商业模式探究 [J]. 产业与科技论坛, 2018, 17 (14): 16-17.

[163] 蔡朝林. 共享经济的兴起与监管创新 [J]. 南方经济, 2017 (3): 99-105.

[164] 蔡键, 刘文勇. 农业机械化发展及其服务外包的原因分析 [J]. 中国农业资源与区划, 2018 (2): 230-236.

[165] 蔡键, 唐忠, 朱勇. 要素相对价格、土地资源条件与农户农业机械服务外包需求 [J]. 中国农村经济, 2017 (8): 18-28.

［166］蔡亮，李启雷，梁秀波.区块链技术进阶与实战［M］.北京：人民邮电出版社，2018.

［167］蔡淑琴，夏火松.物流信息与信息系统［M］.北京：电子工业出版社，2005.

［168］蔡淑琴，梁静，刘志学等.区域性物流信息平台结构的研究［J］.武汉理工大学学报（信息与管理工程版），2003，108（3）：94-97.

［169］陈灿，胡峰松，王慧娟.P2P环境下改进的基于信誉的信任模型［J］.计算机工程与设计，2010，31（5）：999-1001.

［170］陈强.中小企业网络贷款及其风险分析［J］.中国商贸，2011（15）：132-133.

［171］陈小云."移动互联网+"共享经济时代零售企业商业模式研究——零售众包购物模式［J］.宝鸡文理学院学报（社会科学版），2016（6）：76-81.

［172］陈义媛.土地托管的实践与组织困境：对农业社会化服务体系构建的思考［J］.南京农业大学学报（社会科学版），2017（6）：120-132.

［173］陈尹之.如何看待共享经济的飞速发展［J］.全国流通经济，2017（26）：40-41.

［174］陈元志.面向共享经济的创新友好型监管研究，管理世界，2016（8）：176-177.

［175］陈超，李寅秋，廖西元.水稻生产环节外包的生产率效应分析——基于江苏省三县的面板数据［J］.中国农村经济，2012（2）：86-96.

［176］程晓阳.基于IPA分析法的分享型在线旅游平台服务质量研究：以小猪短租为例［J］.遵义师范学院学报，2018，20（1）：60-65.

［177］仇叶.小规模土地农业机械化的道路选择与实现机制——对基层内生机械服务市场的分析［J］.农业经济问题，2017（2）：55-65.

［178］褚荣伟.C2C在线反馈机制的特征及特色研究：基于代理理论与信任理论的双重视角［D］.复旦大学，2010.

［179］戴克清，陈万明，李小涛.共享经济研究脉络及其发展趋势［J］.经济学动态，2017（11）：126-140.

［180］邓大鸣，李子建，共享单车押金的性质及其监管问题探究［J］.西南交通大学学报（社会科学版），2017（4）：94-100.

［181］邓曦东，陈俊飞.宏观经济不确定性、信息不对称与现金持有［J］.

财会通讯, 2015 (6): 86-89.

[182] 丁俊峰. 基于共享金融视角的互联网金融发展及理论分析——以 P2P 行业为例 [J]. 农村金融研究, 2016 (5): 12-18.

[183] 丁茜. 房屋在线短租企业商业模式研究 [D]. 北京交通大学, 2015.

[184] 丁小东, 刘启钢, 王言等. 铁路物流车货匹配信息平台竞价博弈研究 [J]. 铁道货运, 2017 (12): 1-5, 17.

[185] 丁元竹. 推动共享经济发展的几点思考——基于对国内外互联网 "专车" 的调研与反思 [J]. 国家行政学院学报, 2016 (2): 106-111.

[186] 丁浩, 王炳成, 范柳. 国外商业模式创新途径研究述评 [J]. 经济问题探索, 2013 (9): 163-169.

[187] 董成惠. 共享经济: 理论与现实 [J]. 广东财经大学学报, 2016, 31 (5): 4-15.

[188] 董培. 共享单车的风险分析及策略研究 [J]. 现代工业经济和信息化, 2017 (12): 23-24.

[189] 董啸天, 张梦冉. 共享金融: 国内外述评、发展演变与最新进展 [J]. 理论学刊, 2016 (6): 81-85.

[190] 杜鹏. 社会性小农: 小农经济发展的社会基础 [J]. 农业经济问题, 2017 (1): 57-65.

[191] 杜志雄, 刘文霞. 家庭农场的经营和服务双重主体地位研究: 农机服务视角 [J]. 理论探讨, 2017 (2): 78-83.

[192] 党国英. 中国农业发展的战略失误及其矫正 [J]. 中国农村经济, 2016 (7): 2-14.

[193] 冯娟娟. 我国互联网金融监管问题研究 [J]. 时代金融, 2013 (29): 20-21.

[194] 范莉莉, 王剑文. 共享经济发展动力机制、问题剖析及推进策略——基于协同创新网络视角 [J]. 理论探讨, 2017 (6): 89-94.

[195] 高航, 俞学劢, 王毛路. 区块链与新经济: 数字货币 2.0 时代 [M]. 北京: 电子工业出版社, 2016.

[196] 高玉梅. 共享经济活动的创新监管研究, 云南科技管理, 2015, 28 (6): 38-42.

[197] 关锐捷. 构建新型农业社会化服务体系初探 [J]. 农业经济问题,

2012 (4)：4-10.

[198] 桂华，刘洋. 我国粮食作物规模化种植及其路径选择 [J]. 南京农业大学学报（社会科学版），2017 (1)：100-107.

[199] 郭登辉，王毅成. 关于网络联保贷款方式的探究 [J]. 金融与经济，2010 (2)：83-85.

[200] 郭馨怿等. 中国共享经济发展的问题与对策研究——以 Airbnb 为例 [J]. 企业改革与管理，2017 (8)：58-59.

[201] 郭瑛. 物流信息平台建设与安徽区域经济发展影响分析 [J]. 科技与创新，2018 (3)：9-12.

[202] 郭志光. 电子商务环境下的信用机制研究 [D]. 北京交通大学，2012.

[203] 郭海，沈睿. 如何将创业机会转化为企业绩效——商业模式创新的中介作用及市场环境的调节作用 [J]. 经济理论与经济管理，2014，V34 (3)：70-83.

[204] 国家行政学院生态文明研究中心课题组. 分享经济：迈向生态文明时代的新经济革命 [J]. 经济研究参考，2017 (13)：3-27.

[205] 国家信息中心分享经济研究中心. 中国共享住宿发展报告（2018）[EB/OL]. 搜狐网，2018-05-20.

[206] 国家信息中心信息化研究部. 2018 年中国分享经济发展报告 [R]. 2018.

[207] 韩海超. 我国共享房屋企业发展的问题与对策研究 [D]. 北京邮电大学，2018.

[208] 韩京伟，逄宗玉，殷翔宇. 基于多边市场理论的物流平台演化逻辑 [J]. 中国流通经济，2017 (12)：24-32.

[209] 郝路露. 试论共享经济的盈利困境与突破 [J]. 商业经济研究，2018 (6)：190-192.

[210] 郝身永. 共享经济视域下的共享单车治理创新 [J]. 求实，2018 (3)：36-44.

[211] 何琳. 在线短租企业商业模式分析——以小猪短租为例 [J]. 现代商业，2015 (11)：44-45.

[212] 何振盟. 论述信息不对称对商业银行信贷风险的影响 [J]. 财经界

（学术版），2016（21）：31.

［213］和军，任晓聪. 共享经济下互联网金融发展研究——以 P2P 网络借贷为例［J］. 中国特色社会主义研究，2016（6）：35-41.

［214］贺明华，梁晓蓓. 共享经济模式下平台及服务提供方的声誉对消费者持续使用意愿的影响——基于滴滴出行平台的实证研究［J］. 经济体制改革，2018（2）：85-92.

［215］贺明华，梁晓蓓. 共享经济研究述评与未来展望［J］. 电子政务，2018（4）.

［216］侯宏海. 中国网上银行创新途径研究［D］. 首都经济贸易大学，2011.

［217］胡灿. 终端网络交易市场的信息不对称及其对市场交易的影响研究［D］. 山东财经大学，2015.

［218］胡岗岚，卢向华，黄丽华. 电子商务生态系统及其协调机制研究——以阿里巴巴集团为例［J］. 软科学，2009（9）：5-10.

［219］胡然. 共享经济背景下的合规风险——以摩拜单车为例［J］. 法制与社会，2017（7）：70-72.

［220］胡新艳，杨晓莹，吕佳. 劳动投入，土地规模与农户机械技术选择——观点解析及其政策含义［J］. 农村经济，2016（6）：23-28.

［221］黄季焜. 共享经济在农业领域的发展［J］. 中国农村科技，2017（10）：24-27.

［222］纪淑娴. C2C 电子商务中在线信誉反馈系统有效性研究［D］. 西南交通大学，2009.

［223］冀名峰. 农业生产性服务业：我国农业现代化历史上的第三次动能［N］. 农民日报，2018-01-22.

［224］姜长云. 关于发展农业生产性服务业的思考［J］. 农业经济问题，2016（5）：8-16.

［225］江积海. 商业模式是"新瓶装旧酒"吗？——学术争议、主导逻辑及理论基础［J］. 研究与发展管理，2015，27（2）：12-24.

［226］杰里米·里夫金. 零边际成本社会：一个物联网、合作共赢的新经济时代［M］. 北京：中信出版社，2014.

［227］金晶，卞思佳. 基于利益相关者视角的城市共享单车协同治理路径选

择——以江苏省南京市为例 [J]. 城市发展研究, 2018 (2): 92-99.

[228] 劲旅咨询. 2016 中国在线旅游分享经济——住宿篇市场研究报告 [R]. 2016.

[229] 京东区块链技术应用团队. 京东区块链技术实践白皮书 [M]. 2018.

[230] 卡尔·夏皮罗, 哈尔·范里安. 信息规则: 网络经济的策略指导 [M]. 北京: 中国人民大学出版社.

[231] 柯炳生. 如何理解小农户的"小"? [N]. 农民日报, 2018-05-28.

[232] 孔祥智, 周振, 路玉彬. 我国农业机械化道路探索与政策建议 [J]. 经济纵横, 2015 (7): 65-72.

[233] 李国庆. 未来中国共享经济发展图景 [J]. 人民论坛, 2018 (4): 95-97.

[234] 李佳颖. 共享经济的内涵、模式及创新监管的对策 [J]. 经济体制改革, 2017 (11): 27-31.

[235] 李甲岚. 分享经济背景下我国在线短租商业模式研究 [J]. 中国商论, 2016 (2): 130-131.

[236] 李瑾, 郭美荣. 互联网环境下农业服务业的创新发展 [J]. 华南农业大学学报 (社会科学版), 2018 (2): 11-21.

[237] 李琴等. 基于 Airbnb 网站评价信息的京台民宿对比研究 [J]. 管理学报, 2017 (1): 122-138.

[238] 李维安, 吴德胜, 徐皓. 网上交易中的声誉机制: 来自淘宝网的证据 [J]. 南开管理评论, 2007 (5): 36-46.

[239] 李文韬. 加强互联网金融监管初探 [J]. 时代金融, 2014 (5): 55-57, 59.

[240] 李燕琼. 我国传统农业现代化的困境与路径突破 [J]. 经济学家, 2017 (5): 61-66.

[241] 李尤. 我国电子商务环境中的电子支付方式比较分析 [J]. 企业技术开发, 2006 (6): 62-65.

[242] 李玉虎. 分享经济与市场监管法律制度的应对——以共享单车为例 [J]. 经济法研, 2017 (12): 221-232.

[243] 李育林. 第三方支付作用机理的经济学分析 [J]. 商业经济与管理, 2009 (4): 11-17.

[244] 李源, 李容, 龚萍, 杨皇. 共享经济发展现状、问题及治理研究——

基于机构调查报告和行业实例分析视角［J］. 西南金融，2017（9）：57-62.

［245］李武装. 重视中国农村集体经济的"统一经营"权［J］. 现代经济探讨，2017（2）：63-66，88.

［246］林毅夫，孙希芳，姜烨. 经济发展中的最优金融结构理论初探［J］. 经济研究，2009（8）：13-21.

［247］刘根荣. 共享经济：传统经济模式的颠覆者［J］. 经济学家，2017（5）：97-104.

［248］刘洁. 基于互联网金融共享经济的发展现状和对策思考——以"共享单车摩拜"为例［J］. 当代经济，2017（11）：148-149.

［249］刘庆华. 新常态下企业经济责任审计的审查内容［J］. 理财（经论版），2017（10）：32-34.

［250］刘蕾，鄢章华. 共享经济——从"去中介化"到"再中介化"［J］. 科技进步与对策，2017（4）：14-20.

［251］刘牧苑，任杰. 信息不对称对企业并购的影响及对策［J］. 中国物价，2016（2）：70-72.

［252］刘奇. 亟待开发的农业共享经济［J］. 中国发展观察，2017（14）：12-13.

［253］刘倩. 共享经济的经济学意义及其应用探讨［J］. 经济论坛，2016（9）：150-152.

［254］刘西川. 合作社促进小农户与现代农业展有机衔接［J］. 中国农民合作社，2018（6）.

［255］刘歆玥. 从 Airbnb 浅析共享经济以及在中国的适应性研究［J］. 现代商业，2016（9）：151-153.

［256］刘兴景，戴禾，杨东援. 物流信息平台发展规划框架分析［J］. 物流技术，2001（1）：16-18.

［257］刘镟. 不同契约下的 B2B 电子供应链协调研究［D］. 西南交通大学，2011.

［258］刘艳霞. 共享物流下的企业托盘共用问题及发展建议［J］. 物流科技，2017，40（10）：16-18.

［259］刘奕，夏杰长. 共享经济理论与政策研究动态［J］. 经济学动态，2016（4）：116-125.

［260］刘远彬，左玉辉，周晶. 信息不对称对发展循环经济的不利影响及对策分析［J］. 环境保护科学，2004（1）：46-48.

［261］卢现祥. 共享经济：交易成本最小化、制度变革与制度供给［J］. 社会科学战线，2016（9）：51-61.

［262］芦季苇. 浅析共享经济互联网+时代的经济模式：以专车、Uber、Airbnb 为例［J］. 中国商论，2016（9）：169-170.

［263］罗必良. 农地经营规模的效率决定［J］. 中国农村观察，2000（5）：18-24.

［264］罗必良. 农地保障和退出条件下的制度变革：福利功能让渡财产功能［J］. 改革，2013（1）：66-75.

［265］罗必良，李玉勤. 农业经营制度：制度底线、性质辨识与创新空间——基于"农村家庭经营制度研讨会"的思考［J］. 农业经济问题，2014，35（1）.

［266］罗必良. 农业共营制：新型农业经营体系的探索与启示［J］. 社会科学家，2015（5）：7-12.

［267］罗必良. 论服务规模经营——从纵向分工到横向分工及连片专业化［J］. 中国农村经济，2017（11）：2-16.

［268］罗宾·蔡斯. 共享经济：重构未来商业新模式［M］. 杭州：浙江人民出版社，2015.

［269］骆颖. 中国在线短租模式的信用体系问题研究［J］. 财务与金融，2018（1）：65-68.

［270］雷切尔·博茨曼，路·罗杰斯. 共享经济时代：互联网思维下的协同消费商业模式［M］. 上海交通大学出版社，2015：17.

［271］马波. 中国电子商务信用体系模型及应用研究［D］. 北京交通大学，2008.

［272］马强. 共享经济在我国的发展现状、瓶颈及对策［J］. 现代经济探讨，2016（10）：20-24.

［273］毛中明，黄琪. 共享单车的转移成本和客户锁定策略研究［J］. 人民论坛·学术前沿，2017（12）：112-115.

［274］梅胜军，薛宪方，奉小斌. 创业警觉性对创业者危机感知的影响研究：信息搜索的作用角色［J］. 人类工效学，2014，20（1）：31-35.

［275］梅胜军,薛宪方,涂辉文.民营企业家创业危机感构思与测量研究［J］.人类工效学,2012,18（4）:52-56.

［276］梅胜军,王重鸣.组织危机评估的认知模型——基于浙江中小企业的实证研究［R］.2009.

［277］梅胜军.转型变革中的组织危机感及其对战略选择的影响机制研究［D］.浙江大学,2010.

［278］孟凡新.共享经济模式下的网络交易市场治理:以淘宝平台为例［J］.改革,2015（12）:104-111.

［279］亨利·明茨伯格.战略历程:纵览战略管理学派［M］.刘瑞红译.北京:机械工业出版社,2001.

［280］倪云华,虞仲轶.共享经济大趋势［M］.北京:机械工业出版社,2016.

［281］欧阳卫民.非金融机构支付服务的创新与监管［J］.中国金融,2010（15）:51-53.

［282］潘意志.阿里小贷模式的内涵、优势及存在问题探析［J］.金融发展研究,2012（3）:30-33.

［283］庞嘉伟,斯姝华.分享经济管制——问题与对策［J］.现代管理科学,2017（8）:42-44.

［284］彭传金.P2P小额信贷模式前景背后的思考［J］.现代经济信息,2011（23）:301.

［285］彭仁贤,廖瑞斌.推进分享经济路径治理与政策设计［J］.技术经济与管理研究,2017（9）:92-96.

［286］彭岳.共享经济的法律规制问题——以互联网专车为例［J］.行政法学研究,2016（1）:117-131.

［287］庞庆明.中国特色共享经济:本质特征与关键路径［J］.马克思主义研究,2016（7）:65-71.

［288］齐爱民,张哲.共享经济发展中的法律问题研究［J］.求是学刊,2018（2）:97-108.

［289］秦海涛.共享经济商业模式探讨及在我国进一步发展的建议［J］.商业经济研究,2016（24）:124-126.

［290］秦铮,王钦.分享经济演绎的三方协同机制:例证共享单车［J］.改

革，2017（5）：124-134.

［291］邱蓉等. Airbnb 在我国的发展现状及对策研究［J］. 价值工程，2016（8）：176-178.

［292］屈冬玉. 深化互联网思维　推进要素融合　大力推动农业农村信息化［J］. 农机科技推广，2017（11）：4-6.

［293］任策元. 中国分享住房消费趋势报告 2017［R］. 中国网，2017-06-09.

［294］任朝旺等. 中国共享型住宿业的创新与挑战［EB/OL］. http：//www.pinchain. com，2017-02-27.

［295］任峻，王燕，谢松. 信息不对称对房地产市场的影响及解决策略［J］. 中国市场，2015（12）：111-113.

［296］尚勇敏. 国外共享经济研究新进展［J］. 经济问题探索，2018（5）.

［297］邵洪波，王诗桪. 共享经济与价值创造——共享经济的经济学分析［J］. 中国流通经济，2017（10）：100-109.

［298］邵路瑶，李娜. 基于信用视角的共享经济规范化发展研究［J］. 现代商贸工业，2018，39（27）：38-39.

［299］邵奇峰. 区块链技术：架构及进展［J］. 计算机学报，2017，40（05）：969-988.

［300］佘思琳. 国内在线短租平台 SWOT 分析［J］. 现代商业，2016（10）：30-31.

［301］申屠青春. 区块链开发指南［M］. 北京：机械工业出版社，2017.

［302］施先亮，周建勤，林自葵. 建设物流信息平台促进现代物流发展［J］. 中国物流与采购，2002（13）：17-19.

［303］四万亿市场，谁来颠覆——海银研究私募股权风口行业系列之共享住宿［EB/OL］. 搜狐财经，2017-07-12.

［304］宋傅天，卫平，姚东旻. 共享经济的统计测度：界定、困境与展望［J］. 统计研究，2018，35（5）：38-49.

［305］宋洪远. 新型农业社会化服务体系建设研究［J］. 中国流通经济，2010（6）：35-38.

［306］宋佳儒. 共享单车押金资金沉淀的监管问题探析［J］. 甘肃金融，2017（4）：27-30.

[307] 苏剑. 共享经济动因问题和前景 [J]. 中国物流与采购，2017（7）：4-8.

[308] 隋春花等. 基于共享经济的短租住宿发展研究：以 Airbnb 为例 [J]. 北方经贸，2018（4）：152-155.

[309] 孙晨光，巩淼森. 面向共享化商业模式创新的物流配送服务设计 [J]. 设计，2017（18）：132-133.

[310] 孙增乐，祝锡永. 基于共享物流信息平台的运输仓储模式分析 [J]. 物流工程与管理，2018（1）：61-63.

[311] 谭艳斌. 从"正面"到"负面"——互联网金融监管模式转变初探 [J]. 北方金融，2015（11）：17-19.

[312] 汤天波，吴晓隽. 共享经济："互联网+"下的颠覆性经济模式 [J]. 科学发展，2015（12）：78-84.

[313] 唐清利. "专车"类共享经济的规制路径 [J]. 中国法学，2015（4）：286-302.

[314] 田丹论. 供应链环境下电子供应商关系管理模型 [D]. 大连理工大学，2007.

[315] 仝志辉，楼栋. 农业社会化服务：体系研究的肢解和进行整体性研究的可能 [J]. 农林经济管理学报，2014（2）：124-128.

[316] 仝志辉."三位一体"农民合作的目标和路径 [J]. 中国国情国力，2014（2）：17-18.

[317] 仝志辉，侯宏伟. 农业社会化服务体系：对象选择与构建策略 [J]. 改革，2015（1）：132-139.

[318] 仝志辉."去部门化"：中国农业社会化服务体系构建的关键 [J]. 探索与争鸣，2016（6）：60-65.

[319] 汪传雷，万一荻，秦琴等. 基于区块链的供应链物流信息生态圈模型 [J]. 情报理论与实践，2017（7）：115-121.

[320] 汪传雷. 基于共享价值的物流产业生态圈构建 [J]. 资源开发与市场，2017，33（7）：849-855.

[321] 汪小亚. 关于我国第三方支付的 SWOT 分析 [J]. 当代经济，2011（12）：58-59.

[322] 汪旭晖，张其林. 平台型电商声誉的构建：平台企业和平台卖家价值

共创视角［J］. 中国工业经济，2017（11）：174-192.

［323］王继祥. 共享物流：中国仓储与配送创新趋势［J］. 物流技术与应用，2016，21（7）：52-56.

［324］王继祥. 中国共享物流创新模式与发展趋势［J］. 物流技术与应用，2017，22（2）：22-30.

［325］王佳园，徐薛艳. 基于网络文本分析的在线短租服务质量评价研究：以途家自营公寓为例［J］. 旅游论坛，2017（1）：73-88.

［326］王家宝，余园园，敦帅. 共享单车：现状、问题与对策［J］. 管理现代化，2018（5）：99-101.

［327］王利君. 我国分享经济发展的问题与对策［J］. 学术界，2016（12）：225-232.

［328］王龙君. 关于"共享经济"与"零边际成本社会"的思考——读杰里米·里夫金的《零边际成本社会》［J］. 湖北科技学院学报，2018（8）：17-20.

［329］王钦，杨张博. 共享单车的主导设计与标准之争［J］. 科学学研究，2018（9）：1602-1609.

［330］王茹红. 集群视角下物流平台的资源整合研究［D］. 华东交通大学，2017.

［331］王曙光，张春霞. 互联网金融发展的中国模式与金融创新［J］. 长白学刊，2014（1）：80-87.

［332］王田田. 贴近生活：互联网金融发展方向［N］. 中国经济时报，2015-09-01（003）.

［333］王喜富，沈喜生. 现代物流信息技术［M］. 北京：北京交通大学出版社，2015.

［334］王亚丽. 供给侧改革视角下的共享经济［J］. 改革与战略，2016（7）：87-91.

［335］王一帆. 互联网金融风险管理模式研究［J］. 决策探索（下半月），2015（4）：46-47.

［336］王雍. 工商银行资金存管系统建设与共享经济资金监管［J］. 中国金融电脑，2017（9）：12-16.

［337］王重鸣. 不确定条件下管理决策的认知特点和策略. 应用心理学，

1988（1）：1-15.

［338］王山，奉公. 中国农地细碎化及其整体性治理问题研究［J］. 云南社会科学，2016（1）：17-22.

［339］维京研究院. 区块链行业词典［S］. 北京，2018.

［340］吴德胜，任星耀. 网上拍卖交易机制有效性研究——来自淘宝网面板数据的证据［J］. 南开管理评论，2013，16（1）：122-137，160.

［341］吴德胜. 网上交易中的私人秩序——社区、声誉与第三方中介［J］. 经济学，2007，6（3）：859-884.

［342］吴光菊. 基于共享经济与社交网络的 Airbnb 与 Uber 模式研究综述［J］. 产业经济评论，2016（3）：103-110.

［343］吴贵生，孟菲，王毅. 罗计：构建物流信息平台［J］. 清华管理评论，2017（4）：105-112.

［344］吴杰. 共享经济、风险管理与信用机制建设［J］. 征信，2018（1）：16-19.

［345］吴金蓉，刘秀光. 共享经济的失灵与矫正——基于法经济学的视角［J］. 武汉商学院学报，2017，31（6）：54-59.

［346］吴明凤，李容，杨宇. 土地细碎化背景下地块生产趋同对农户购置农机的影响［J］. 西北农林科技大学学报（社会科学版），2017（2）：113-122.

［347］吴晓光. 浅谈我国电子商务领域小额贷款公司的发展与监管［J］. 海南金融，2011（7）：77-80.

［348］吴伊欣，邹光勇. Airbnb 与途家商业模式的比较研究［J］. 上海商业，2016（6）：27-29.

［349］巫文强. 中国特色社会主义政治经济学：利用市场机制以人民为中心发展——兼谈中国特色社会主义政治经济学理论体系的构建［J］. 学术论坛，2016（12）.

［350］向国成，韩绍凤. 分工与农业组织化演进基于间接定价理论的分析［J］. 经济学季刊，2007（2）：513-538.

［351］向国成，钟世虎，谌亭颖，邓明君. 分享经济的微观机理研究：新兴古典与新古典［J］. 管理世界，2017（8）：170-171.

［352］项薛钦. 电子商务、交易成本与全球价值链［D］. 浙江大学，2017.

［353］谢平，邹传伟. 互联网金融模式研究［J］. 金融研究，2012（12）：

11-22.

[354] 谢平. 互联网金融模式研究 [R]. 中国金融四十人论坛课题，2012.

[355] 谢雪梅，石娇娇. 共享经济下消费者信任形成机制的实证研究 [J]. 技术经济，2016（10）：122-127.

[356] 谢新水，刘晓天. 共享经济的迷雾：丛生、真假及规制分歧 [J]. 江苏大学学报（社会科学版），2017（4）.

[357] 谢家平，杨光. 基于农业供给侧改革的农业产业链转型升级研究 [J]. 福建论坛（人文社会科学版），2017（10）：18-24.

[358] 邢大宁，赵启兰，宋志刚. 基于云生态的物流信息平台服务模式创新研究 [J]. 商业经济与管理，2016（8）：5-15.

[359] 熊俐. 从在线短租行业看分享经济监管对策 [J]. 安徽电子信息职业技术学院学报，2016（6）：99-107.

[360] 徐超. 第三方支付体系：兴起、宏观效应及国际监管 [J]. 经济问题，2013（12）：11-16.

[361] 徐冠巨. 共建共享物流行业新生态 [J/OL]. 中国物流与采购（年会专题），2015（24）：4-10.

[362] 许荣，刘洋，文武健，徐昭. 互联网金融的潜在风险 [J]. 金融监管研究，2014（3）：40-56.

[363] 薛澜，洪志生，周源. "互联网+"时代的战略性新兴产业：共享经济打破固有发展模式 [J]. 理论参考，2016（9）：17-18.

[364] 薛智韵. 基于 C2C 的第三方协同支付研究 [D]. 江西财经大学，2008.

[365] 闫莺，郑凯，郭众鑫. 以太坊技术详解与实战 [M]. 北京：机械工业出版社，2018.

[366] 杨德才，刘怡雯. 交易费用视角下分享经济发展的成因——以专车为例 [J]. 社会科学研究，2018（1）：48-54.

[367] 杨瀚森. "伪共享"模式的败局 [N]. （新加坡）联合早报，2018-07-16.

[368] 杨宏浩. 住宿与分享经济的价值与未来 [N]. 中国旅游报，2017-04-13.

[369] 杨群华. 我国互联网金融的特殊风险及防范研究 [J]. 金融科技时

代，2013，21（7）：100-103.

［370］杨帅．共享经济类型、要素与影响：文献研究的视角［J］．产业经济评论，2016（2）：35-45.

［371］杨栩，廖姗．C2C电子商务交易平台在线信誉反馈机制比较研究［J］．管理现代化，2013（5）：50-52.

［372］杨学成，涂科．共享经济背景下的动态价值共创研究——以出行平台为例［J］．管理评论，2016（12）：258-268.

［373］杨德才，刘怡雯．交易费用视角下分享经济发展的成因——以专车为例［J］．社会科学研究，2018（1）：48-54.

［374］杨小凯，黄有光，张玉纲．专业化与经济组织［M］．北京：经济科学出版社，1999.

［375］殷英梅，郑向敏．共享型旅游住宿主客互动体验研究——基于互动仪链式理论的分析［J］．华侨大学学报（社会科学版），2017（3）：90-98.

［376］尹昊．共享经济下消费者对第三方出行平台信任的影响因素及作用机理研究［D］．哈尔滨工业大学，2017.

［377］尹莉，臧旭恒．消费需求升级——产消者与市场边界［J］．山东大学学报（哲学社会科学版），2009（5）：17-27.

［378］于海龙，张振．土地托管的形成机制、适用条件与风险规避：山东例证［J］．改革，2018（4）：111-120.

［379］于莹．共享经济用工关系的认定及其法律规制［J］．华东政法大学学报，2018（3）：49-60.

［380］余来文，封智勇，廖列法等．共享经济下一个风口［M］．北京：经济管理出版社，2017.

［381］俞斌，魏伟坚，洪汇勇．基于区块链技术的海上散装液体化学品运输安全监管方法［J］．水运管理，2016（11）：26-29.

［382］袁勇，王飞跃．区块链技术发展现状与展望［J］．自动化学报，2016，42（4）：481-494.

［383］叶浩，费楠，王涛等．"互联网+农业"共享经济模式构建研究［J］．合作经济与科技，2018.

［384］尤巴．共享经济模式下的农业发展［J］．新农业，2017（14）：22-23.

［385］张宝珠，李青．共享经济视角下"共享物流"模式的研究［J］．时代

金融，2017（21）：192-195.

［386］张芬，吴江.国外互联网金融的监管经验及对我国的启示［J］.金融与经济，2013（11）：53-56.

［387］张宁，王毅，康重庆等.能源互联网中的区块链技术：研究框架与典型应用初探［J］.中国电机工程学报，2016（15）：4011-4023.

［388］张帅等.分享经济背景下用户参与意愿影响因素研究——以微博问答为例［J］.图书馆论坛，2017（9）：91-98.

［389］张文慧，张志学，刘雪峰.决策者的认知特征对决策过程及企业战略选择的影响［J］.心理学报，2005，37（3）：373-381.

［390］张晓芹，李焕荣.共享经济下中国物流业的升级路径探索［J］.广西财经学院学报，2016（2）：86-91.

［391］张新香，胡立君.声誉机制、第三方契约服务与平台繁荣［J］.经济管理，2010（5）：143-150.

［392］张杨，李贞，隆世祥.需求波动的供应链仓储资源共享定价研究［J］.交通运输工程与信息学报，2016，14（1）：1-6.

［393］张玉明，管航.共享创新模式：内涵、特征与模型构建［J］.科技进步与对策，2017（6）：10-16.

［394］张玉明，刘芇，毛静言.共享经济缘何勃发［J］.清华管理评论，2018（3）：18-25.

［395］张玉喜.网络金融的风险管理研究［J］.管理世界，2002（10）：139-140.

［396］张先锋，刘飞.我国工业制成品贸易条件的影响因素分析［J］.国际贸易问题，2008，305（5）：3-9.

［397］张巍，刘鲁，朱艳春.基于多影响因素的网上拍卖信任模型［J］.清华大学学报（自然科学版），2006，46（z1）.

［398］张杰.我国共享经济发展中的信用困境与解决之策［J］.经济纵横，2017（8）：81-86.

［399］赵春芳.Airbnb运营模式分析及对中国在线短租行业的启示［J］.江苏商论，2016（8）：20-22.

［400］赵春芳.分享经济：基于波特五力模型的中国在线短租行业竞争结构分析［J］.经济研究导刊，2016（18）：35-37.

［401］赵桂华，共享单车押金监管探析［J］. 上海商学院学报，2017（4）：62-68.

［402］赵建春. 互联网时代的物流信息平台商业模式研究［D］. 华北电力大学，2017.

［403］赵昕，王静. 金融监管的新课题：第三方支付［J］. 电子商务世界，2006（7）：68-70.

［404］赵治辉，吕品. 网络经济学学科发展概述［J］. 科技信息，2007（4）：71.

［405］赵治辉，王建红. 重构《网络经济学》本科教材内容体系的思考［J］. 华中师范大学学报（增刊），2009（专辑）：75-77.

［406］赵晓东. 绩效管理中的常见问题和解决途径［J］. 技术经济，2006，25（2）：91-92.

［407］郑联盛. 共享经济：本质、机制、模式与风险［J］. 国际经济评论，2017（6）：45-70.

［408］郑晓军. 以在线短租为代表的旅游共享经济的执法困境及破解［J］. 河北旅游职业学院学报，2017（3）：6-8.

［409］郑志来. 供给侧视角下共享经济与新型商业模式研究［J］. 经济问题探索，2016（6）：15-20.

［410］郑志来."互联网+"背景下共享金融发展路径与监管研究［J］. 当代经济管理，2016，38（8）：86-91.

［411］郑志来. 共享经济的成因、内涵与商业模式研究［J］. 现代经济探讨，2016（3）：32-36.

［412］中国电商研究中心. 私募股权风口行业之共享住宿［EB/OL］. http：//www. 100ec. cn，2017-07-24.

［413］中国国家信息研究中心. 中国住房分享发展报告 2017［R］. 2017.

［414］中国旅游研究院. 分享住宿与中国家庭出行报告［R］. 2017.

［415］仲崇高，张勇. 分享经济：逻辑、模式与边界［J］. 科技进步与对策，2017（12）：42-47.

［416］周芬，胡成玉. 共享单车成本管理与盈利模式研究文献综述［J］. 现代商业，2017（11）：176-177.

［417］周耿. 不完全信息下的价格信号博弈：来自淘宝网的证据［J］. 当代

财经，2014（4）：14-23.

[418] 周耿. 网上商品热销的影响因素探析——基于分位数回归的实证研究[J]. 财经论丛，2011，V160（5）：100-105.

[419] 周佳. 在线短租平台创新模式创新研究[J]. 广东经济，2018（7）：84-92.

[420] 周健. 滴滴之弊：被扭曲的共享经济[EB/OL]. FT中文网，http：//www. ftchinese. com/story/001079152？page＝rest&archive.

[421] 周娟. 土地流转背景下农业社会化服务体系的重构与小农的困境[J]. 南京农业大学学报（社会科学版），2017（6）：141-152.

[422] 周黎安，张维迎，顾全林等. 信誉的价值：以网上拍卖交易为例[J]. 经济研究，2006（12）：81-91.

[423] 周礼艳. 基于O2O的共享经济商业模式分析与构建[J]. 商业经济研究，2016（22）：69-71.

[424] 周青林. 共享经济下共享消费素养的提升研究——基于共享单车的分析[J]. 中国商论，2018（18）：40-42.

[425] 朱建明，高胜，段美娇. 区块链技术与应用[M]. 北京：机械工业出版社，2018.

[426] 朱杰，李俊韬，张方风. 物流公共信息平台建设与运营模式[M]. 北京：机械工业出版社，2014.

[427] 朱艳春，刘鲁，张巍. 基于评分用户可信度的信任模型分析与构建[J]. 管理工程学报，2007，21（4）.

[428] 邹均，张海宁，唐屹等. 区块链技术指南[M]. 北京：机械工业出版社，2016.

[429] 展进涛，张燕媛，张忠军. 土地细碎化是否阻碍了水稻生产性环节外包服务的发展？[J]. 南京农业大学学报（社会科学版），2016（2）：117-124.

后　记

目前中国企业在共享经济领域呈现出了超越乃至领先发展的态势，既为经济学、管理学等学科研究提供了全新素材，也对相关学科的经典方法和理论提出了全新挑战。在这个全新的时代背景下，对共享经济中出现的新问题、新模式、新趋势进行系统研究，对相关问题的科学机理、管理对策和治理政策进行梳理和建议，是新时代提出的新命题。本书是2018年度浙江理工大学全球共享经济研究院8项科研课题的集体成果，本书的写作经由以下过程：课题组集体讨论后形成完整的提纲；经过课题组委托单位组织专家审定后，各章分别撰写初稿；编委会对每一章的初稿做了认真审读并提出修改意见，各章形成修改稿后合成书稿讨论稿；根据课题组会议再次进行修改并形成书稿征求意见稿；最后征求了以格斯美控股有限公司为代表的企业建议，形成了终稿。

本书各章分工及执笔如下：

前言：浙江理工大学经济管理学院赵治辉博士、副教授薛宪方博士；

第一章：浙江理工大学经济管理学院赵治辉博士；

第二章：浙江理工大学经济管理学院梅胜军博士；

第三章：浙江理工大学经济管理学院副教授杨君博士；

第四章：浙江理工大学经济管理学院副教授扈映博士；

第五章：浙江理工大学经济管理学院副教授刘友平；

第六章：浙江理工大学经济管理学院教授祝锡永；

第七章：浙江理工大学经济管理学院副教授徐少君博士；

第八章：中共浙江省委党校潘家栋博士。

在本书凝练主题、构建框架、论证书稿的过程中，特别感谢格斯美控股有限公司为本书出版提供的经费支持。感谢浙江理工大学经济管理学院院长兼全球共享经济研究院院长程华教授、经济管理学院副院长兼全球共享经济研究院副院长陈晓华教授、全球共享经济研究院薛宪方副院长、赵治辉博士提供的指导和帮助。感谢经济管理学院研究生郭晗、吕晓颖和孟芊等在排版和统稿过程

中提供的支持，感谢经济管理出版社宋娜同志及其专业团队，他们的辛勤付出保证了本书顺利出版。

浙江理工大学全球共享经济研究院
2019 年 1 月